GUIDE NÉRET

Droit des personnes en situation de handicap

2003

Editions Lamarre
1, avenue Edouard-Belin
92856 RUEIL-MALMAISON cedex

ISBN : 2-87880-534-8

Auteur

■

« Droit des personnes en situation de handicap » est réalisé par le Centre technique national d'études et de recherches sur les handicaps et les inadaptations (CTNERHI) – Service de documentation, 236 *bis*, rue de Tolbiac, 75013 Paris.

Sommaire

Documentation d'ensemble : informations générales et réglementaires

Liste des sigles utilisés

■

AAH	Allocation aux adultes handicapés
ACTP	Allocation compensatrice « tierce personne »
AEPH	Année européenne pour les personnes handicapées
AES	Allocation d'éducation spéciale
AGEFIPH	Fonds pour l'insertion professionnelle des handicapés
ALS	Allocation de logement social
ANPE	Agence nationale pour l'emploi
AP	Atelier protégé
APA	Allocation personnalisée d'autonomie
BAPU	Bureau d'aide psychologique universitaire
BO	Bulletin officiel
CAF	Caisse d'allocation familiale
CAFDES	Certificat d'aptitude aux fonctions de directeur d'établissement social
CAMSP	Centre d'action médico-social précoce
CAPSAIS	Certificat d'aptitude aux actions pédagogiques spécialisées d'adaptation et d'intégration scolaires
CAT	Centre d'aide par le travail
CCAS	Centre communal d'action sociale
CCDPCSA	Commission consultative départementale de la protection civile, de la sécurité et de l'accessibilité
CCH	Code de la construction et de l'habitation
CCPE	Commission de circonscription pour l'enseignement préélémentaire et élémentaire
CCSD	Commission de circonscription de l'enseignement du second degré
CDCPH	Conseil départemental consultatif des personnes handicapées
CDES	Commission départementale de l'éducation spéciale
CDTD	Centre de distribution de travail à domicile
CES	Contrat emploi-solidarité
CFHE	Conseil français des personnes handicapées pour les questions européennes
CFTMEA	Classification française des troubles mentaux de l'enfant et de l'adolescent
CHRS	Centre d'hébergement et de réadaptation sociale
CIDIH	Classification internationale des déficiences, incapacités, désavantages
CIE	Contrat initiative-emploi
CIF	Classification internationale du fonctionnement du handicap et de la santé

CIH	Classification internationale des handicaps
CLIS	Classe d'intégration scolaire
CMPP	Centre médico-psycho-pédagogique
CNAF	Caisse nationale d'allocation familiale
CNAM	Caisse nationale d'assurance maladie
CNAM	Conservatoire national des arts et métiers
CNAMTS	Caisse nationale d'assurance maladie des travailleurs salariés
CNCPH	Conseil national consultatif des personnes handicapées
CNED	Centre national d'enseignement à distance
CNEFEI	Centre national d'étude et de formation pour l'enfance inadaptée
CNI	Cour nationale de l'incapacité
CNOSS	Comité national de l'organisation sanitaire et sociale
CNRH	Comité national français de liaison pour la réadaptation des handicapés
COLIAC	Comité de liaison pour l'accessibilité des transports et du cadre bâti
COLITRAH	Comité de liaison pour le transport des personnes handicapées
COTOREP	Commission technique d'orientation et de reclassement professionnel
CPAM	Caisse primaire d'assurance maladie
CPAS	Centre de promotion des adultes sourds
CRAM	Caisse régionale d'assurance maladie
CREAI	Centre régional pour l'enfance et l'adolescence inadaptées
CROSS	Comité régional de l'organisation sanitaire et sociale
CRP	Centre de rééducation professionnelle
CTNERHI	Centre technique national d'études et de recherches sur les handicaps et les inadaptations
DAS	Direction de l'action sanitaire et sociale (ministère de l'Emploi et de la Solidarité)
DDAS	Direction départementale de l'aide sociale
DDASS	Direction départementale des affaires sanitaires et sociales
DDTE	Direction départementale du travail et de l'emploi
DGI	Direction générale des impôts
DRASS	Direction régionale des affaires sanitaires et sociales
EPSR	Équipe de préparation et de suite de reclassement
EREA	Établissement régional d'enseignement adapté
FDT	Foyer à double tarification
FNS	Fonds national de solidarité
GAPP	Groupe d'aide psychopédagogique
GIC	Grand invalide civil
GIG	Grand invalide de guerre
IGAS	Inspection générale des affaires sociales
IGEN	Inspection générale de l'éducation nationale
IME	Institut médico-éducatif
IMP	Institut médico-pédagogique
IMPRO	Institut médico-professionnel

JO	Journal officiel
LEA	Lycée d'enseignement adapté
MAS	Maison d'accueil spécialisée
MSA	Mutualité sociale agricole
OMS	Organisation mondiale de la santé
PDITH	Programme départemental d'insertion des travailleurs handicapés
PMI	Protection maternelle et infantile
PSD	Prestation spécifique dépendance
RASED	Réseau d'aide spécialisée aux élèves en difficulté
RMI	Revenu minimum d'insertion
SAAAIS	Service d'aide à l'acquisition de l'autonomie et à l'intégration scolaire
SAFEP	Service d'accompagnement familial et d'éducation précoce
SEGPA	Section d'enseignement général et professionnel adapté
SESSAD	Service d'éducation spéciale et de soins à domicile
SES	Section d'éducation spécialisée
SESI	Service des études et des systèmes d'information (ministère de l'Emploi et de la Solidarité)
SMIC	Salaire minimum interprofessionnel de croissance
SSEFIS	Service de soutien à l'éducation familiale et à l'intégration scolaire
TIPS	Tarif interministériel des prestations sanitaires
TMP	Tutelle aux majeurs protégés
TPS	Tutelle aux prestations sociales
UPI	Unité pédagogique d'intégration

PARTIE 1
Le handicap : définition et contexte législatif

Introduction

Le contenu de la notion de handicap varie selon les lieux et les époques. La population considérée comme handicapée varie donc selon les mêmes critères.

Cette partie présente successivement :

- le cadre conceptuel proposé par la classification internationale du fonctionnement du handicap et de la santé (CIF) ;
- les principales lois qui régissent actuellement les prises en charge et autres dispositions concernant les personnes reconnues comme handicapées.

SOMMAIRE

CHAPITRE 1
La définition du handicap

■ LA CLASSIFICATION INTERNATIONALE DU FONCTIONNEMENT, DU HANDICAP ET DE LA SANTÉ (CIF) (OMS)

En mai 2001, l'Assemblée mondiale de la santé a adopté l'*International Classification of Functioning, Disability and Health*, traduite et diffusée en français en automne 2001 sous le titre *Classification Internationale du Fonctionnement, du Handicap et de la Santé* (CIF).

L'évolution conceptuelle de la CIH à la CIF

La CIF est le produit de la révision de la classification précédente, la *Classification Internationale des Handicaps : déficiences, incapacités, désavantages* (CIH) publiée à titre expérimental par l'OMS en 1980 (traduite et diffusée en France en 1988).

L'apport majeur de la CIH avait été de proposer un découpage conceptuel du handicap selon trois niveaux d'expérience des troubles, qui distinguaient la déficience au niveau du corps, l'incapacité au niveau fonctionnel et le préjudice subi au niveau social. Cependant, la CIH a rapidement fait l'objet de critiques techniques et conceptuelles que l'OMS se devait de prendre en compte. La principale de ces critiques portait sur le modèle conceptuel qui sous-tendait la classification. Il était reproché à ce modèle – dit modèle individuel du handicap – d'imputer toute la responsabilité du handicap à la maladie (ou à l'accident) d'origine et d'ignorer l'impact des exigences de la société et des obstacles environnementaux sur le processus de production du handicap. À ce modèle conceptuel était opposé le modèle dit social du handicap, qui montrait que la situation de handicap résulte d'une interaction entre composantes individuelles et environnementales.

Sur la base de ces critiques, l'OMS engageait, dès la fin des années 80, un processus international de révision de la classification, et sollicitait, aux côtés des experts institués (médecins, professionnels de la rééducation, décideurs en matière de santé publique), un nouveau groupe d'experts – principal porte-parole du modèle social – les personnes handicapées elles-mêmes, représentées par des associations reconnues au plan international.

Quatre principaux changements marquent l'évolution de la CIH à la CIF :
– Dans une perspective universaliste, la nouvelle classification se veut être un instrument de description, en termes positifs ou neutres, du fonctionnement humain dans les trois registres du corps, des activités et de la participation

sociale. Dans chacune de ces dimensions du fonctionnement, les différences observées d'un individu à l'autre sont envisagées comme des variations du fonctionnement humain et non comme des états de santé figés et stigmatisants.

– Le modèle conceptuel du handicap qui sous-tend la CIF intègre modèles individuel et social dans une perspective systémique qui conçoit le handicap comme le résultat d'un processus où facteurs individuels et contextuels interagissent pour produire une situation de handicap.

– L'introduction du concept de participation constitue le troisième changement apporté par la CIF. Dans la CIH, le niveau des désavantages avait pour objectif d'identifier les préjudices subis par les personnes handicapées du fait d'une déficience ou d'une incapacité, dans une perspective de compensation. En remplaçant la notion de désavantage par celle de participation, la CIF vise à identifier les causes individuelles et environnementales des restrictions de participation, dans une perspective d'égalisation des chances des personnes handicapées.

– Le quatrième changement introduit dans la CIF réside dans la prise en compte des facteurs environnementaux comme facilitateurs ou obstacles dans les trois registres du fonctionnement humain.

Les dimensions du fonctionnement humain et du handicap selon la CIF

La Classification Internationale du Fonctionnement, du Handicap et de la Santé est organisée en quatre classifications : deux pour décrire le fonctionnement du corps, une pour décrire les domaines dans lesquels se pratiquent les activités et s'exerce la participation, une pour décrire l'environnement.

Au fonctionnement du corps sont consacrées les *fonctions organiques* et *structures anatomiques*, qui répondent aux définitions suivantes :

– **Les fonctions organiques** désignent les fonctions physiologiques des systèmes organiques (y compris les fonctions psychologiques).

– **Les structures anatomiques** désignent les parties anatomiques du corps, telles que les organes, les membres et leurs composantes.

– **Les déficiences** désignent les problèmes dans la fonction organique ou la structure anatomique, tels qu'un écart ou une perte importante.

Les fonctions organiques sont divisées en huit chapitres :

- Fonctions mentales.
- Fonctions sensorielles et douleur.
- Fonctions de la voix et de la parole.
- Fonctions des systèmes cardiovasculaire, hématopoïétique, immunitaire et respiratoire.
- Fonctions des systèmes digestif, métabolique et endocrinien.

- Fonctions génito-urinaires et reproductives.
- Fonctions de l'appareil locomoteur et liées au mouvement.
- Fonctions de la peau et des structures associées.

Les structures anatomiques sont également réparties en huit chapitres, correspondant autant que possible à ceux des fonctions :
- Structures du système nerveux.
- Œil, oreille et structures annexes.
- Structures liées à la voix et à la parole.
- Structures des systèmes cardiovasculaire, immunitaire et respiratoire.
- Structures liées aux systèmes digestif, métabolique et endocrinien.
- Structures liées à l'appareil génito-urinaire.
- Structures liées au mouvement.
- Peau et structures annexes.

Activités et *Participation* font l'objet d'une même liste de domaines et répondent aux définitions suivantes :
Une activité *désigne l'exécution d'une tâche ou d'une action par une personne.*
Les limitations d'activité *désignent les difficultés que rencontre une personne dans l'exécution d'activités.*
Participation désigne l'implication d'une personne dans une situation de vie réelle.
Les restrictions de participation *désignent les problèmes qu'une personne peut rencontrer dans son implication dans une situation de vie réelle.*

La réalisation d'une tâche (activité) ou la possibilité de participer à une activité sociale (participation) peuvent être l'une et l'autre évaluées, soit en fonction de la *capacité* de la personne dans un environnement standardisé, soit en fonction de sa *performance* c'est-à-dire ce que la personne fait effectivement dans son environnement habituel.

Activités et Participation sont réparties en neuf chapitres :
- Apprentissage et application des connaissances.
- Tâches et exigences générales.
- Communication.
- Mobilité.
- Entretien personnel.
- Vie domestique.
- Relations et interactions avec autrui.
- Grands domaines de la vie.
- Vie communautaire, sociale et civique.

– **Les facteurs environnementaux** désignent l'environnement physique, social et attitudinal dans lequel les gens vivent et mènent leur vie.

Ils comportent cinq chapitres :
– Produits et systèmes techniques.
– Environnement naturel et changements apportés par l'homme à l'environnement.
– Soutiens et relations.
– Attitudes.
– Services, systèmes et politiques.

La gravité des difficultés rencontrées dans chacun des trois registres de la classification (déficiences, limitations d'activité et restrictions de participation) est codée à l'aide d'une échelle générique de sévérité, graduée de 0 (pas de problème) à 4 (problème extrême) ; de même la qualité des facteurs environnementaux (obstacles ou facilitateurs, mineurs ou majeurs) est codée à l'aide de cette même échelle.

À NOTER
Le codage est assez complexe et l'utilisateur de la CIF se référera utilement à l'annexe 2 de la classification *(Appendice 2 : Guide de codage pour la CIF).* Mais certaines règles de codage concernant notamment Activités et Participation, qui combinent des codes qualificatifs de capacité et de performance et l'échelle de sévérité, ne sont pas encore fixées. De plus, la capacité, ou aptitude, d'une personne à effectuer une action est supposée être évaluée dans un environnement standard, c'est-à-dire en situation de test. Cet environnement standard n'est pas défini à l'heure actuelle dans la CIF. L'annexe 3 *(Utilisations possibles de la liste des activités et participation)* expose les quatre différentes possibilités de codage d'Activités et de Participation. Bien que l'OMS suggère, pour simplifier, d'associer le code qualificatif de capacité à Activités et le code de performance à Participation, il est convenu que la règle d'utilisation ne sera fixée qu'après que l'OMS ait accumulé un nombre suffisant de données empiriques. Un groupe de travail international rassemble actuellement ces éléments nécessaires à la standardisation des directives de codage.

Les applications de la classification

Selon l'OMS, la CIF est une classification polyvalente pouvant servir différents buts :
– « fournir une base scientifique pour comprendre les états de la santé, les conséquences qui en découlent et leurs déterminants ;
– établir un langage commun pour décrire les états de la santé et les états connexes de la santé afin d'améliorer la communication entre différents utilisateurs ;
– permettre une comparaison des données entre pays, entre disciplines de santé, entre services de santé et à différents moments ;

– fournir un mécanisme de codage systématique pour les systèmes d'information sanitaire ».

La CIF peut être utilisée comme :
– outil statistique (pour les études de population) ;
– outil de recherche (pour mesurer les conséquences des maladies, la qualité de vie et les facteurs environnementaux) ;
– outil clinique d'évaluation (des besoins, des aptitudes professionnelles, des pratiques professionnelles, des programmes de rééducation...) ;
– outil de politique sociale (pour planifier des programmes, des systèmes d'intervention et de compensation...) ;
– outil pédagogique (pour concevoir des programmes, mener des campagnes de sensibilisation, mettre en œuvre des actions sociales).

À NOTER
Organisation Mondiale de la Santé, *Classification internationale du fonctionnement, du handicap et de la santé*, Genève : OMS, 2002, 304 p.

Le guide-barème pour l'évaluation des déficiences et incapacités

Historique

La loi d'orientation du 30 juin 1975 en faveur des personnes handicapées a totalement modifié l'organisation de la prise en charge des personnes handicapées. Elle n'a volontairement pas défini qui sont les personnes handicapées concernées.

Or, de nombreuses prestations créées ou réorganisées dans le cadre de cette loi ne peuvent être obtenues que si les demandeurs présentent un certain taux d'incapacité (le plus souvent 80 ou 50 %). Ce taux est fixé par les commissions départementales de l'éducation spéciale (CDES) pour les enfants (voir Partie 2) et par les commissions techniques d'orientation et de reclassement professionnel (COTOREP) pour les adultes (voir Partie 3).

Jusqu'en décembre 1993, les équipes techniques de ces commissions s'appuyaient sur le barème d'invalidité du Code des pensions militaires et des victimes de guerre pour proposer un taux d'incapacité applicable aux personnes concernées. Ce barème était critiqué depuis longtemps, en raison de son inadaptation à l'évaluation des situations des enfants mais aussi à celles des personnes atteintes de pathologies psychiatriques, de handicaps congénitaux et de certaines pathologies évolutives.

Après un long travail de préparation, l'ancien barème a été remplacé par le *guide-barème pour l'évaluation des déficiences et incapacités des personnes handicapées* (décret n° 93-1216 du 4 novembre 1993 paru au *JO* du 6 novembre 1993).

Les principes du guide-barème

Ce barème s'appuie sur les concepts proposés par l'OMS dans la classification internationale des handicaps de 1980, dans la mesure où il distingue différents niveaux de conséquences des maladies.

Dans l'optique de compensation qui est celle du système de protection sociale en faveur des personnes handicapées, il est logique de s'intéresser essentiellement à la réalité de la vie quotidienne des personnes handicapées plutôt qu'à la nature de leur atteinte. La construction du barème est donc la suivante.

Le mode d'entrée dans le barème se fait par type de déficience : chacune des principales catégories proposées par la CIH fait l'objet d'un chapitre du guide-barème ; le chapitre 1er est ainsi consacré aux conséquences des déficiences intellectuelles et difficultés du comportement, le chapitre 2 aux conséquences des déficiences du psychisme, le chapitre 3 aux conséquences des déficiences de l'audition, etc.

L'estimation du taux d'incapacité s'établit à partir de la prise en compte des difficultés que cette déficience engendre dans la vie quotidienne ou professionnelle : incapacités mais aussi désavantages (notamment en matière d'insertion professionnelle ou encore par l'intégration de la notion de dépendance vis-à-vis d'un traitement, d'une prothèse ou d'un tiers). Il n'existe donc pas de lien direct entre la gravité de la déficience et le taux proposé, mais un lien entre les répercussions sur la vie quotidienne d'une déficience donnée et la fourchette de taux proposée.

La règle générale est rappelée par la circulaire n° 99-397 du 7 juillet 1999 relative à l'amélioration de la prise en compte des handicaps survenant au cours de l'évolution des maladies chroniques. Elle est la suivante :

Le taux de 80 % est atteint lorsqu'il y a « perte de l'autonomie pour la plupart des actes de la vie quotidienne ».

Un taux entre 50 et 79 % est attribué lorsqu'il y a des « troubles importants obligeant à des aménagements notables de la vie quotidienne limités au logement ou à l'environnement immédiat » sans que pour autant « l'autonomie pour les actes élémentaires de la vie quotidienne ne soit affectée ».

Cette règle générale est adaptée aux différents chapitres de déficiences.

EXEMPLE
Ainsi, les adultes atteints de déficiences psychiques avec troubles de la pensée se verront-ils proposer un taux d'incapacité compris entre 20 et 45 % si ces troubles sont compatibles avec la vie quotidienne et l'activité professionnelle, un taux de 50 à 75 % si la vie quotidienne est conservée mais qu'il y a gêne à l'adaptation socioprofessionnelle, un taux de 80 à 95 % si ces troubles compromettent la communication, réduisent de façon notable le contact avec la réalité ou impliquent un délire envahissant et confinant à l'isolement. Dans un autre domaine, le taux d'incapacité pour des personnes présentant des déficiences de la fonction respiratoire peut être compris entre 1 et 15 % s'il n'y a pas de retentissement dans les conditions normales de la vie quotidienne et socioprofessionnelle, entre 20 et 40 % si la personne connaît quelques limitations dans ces domaines et entre 50 et 75 % si elle doit aménager notablement sa vie quotidienne à cause d'un périmètre de marche très limité, d'une montée d'escalier limitée à un étage, d'un port de charges impossible ; le taux sera supérieur à 80 % s'il y a perte d'autonomie pour les actes de la vie quotidienne ou nécessité d'une assistance ventilatoire continue.

Une exception est cependant faite pour les personnes atteintes de déficiences visuelles ou auditives : leur taux d'incapacité est directement déduit de leur degré de perte auditive ou visuelle et non estimé à partir de la gravité des incapacités ou désavantages qui en sont la conséquence.

EXEMPLE
Ainsi, deux personnes ayant la même atteinte visuelle ou la même profondeur de surdité se verront attribuer le même taux d'incapacité, même si l'une compense mieux que l'autre ses déficiences par d'autres aptitudes et se révèle donc plus autonome dans la vie quotidienne.

Hormis pour ces mêmes déficiences visuelles et auditives, le guide-barème ne propose pas de taux d'incapacité, mais une fourchette de taux. Ceci témoigne du caractère forcément imprécis de l'appréciation des incapacités et laisse une marge d'appréciation aux médecins.

L'âge étant un facteur important d'évolution des capacités individuelles dans les domaines des déficiences intellectuelles et difficultés du comportement ainsi que dans les domaines des déficiences du psychisme, ces deux chapitres sont subdivisés entre enfants et adultes.

Dans le cas de déficiences cumulées, le guide-barème recommande dans la mesure du possible de procéder à une approche globale de la personne.

Dans les cas où des déficiences multiples repérées dans des chapitres ou sous-chapitres différents du guide-barème rendraient l'estimation globale trop difficile, une règle permettant de limiter l'ampleur des cumuls de taux est appliquée : l'addition de trois taux compris entre 20 et 40 % ne doit ni conduire à un taux de 60 % ni laisser supposer que le taux est supérieur à 100 %.

Compte tenu de la réalité des conséquences dans la vie quotidienne, même lorsque les incapacités ne sont pas importantes, les conséquences de certaines maladies telles que l'épilepsie, la mucoviscidose ou le sida font l'objet d'une analyse particulière.

Si ce barème correspond mieux que l'ancien à la réalité de la situation individuelle et sociale des personnes concernées, il n'en est pas parfait pour autant, et ce d'autant plus que la science médicale évolue.

Aussi, un travail de révision, commencé par le chapitre 6 (déficiences hématopoïétiques et déficiences du système immunitaire) est-il en cours.

Ce travail poursuit l'évolution vers une meilleure prise en compte des incapacités et désavantages et un abandon des diagnostics comme critère d'attribution des taux d'incapacité.

CHAPITRE 2
Les lois fondamentales

La loi d'orientation n° 75-534 du 30 juin 1975

Plus de vingt ans après sa promulgation, la loi d'orientation du 30 juin 1975 en faveur des personnes handicapées (*JO* du 1er juillet 1975) constitue encore le fondement de la prise en charge des personnes handicapées en France. Elle marque le passage d'une prise en charge antérieurement basée sur la notion d'assistance à une prise en charge reposant largement sur la notion de solidarité (tout en conservant des liens réels avec une législation d'assistance). À ce titre :

– elle affirme que « *la prévention et le dépistage des handicaps, les soins, l'éducation, la formation et l'orientation professionnelle, l'emploi, la garantie d'un minimum de ressources, l'intégration sociale et l'accès aux sports et aux loisirs du mineur et de l'adulte handicapés [...] constituent une obligation nationale* » ;

– elle reconnaît à la personne handicapée le droit à la compensation des conséquences de son handicap quels que soient l'origine et la nature de sa déficience, son âge ou son mode de vie, et à la garantie d'un minimum de ressources lui permettant de couvrir la totalité des besoins essentiels de la vie courante (Loi n° 2002-73 du 17 janvier 2002 de modernisation sociale, art. 53 *JO* Lois et Décrets du 18 janvier 2002) ;

– elle rend l'ensemble des acteurs sociaux : familles, État, collectivités locales, établissements publics, organismes de Sécurité sociale, associations, groupes, organismes et entreprises publics et privés responsables de la mise en œuvre de cette obligation ;

– elle réforme les mécanismes d'orientation des personnes et les prestations attribuables à ces personnes. Ces prestations doivent viser à « *assurer aux personnes handicapées toute l'autonomie dont elles sont capables* » *en privilégiant* « *chaque fois que les aptitudes des personnes handicapées et de leur milieu familial le permettent [...] l'accès aux institutions ouvertes à l'ensemble de la population et le maintien dans un cadre ordinaire de travail et de vie* ».

Ces mécanismes sont essentiellement les CDES (voir Partie 2) et COTOREP (voir Partie 3) qui, dans chaque département, apprécient le taux d'incapacité, décident éventuellement de l'attribution de la reconnaissance de la qualité de travailleur handicapé, proposent, aux enfants et adultes handicapés, une orientation vers les structures les plus appropriées à leur situation et/ou déterminent si leur état justifie l'attribution d'allocations spécifiques du domaine du handicap. L'attribution de ces prestations n'est plus conditionnée, par le biais de l'obligation alimentaire, à la faiblesse des revenus des ascendants et descendants mais reste soumise à un plafond de ressources personnelles assez bas.

Les mesures destinées à mettre en application les objectifs de solidarité inscrits dans la loi sont :
– la reconnaissance et, par conséquent, la possibilité de développement des centres d'action médico-sociaux précoce (CAMSP, voir Partie 2) ;
– l'instauration d'une obligation éducative pour les enfants, qui doit prioritairement passer par une *« éducation ordinaire »* et, seulement à défaut, par une *« éducation spéciale »* (voir Partie 2) ;
– la réaffirmation de l'obligation d'emploi des travailleurs handicapés en milieu ordinaire assortie de quelques mesures d'aide aux entreprises qui respectent cette obligation (voir Partie 4) ;
– la reconnaissance et donc, une fois encore, l'incitation au développement du secteur de l'emploi protégé, assorties de la mise en place d'une garantie de ressources pour les travailleurs handicapés ;
– la création de nouvelles catégories d'établissements, notamment en matière d'orientation professionnelle et d'hébergement de personnes handicapées ;
– l'affiliation des titulaires de l'AAH au régime général d'assurance maladie, la gratuité de l'éducation des enfants et la prise en charge des frais de traitement concourant à leur éducation. La prise en charge des frais d'hébergement des adultes handicapés reste partagée entre l'Aide sociale et les personnes handicapées.

La plupart des mesures instaurées par la loi de 1975 n'ont pas été modifiées depuis, à l'exception de l'introduction de moyens complémentaires : création des six compléments de l'AES, création du complément de l'AAH (voir Partie 5), refonte de la loi sur l'obligation d'emploi, etc.

La révision de la loi d'orientation constitue une des actions prioritaires de la politique en direction des personnes handicapées.

Le 14 juillet 2002, le président de la République a annoncé sa décision de faire de l'insertion des handicapés l'un des « trois grands chantiers » de son quinquennat, avec la lutte contre l'insécurité routière et la lutte contre le cancer.

La révision de la loi du 30 juin 1975 est un des volets de ce grand chantier. La nouvelle loi, dont le projet sera déposé en 2003, exprimera notamment la solidarité nationale vis-à-vis de toutes les personnes handicapées en affirmant et en organisant leur droit à la prise en charge des aides techniques et humaines nécessaires à la compensation de leur handicap.

Un rapport de la commission des affaires sociales du Sénat « sur la politique de compensation du handicap », dont l'objectif est de servir de support à cette réforme de la loi du 30 juin 1975 d'orientation en faveur des personnes handicapées, a été publié.

Ce rapport formule 75 propositions et orientations qui s'articulent autour de cinq grands axes :
– simplifier le système institutionnel afin de répondre à la demande des personnes handicapées de maîtriser leur choix de vie ;

– garantir à la personne handicapée une réelle compensation pour lui permettre de réaliser pleinement son choix de vie ;
– refonder la politique d'intégration sur une approche globale du handicap ;
– moderniser les conditions d'accueil des personnes handicapées en privilégiant proximité et autonomie ;
– connaître, prévenir et soulager le handicap.

La mesure principale de ce rapport est la création d'une allocation compensatrice individualisée (ACI) garantissant une prise en charge effective, personnalisée et intégrale des frais liés à la compensation du handicap.

BIBLIOGRAPHIE

BLANC (Paul), *Rapport d'information fait au nom de la commission des affaires sociales du Sénat sur la politique de compensation du handicap*, Paris, Sénat, 2002, 201 p., annexes 367 p. (http://www.senat.fr).

ASSANTE (Vincent), STIKER (H.-J.), PLAISANCE (Éric), SANCHEZ (Jésus), *Mission d'études en vue de la révision de la loi d'orientation du 30 juin 1975 en faveur des personnes handicapées*. Rapport remis à Ségolène Royal, ministre déléguée à la Famille, à l'Enfance et aux Personnes handicapées, Paris, ministère délégué à la Famille et à l'Enfance, 2002, 100 p. + rapports des groupes.

FARDEAU (Michel), *Comme vous, comme nous, tout simplement*. Sur une analyse comparative et prospective du système français de prise en charge des personnes handicapées, Paris, ministère de l'Emploi et de la Solidarité, 2000, 200 p.

La loi n° 2002-02 du 2 janvier 2002 De rénovation de l'action sociale et médico-sociale

La loi n° 75-535 du 30 juin 1975 relative aux institutions sociales et médico-sociales a représenté une étape déterminante dans l'histoire de l'action sociale. Cette loi fondatrice, associée à la loi d'orientation en faveur des personnes handicapées, a donné au dispositif de prise en charge français un cadre législatif qui a permis de développer et d'assurer des prestations mieux adaptées, non seulement aux besoins des personnes handicapées mais aussi des personnes âgées, des enfants, et des familles vulnérables, et à ceux des personnes en situation d'exclusion.

Après cinq ans de travaux préparatoires, la loi n° 2002-02 du 2 janvier 2002 de rénovation de l'action sociale et médico-sociale remplace la loi relative aux institutions sociales et médico-sociale de 1975.

Longue de 87 articles, elle nécessite de nombreux textes d'application : décrets en Conseil d'État, décrets simples et arrêtés, mais certaines de ses dispositions sont d'application immédiate. La Direction générale de l'Action sociale a dressé un tableau détaillant, article par article du Code de l'action sociale et des familles, les dates d'application (circulaire DGAS n° 2002-19 du 10 janvier 2002, à paraître au BO MES, reprise dans TSA, n° 862 du 18 janvier 2002, p. 11-15).

Ce texte réécrit principalement le titre Ier « Établissements et services soumis à autorisation » du livre III du Code de l'action sociale et des familles et comporte quatre objectifs principaux :

– **L'affirmation et la promotion du droit des usagers.** Il définit les droits fondamentaux des personnes et précise les modalités d'exercice de ces droits : charte de la personne accueillie, règlement intérieur, contrat ou document individualisé garantissant l'adaptation de la prise en charge, recours possible à un médiateur, projet d'établissement fondé sur un projet de vie, d'animation et de socialisation, participation aux conseils de la vie sociale.

– **L'élargissement des missions de l'action sociale et médico-sociale et la diversification des interventions des établissements et services.** Il prend en compte les évolutions observées depuis vingt ans quant au contenu des actions et notamment les actions de prévention, de conseil et d'orientation, les actions d'adaptation, de réadaptation, d'insertion, d'assistance, d'accompagnement social, de développement social ou d'insertion par l'économique dans un cadre institutionnel ou à domicile et en milieu ouvert. Il donne une existence aux prises en charge diversifiées, avec ou sans hébergement, à titre permanent ou temporaire, en internat, semi-internat, externat, à domicile, en accueil familial. Le texte confère également une base légale aux structures nouvelles de lutte contre l'exclusion, aux services d'aide à domicile notamment pour handicapés adultes ainsi qu'aux lieux de vie et aux centres de ressources prodiguant aides et conseils aux familles (voir l'encadré p. suivante, des établissements et services sociaux et médico-sociaux).

– **L'amélioration des procédures techniques de pilotage du dispositif.** Il met en place une planification médico-sociale plus efficiente en instaurant de véritables schémas sociaux et médico-sociaux pluriannuels (cinq ans) et révisables, permettant de mieux définir les besoins à satisfaire et les perspectives de développement de l'offre nécessaire pour y répondre. Il est institué une compatibilité des autorisations avec les objectifs et le niveau des besoins définis par ces schémas qui sont principalement à caractère départemental. Il rénove le régime des autorisations par la mise en œuvre de périodes de dépôt et d'examen des projets de même nature, d'autorisations à durée déterminée à dix ans, renouvelables au regard des résultats positifs d'une évaluation, l'amélioration des procédures de contrôle, la mise en place d'un régime expérimental pour les structures innovantes assorties d'autorisations provisoires à cinq ans. Il diversifie les règles de tarification, en donnant la base juridique permettant des tarifications adaptées à la nature de chaque catégorie d'établissements : dotations globales, forfaits, maintien du prix de journée, modulation des tarifs en fonction de l'état de la personne.

– **La coordination des décideurs, des acteurs.** Il organise de façon plus transparente leur relations : institutionnalisation des procédures formalisées de concertation et de partenariat : élargissement des missions de la section sociale du comité national et des comités régionaux de l'organisation sanitaire et sociale au repérage des grands problèmes sociaux et médico-sociaux à résoudre et à la définition des principales orientations pour y répondre ; instauration d'une convention entre le préfet et le président du conseil général, afin de définir les objectifs, les procédures et les moyens du partenariat à instaurer ; mise en place d'un système d'information commun entre l'État, les départements et les organismes d'assurance maladie ; instauration avec les établissements des contrats pluriannuels d'objectifs et de moyens, afin de favoriser la réalisation des orientations des schémas sociaux et médico-sociaux et la mise en œuvre des projets d'établissement ; en stimulant les actions de coopération entre établissements et services, par la mise en place d'une palette diversifiée de formules de coopération et de coordination.

L'enjeu est de développer des complémentarités entre établissements, de garantir la continuité des prises en charge lors d'un transfert d'un établissement à un autre, de promouvoir des réseaux sociaux et médico-sociaux coordonnés et de décloisonner secteur sanitaire et secteur social, en généralisant les démarches évaluatives, notamment par la création d'un Conseil national de l'évaluation sociale et médico-sociale chargé de valider des référentiels de bonnes pratiques et d'assurer la diffusion des démarches évaluatives sur le terrain (loi n° 2002-02 du 2 janvier 2002, *JO* Lois et Décrets du 3 janvier 2002-01-30 – Assemblée Nationale – Projet de loi de rénovation de l'action sociale et médico-sociale – Document n° 2559.)

LES ÉTABLISSEMENTS ET SERVICES SOCIAUX ET MÉDICO-SOCIAUX

Code de l'action sociale et des familles, art. L. 312-1-I
Loi n° 2002-02 du 2 janvier 2002 rénovant l'action sociale et médico-sociale
(*JO* Lois et Décrets du 3 janvier 2002)

1° Les établissements ou services prenant en charge habituellement, y compris au titre de la prévention, des mineurs et des majeurs de moins de vingt et un ans relevant de l'article L. 222-5 ;

2° Les établissements ou services d'enseignement et d'éducation spéciale qui assurent, à titre principal, une éducation adaptée et un accompagnement social ou médico-social aux mineurs ou jeunes adultes handicapés ou présentant des difficultés d'adaptation ;

3° Les centres d'action médico-sociale précoce mentionnés à l'article L. 2132-4 du Code de la santé publique ;

4° Les établissements ou services mettant en œuvre les mesures éducatives ordonnées par l'autorité judiciaire en application de l'ordonnance n° 45-174 du 2 février 1945 relative à l'enfance délinquante ou des articles 375 à 375-8 du Code civil ou concernant des majeurs de moins de vingt et un ans ;

5° Les établissements ou services :
a) d'aide par le travail, à l'exception des structures conventionnées pour les activités visées à l'article L. 322-4-16 du Code du travail et des ateliers protégés définis aux articles L. 323-30 et suivants du même code,
b) de réadaptation, de préorientation et de rééducation professionnelle mentionnés à l'article L. 323-15 du Code du travail ;

6° Les établissements et les services qui accueillent des personnes âgées ou qui leur apportent à domicile une assistance dans les actes quotidiens de la vie, des prestations de soins ou une aide à l'insertion sociale ;

7° Les établissements et les services, y compris les foyers d'accueil médicalisé, qui accueillent des personnes adultes handicapées, quel que soit leur degré de handicap ou leur âge, ou des personnes atteintes de pathologies chroniques, qui leur apportent à domicile une assistance dans les actes quotidiens de la vie, des prestations de soins ou une aide à l'insertion sociale ou bien qui leur assurent un accompagnement médico-social en milieu ouvert ;

8° Les établissements ou services comportant ou non un hébergement, assurant l'accueil, notamment dans les situations d'urgence, le soutien ou l'accompagnement social, l'adaptation à la vie active ou l'insertion sociale et professionnelle des personnes ou des familles en difficulté ou en situation de détresse ;

9° Les établissements ou services qui assurent l'accueil et l'accompagnement de personnes confrontées à des difficultés spécifiques en vue de favoriser l'adaptation à la vie active et l'aide à l'insertion sociale et professionnelle ou d'assurer des prestations de soins et de suivi médical, dont les centres de soins, d'accompagnement et de prévention en addictologie et les appartements de coordination thérapeutique ;

10° Les foyers de jeunes travailleurs qui relèvent des dispositions des articles L. 351-2 et L. 353-2 du Code de la construction et de l'habitation ;

11° Les établissements ou services, dénommés selon les cas centres de ressources, centres d'information et de coordination ou centres prestataires de services de proximité, mettant en œuvre des actions de dépistage, d'aide, de soutien, de formation ou d'information, de conseil, d'expertise ou de coordination au bénéfice d'usagers, ou d'autres établissements et services ;

12° Les établissements ou services à caractère expérimental.
Les établissements et services sociaux et médico-sociaux délivrent des prestations à domicile, en milieu de vie ordinaire, en accueil familial ou dans une structure de prise en charge. Ils assurent l'accueil à titre permanent, temporaire ou selon un mode séquentiel, à temps complet ou partiel, avec ou sans hébergement, en internat, semi-internat ou externat.

La loi n° 89-486 du 10 juillet 1989

Cette loi d'orientation sur l'éducation (*JO* du 14 juillet 1989) n'est pas spécifique du secteur du handicap. Destinée à favoriser une sorte de « redynamisation » des structures et personnels éducatifs, elle affirme en son article 1er que « *l'éducation est la première priorité nationale* » et que « *le droit à l'éducation est garanti à chacun* ». Pour ce qui concerne les enfants handicapés, elle poursuit la direction engagée dans les circulaires de 1982 et 1983 (voir Partie 2) en affirmant la priorité à l'intégration scolaire : « *l'intégration scolaire des jeunes handicapés est favorisée* ».

Le texte de loi traite ensuite :
– de l'organisation de la vie scolaire et universitaire (mise en place notamment des cycles dans l'enseignement primaire et secondaire) ;
– des responsabilités, du rôle et de la formation des personnels (création des instituts universitaires de formation des maîtres) ;
– de l'objet et du fonctionnement des établissements d'enseignement ;
– de la création d'organismes consultatifs ;
– de l'évaluation du système éducatif.

Les trois premiers points ne contiennent aucun élément relatif à l'enseignement spécialisé.

À NOTER
Les règles relatives à l'agrément et aux conditions de fonctionnement des établissements et services spécialisés prenant en charge des enfants ou adolescents handicapés avaient en effet leur place dans un texte différent, presque contemporain : ce sont les nouvelles Annexes XXIV au décret 56-284 du 9 mars 1956 modifié. Ces nouvelles Annexes XXIV publiées en 1988 et 1989 ont, de l'avis de tous, été d'une grande utilité en astreignant chaque établissement à redéfinir la clientèle qu'il a vocation à accueillir et le projet qu'il met en place pour répondre à ses besoins (voir Partie 2).

La loi n° 87-517 du 10 juillet 1987

La loi du 10 juillet 1987 en faveur de l'emploi des travailleurs handicapés (*JO* du 12 juillet 1987) recompose l'ensemble des dispositions antérieures concernant l'emploi des travailleurs handicapés. Elle se substitue notamment à une loi de 1957. Elle instaure une obligation d'emploi d'un quota de personnes handicapées, dans tous les établissements publics et privés de plus de vingt salariés (voir Partie 4). Trois mécanismes différents permettent aux entreprises privées d'atteindre ce quota, fixé à 6 % des effectifs présents dans un même établissement :

– la présence au sein de l'effectif de l'établissement d'un nombre suffisant de personnes handicapées ;
– l'acquittement partiel ou total de cette obligation moyennant :
  • la sous-traitance d'un certain volume d'activité à des établissements de travail protégé,
  • la conclusion d'un accord de branche mettant en place un programme en faveur des travailleurs handicapés,
  • l'acquittement de cette obligation, par les entreprises privées, sous la forme d'une pénalité versée au Fonds pour l'insertion professionnelle des handicapés. L'Association nationale de gestion de ce fonds (AGEFIPH) a pour but de mettre en œuvre diverses mesures destinées à favoriser toutes les formes d'insertion professionnelle des personnes handicapées en milieu ordinaire de travail.

Il faut noter que le mode de calcul du pourcentage de travailleurs handicapés dans une entreprise tient compte de la gravité des atteintes en appliquant une forme de pondération qui majore les cas les plus lourds. Les travailleurs classés par la COTOREP en catégories B ou C comptent ainsi respectivement pour une unité et demie ou deux unités et demie, alors que les travailleurs de catégorie A ne comptent que pour une unité.

L'importance des sommes collectées par l'AGEFIPH témoigne de l'ampleur des efforts à accomplir pour atteindre une véritable intégration des personnes handicapées dans le monde du travail. Toutefois, les résultats semblent bien meilleurs que ceux atteints par la loi de 1957.

La loi n° 90-602 du 12 juillet 1990

Dans de nombreux domaines, le Code pénal français prévoyait depuis de longues années l'interdiction de faire des discriminations en raison de la situation de famille, du sexe, de l'origine, de la race ou de la religion des personnes.

La loi du 12 juillet 1990, relative à la protection des personnes contre la discrimination en raison de leur état de santé ou de leur handicap (*JO* du 13 juillet 1990), ajoute aux motifs qui ne doivent pas servir de base à une discrimination (en matière d'accès à l'emploi, au logement, aux activités de consommation et de loisirs) les mœurs, l'état de santé et le handicap. Le fait qu'il est interdit de refuser l'accès à ces différents domaines au seul motif qu'une personne est handicapée fait donc désormais partie du Code pénal. Si, dans certains pays étrangers, des dispositions similaires ont occasionné de nombreuses actions en justice, tel n'a pas été jusqu'à présent le cas en France. Toutefois, la montée en puissance des institutions européennes (notamment de la Cour de justice des communautés européennes) et l'inclusion d'un article, spécifiant qu'aucune discrimination notamment fondée sur le handicap dans le Traité d'Amsterdam (article 13) ne saurait être acceptée, pourraient modifier cette situation à l'avenir.

La loi n° 91-663 du 13 juillet 1991

La loi d'orientation en faveur des personnes handicapées du 30 juin 1975 prévoyait déjà la nécessité d'adapter les services de transport collectifs, les normes de construction des véhicules, les dispositions architecturales et aménagements des locaux d'habitation et installations ouvertes au public. Mais peu de textes législatifs ou réglementaires étaient venus contraindre des pratiques notoirement insuffisantes en matière d'accessibilité (voir Partie 10).

La loi de 1991 portant diverses mesures destinées à favoriser l'accessibilité aux personnes handicapées des locaux d'habitation, des lieux de travail et des installations recevant du public (*JO* du 19 juillet 1991) rappelle cette nécessité en l'introduisant dans le Code de la construction et de l'habitation.

Elle prévoit également :
- l'extension de l'obligation d'accessibilité aux lieux de travail (avec des restrictions pour les établissements comprenant moins de vingt salariés et les établissements anciens) ainsi qu'aux logements collectifs ;
- la mise en conformité progressive de la voirie ouverte à la circulation publique ;
- l'instauration de contrôles, notamment pour les établissements recevant du public ;
- la possibilité pour les associations de défense des personnes handicapées d'agir en justice en cas de non-respect de la législation et de la réglementation.

L'ensemble de ces lois est rassemblé dans le « Dossier professionnel réglementaire » n° 1 « Textes de base » réalisé par le CTNERHI.

1-A
FICHE PRATIQUE

L'amélioration de la situation des personnes handicapées constitue l'un des trois grands chantiers du quinquennat que le président de la République a lancé le 14 juillet 2002. L'objectif d'une politique du handicap est de permettre aux personnes handicapées de choisir dans toute la mesure du possible leur mode de vie et de participer à la vie en société. 90 % des personnes handicapées vivent aujourd'hui à domicile. Certaines d'entre elles le font par choix, mais d'autres y sont contraintes faute de places en établissement (maisons d'accueil spécialisé ou foyers d'hébergement). Ce manque de places oblige d'ailleurs plus de 2 000 familles à envoyer leurs enfants en Belgique. Aussi, le Gouvernement souhaite développer dès 2003, puis au cours de la législature, les places nécessaires en établissement pour répondre à ces besoins et apporter l'assistance nécessaire aux personnes qui vivent à domicile (soins infirmiers, auxiliaires de vie, aides ménagères...).

Un autre volet de ce grand chantier est la révision de la loi d'orientation du 30 juin 1975. La nouvelle loi, dont le projet sera déposé en 2003, exprimera notamment la solidarité nationale vis-à-vis de toutes les personnes handicapées en affirmant et en réorganisant leur droit à la prise en charge des aides techniques et humaines nécessaires à la compensation de leur handicap.

Ces grands projets n'empêchent pas les mesures concrètes et immédiates.

Des créations de postes d'auxiliaire de vie et d'intégration scolaire sont prévues dans le projet de loi de finances pour 2003.

3 000 places en centre d'aide par le travail sont créées en 2003, soit un doublement de l'effort de création de places, pour favoriser l'intégration professionnelle des personnes handicapées qui ne peuvent accéder au milieu de travail ordinaire.

Le nombre de places en établissement (maisons d'accueil spécialisé, foyers d'accueil médicalisé) est également doublé pour diminuer les listes d'attente actuelles et donner une place aux jeunes adultes et aux personnes polyhandicapées qui restent actuellement dans des établissements pour jeunes enfants (environ 4 000 personnes).

Ces créations doivent permettre de faire face aux besoins nouveaux qui s'ouvrent, notamment en raison du vieillissement des personnes handicapées.

Source : loi n° 2002-1487 du 20 décembre 2002 de financement de la Sécurité sociale pour 2003, *JO* Lois et Décrets du 24 décembre 2002.

1-B
FICHE PRATIQUE

Le conseil national consultation des personnes handicapées

Président : M. Jean-Marie SCHLERET
Vice-président : M. Jean-Pierre GANTET

1) Associations regroupant les personnes handicapées ou leurs familles :

– Association pour adultes et jeunes handicapés (APAJH).
– Association française contre les myopathies (AFM).
– Association des paralysés de France (APF).
– Association nationale de défense des malades, invalides et handicapés (AMI).
– Association nationale des parents d'enfants aveugles (ANPEA).
– Association nationale des parents d'enfants déficients auditifs (ANPEDA).
– Alliance maladies rares.
– Autisme France.
– Comité de liaison et d'action des parents d'enfants et d'adultes atteints de handicaps associés (CLAPEAHA).
– Comité national pour la promotion sociale des aveugles et amblyopes (CNPSAA).
– Fédération d'associations pour l'insertion des personnes porteuses de trisomie 21 (FAIT 21).
– Fédération française Sésame-Autisme.
– Fédération française des associations d'infirmes moteurs cérébraux (FFAIMC).
– Fédération française du sport adapté.
– Fédération française handisport.
– Fédération nationale des associations de patients et anciens patients en psychiatrie (FNAP-Psy).
– Fédération nationale des accidentés du travail et des handicapés (FNATH).
– Fédération nationale des malades et handicapés (FMH).
– Groupement pour l'insertion des personnes handicapées physiques (GIHP).
– Ligue pour l'adaptation du diminué physique au travail (LADAPT).
– Union nationale des amis et familles de malades mentaux (UNAFAM).
– Union nationale des associations de familles de traumatisés crâniens (UNAFTC).
– Union nationale des associations de parents et amis de personnes handicapées mentales (UNAPEI).
– Union nationale pour l'insertion sociale des déficients auditifs (UNISDA).

2) Associations ou organismes œuvrant dans le domaine du handicap :

– Fonds pour l'insertion professionnelle des personnes handicapées (AGEFIPH).
– Association des instituts de rééducation (AIRE).
– Association nationale des communautés éducatives (ANCE).
– Association nationale des équipes des centres d'action médico-sociale précoce (ANECAMSP).
– Croix-Rouge française.
– Fédération des associations gestionnaires d'établissements de réadaptation pour handicapés (FAGERH).
– Fédération générale des associations départementales des pupilles de l'enseignement public.
– Fédération hospitalière de France (FHF).
– Fédération nationale pour l'accompagnement scolaire des élèves présentant un handicap (FNASEPH).
– Fondation santé des étudiants de France.
– Union nationale des associations familiales (UNAF).
– Union nationale des centres communaux d'action sociale (UNCCAS).
– Union nationale interfédérale des œuvres et organismes privés sanitaires et sociaux (UNIOPSS).
– Union nationale de sauvegarde de l'enfance, de l'adolescence et des adultes (UNSEAA).
– Union nationale des associations d'aide à domicile en milieu rural (UNADMR).
– Union nationale des associations de soins et services à domicile (UNASSAD).
– Union et fédération d'employeurs du secteur sanitaire, social et médico-social (UNIFED).

3) Les organismes de protection sociale :

– Caisse nationale d'allocations familiales (CNAF).
– Caisse nationale d'assurance maladie des professions indépendantes (CANAM).
– Caisse nationale d'assurance maladie et maternité des travailleurs salariés (CNAMTS).
– Caisse centrale de mutualité sociale agricole (CCMSA).
– Fédération nationale de la mutualité française (FNMF).

4) Associations ou organismes développant des actions de recherche :

– Association nationale des centres régionaux pour l'enfance et l'adolescence inadaptées (ANCREAI).
– Centre technique national d'études et de recherches sur les handicaps et les inadaptations (CTNERHI).
– Institut national de recherche pédagogique (INRP).
– Institut national de la santé et de la recherche médicale (INSERM).

Source : Arrêté du 30 novembre 2002, *JO* Lois et Décrets du 1er décembre 2002.

1-C
FICHE PRATIQUE

Le 18 septembre 2001, la ministre déléguée à l'Enfance, à la Famille et aux Personnes handicapées a présenté dans une communication au conseil des ministres un plan d'actions en faveur des personnes handicapées. Il s'agit d'un panel de mesures pour « changer le regard sur les personnes en situation de handicap », à mi-parcours du programme pluriannuel 1999-2003 et du plan triennal 2001-2003 en faveur des personnes handicapées.

Pour la ministre déléguée à l'Enfance, à la Famille et aux Personnes handicapées, ce plan d'actions comporte douze mesures :

1) L'accueil de la petite enfance :

– diffusion d'instructions ministérielles pour améliorer l'accueil des enfants handicapés à la **naissance** et la formation des équipes concernées ;
– attribution des aides de fonds d'investissement pour la petite enfance (FIPE), subordonnée à la prise en compte des enfants handicapés dans tous les projets de ces structures de l'accueil des enfants handicapés.

2) Le plan d'intégration scolaire :

– instructions conjointes des ministres de l'Éducation nationale et de la Famille-Enfance pour la rentrée scolaire ;
– intégration dans la création des nouveaux lycées des métiers et amélioration des conditions de vie et d'études des étudiants handicapés.

3) L'emploi :

– généralisation des dispositifs de « maintien dans l'emploi » permettant de prévenir les licenciements pour cause d'inaptitude ;
– amplification de l'insertion professionnelle des personnes handicapées dans la fonction publique.

4) Le Logement :

– développement du parc de logement adapté et de ses conditions d'accès ;
– adaptation des logements existants en prenant en compte les conséquences d'un handicap survenant après acquisition ou location d'un logement.

5) Les transports et les déplacements :

– dans les transports collectifs : prendre en compte les besoins des personnes handicapées, tant sur le plan matériel que sur les infrastructures ;
– pour les transports individuels : inciter à l'aménagement des taxis ;
– pour les transports particuliers : augmenter les places de stationnement réservées et les faire respecter.

6) Les loisirs, le tourisme, les sports et la culture :

– label « tourisme et handicap » ;
– recommandations aux organisateurs des centres de vacances ;
– commission « culture et handicap ».

7) L'accueil dans les structures spécialisées :

– diversifier et améliorer la qualité de la prise en charge des personnes en situations de handicap, et faciliter les formules souples et innovantes ;
– renforcer l'offre quantitative à partir d'une évaluation des besoins ;
– renforcer les droits des usagers et prévenir la maltraitance en luttant contre les violences en institution.

8) Un programme d'actions pour changer le regard sur les personnes en situations de handicap :

– journées « Réussites et Handicap » ;
– réflexion globale sur les relations entre éthique et handicap.

9) Une approche globale dans l'appréciation de situation de handicap de la personne :

– extension progressive du dispositif des « sites pour la vie autonome », de 15 à 43 départements, puis à la totalité des départements.

10) La modernisation du Service Public d'Évaluation et d'Orientation :

– rénovation des CDES et des COTOREP.

11) La rénovation de la loi d'orientation de 1975 :

– lancer la concertation et l'analyse préparatoire aux travaux législatifs.

12) La dimension européenne dans les actions prévues en faveur des personnes handicapées :

– mobiliser la France et ses partenaires en préparation de l'année européenne des personnes handicapées 2003 ;
– organiser la réunion des ministres européens concernés.

PARTIE 2
Les jeunes handicapés

L'éducation des jeunes handicapés

« *La prévention et le dépistage des handicaps, les soins et l'éducation, la formation et l'orientation professionnelle, l'emploi, la garantie d'un minimum de ressources, l'intégration sociale et l'accès aux sports et aux loisirs du mineur et de l'adulte handicapés physiques, sensoriels ou mentaux constituent une obligation nationale* » (loi n° 75-734 du 30 juin 1975, art. 1).

Les enfants et adolescents handicapés sont donc soumis à l'obligation éducative. Ils satisfont à cette obligation en recevant, soit une éducation ordinaire en milieu scolaire ordinaire, soit, à défaut, une éducation spéciale, déterminée en fonction des besoins particuliers de chacun d'eux par la commission départementale de l'éducation spéciale (CDES).

L'éducation spéciale associe des actions pédagogiques, psychologiques, sociales, médicales et paramédicales. Elle est dispensée :
- soit dans des établissements ordinaires, il s'agit alors d'intégration scolaire collective, individuelle ou partielle ;
- soit dans des établissements ou par des services spécialisés.

Elle peut être entreprise avant et poursuivie après l'âge de la scolarité obligatoire (loi n° 75-534 du 30 juin 1975, art. 4).

SOMMAIRE

CHAPITRE 1

Les commissions départementales de l'éducation spéciale

Principe

Les commissions départementales de l'éducation spéciale (CDES), créées par la loi d'orientation en faveur des personnes handicapées (loi n° 75-534 du 30 juin 1975, art. 6), sont compétentes à l'égard de tous les enfants et adolescents handicapés physiques, sensoriels ou mentaux, de leur naissance jusqu'à l'âge de vingt ans.

Elles sont l'instrument essentiel de la protection des enfants et adolescents handicapés.

Les attributions d'une CDES

La CDES apprécie si l'état ou le taux d'incapacité de l'enfant ou de l'adolescent justifie l'attribution :
- de l'allocation d'éducation spéciale et éventuellement de ses compléments ;
- de bourses d'enseignement d'appoint et d'adaptation ;
- de la carte d'invalidité ;
- du macaron GIC (voir Partie 11) ;
- la carte station debout pénible (SDP).

À NOTER
L'évaluation du taux d'incapacité se fait à l'aide du guide-barème (voir Partie 1).

L'orientation

La CDES désigne les établissements ou services ou, à titre exceptionnel, l'établissement ou le service dispensant l'éducation spéciale correspondant aux besoins de l'enfant ou de l'adolescent et en mesure de l'accueillir, en s'efforçant chaque fois que possible d'orienter l'enfant en milieu scolaire ordinaire :
- placement ou maintien en milieu scolaire ordinaire (intégration scolaire), le cas échéant, en complétant par des enseignements de soutien, un appui particulier des groupes d'aide psychopédagogique, des enseignements d'adaptation, des rééducations ou des traitements ambulatoires prescrits et assurés, dans le respect du libre choix des familles ;

– admission en classe ou section d'adaptation ou en classe ou section d'éducation spéciale dans un établissement scolaire ;
– à défaut d'une des deux solutions précédentes, admission dans un établissement ou service spécialisé (orientation vers l'éducation spéciale).

À NOTER
La CDES se prononce également quant au maintien en établissement d'éducation spéciale d'un jeune adulte au-delà de l'âge de vingt ans (amendement Creton, loi n° 89-18 du 13 janvier 1989, circulaire du 27 janvier 1995). Dans ce cas, la décision doit être adoptée de façon identique par la CDES et la COTOREP (voir Partie 2 et Partie 3).
La situation du jeune est réexaminée chaque année. Les frais d'hébergement sont supportés par la ou les personnes morales qui auraient eu compétence pour la prise en charge des jeunes adultes handicapés.

La composition

La CDES se compose de douze membres nommés par le préfet pour trois ans renouvelables, sur proposition du directeur départemental de l'action sanitaire et sociale et de l'inspecteur d'académie (pour trois membres chacun), les six autres membres étant des représentants des organismes d'assurance maladie et des organismes débiteurs de prestations familiales, des établissements privés accueillant des enfants handicapés, des associations de parents d'élèves et des associations des familles des enfants et adolescents handicapés. Son président est désigné chaque année par le préfet.

La CDES dispose d'un secrétariat permanent et d'une équipe technique, pluridisciplinaire, chargée d'étudier les cas soumis à la CDES, de recueillir les avis (médical, social, psychologique, pédagogique) et de présenter la synthèse de ses travaux à la CDES qui statue.

La saisine

La CDES peut être saisie par :
– les parents de l'enfant handicapé ou les personnes qui en ont la charge effective, l'organisme d'assurance maladie compétent ;
– l'organisme ou service appelé à payer l'allocation d'éducation spéciale ;
– le chef de l'établissement scolaire fréquenté par l'enfant ;
– le directeur départemental de l'action sanitaire et sociale ;
– l'autorité responsable de tout centre, établissement ou service médical ou social intéressé ;
– les commissions de circonscription.

La décision

La CDES se réunit au moins une fois par mois. Elle examine les dossiers étudiés par l'équipe technique, entend les parents ou représentants d'enfants qui peuvent se faire assister ou représenter par toute personne de leur choix (notamment le médecin de l'enfant). Elle peut s'adjoindre la présence de toute personne jugée utile pour éclairer un dossier difficile.

Les décisions sont prises à la majorité absolue. Elles indiquent, dans chaque cas, le délai pendant lequel les décisions seront révisées sans que ce délai puisse excéder cinq ans.

Elles doivent être motivées et notifiées dans le délai d'un mois aux parents ou personnes ayant la charge effective de l'enfant, au directeur de l'Action sanitaire et sociale, aux organismes de Sécurité sociale ou d'Aide sociale et aux organismes chargés du paiement de l'allocation d'éducation spéciale, à l'établissement ou service vers lequel l'enfant est orienté ainsi que, le cas échéant, à la personne, à l'organisme ou au service qui a saisi la commission.

La décision de la CDES s'impose aux établissements scolaires ordinaires et aux établissements d'éducation spéciale dans la limite de la spécialité au titre de laquelle ils ont été agréés ou autorisés, ainsi qu'aux organismes de prise en charge.

À NOTER

Lorsque les parents ou le représentant légal de l'enfant ou adolescent handicapé font connaître leur préférence pour un établissement ou service, la CDES est tenue de faire figurer cet établissement ou service au nombre de ceux qu'elle désigne.

En 1997/1998, sur un total de 114 300 avis de décisions et d'orientations :
- 95 500 concernent le secteur médico-éducatif ;
- 4 950 concernent le maintien au titre de l'amendement CRETON ;
- 5 150 concernent la scolarisation sans prise en charge médico-éducative (classe d'enseignement spécial, établissement d'enseignement adapté et classe ordinaire) ;
- 8 700 concernent les avis et non les décisions émis par la CDES.

Source : Ministère de l'Emploi et de la Solidarité, DREES, *Annuaire des statistiques sanitaires et sociales 2000*, La Documentation Française, Paris, 2001, 448 p.

Afin de repérer les besoins, améliorer au quotidien la gestion des dossiers et aider à la planification des équipements et des prestations, il est prévu l'installation d'un nouveau logiciel nommé Outils de Pilotage et d'Administration Locale de l'Éducation Spéciale (OPALE) dans les CDES au cours de l'année 2002.

Les recours

Les décisions des CDES peuvent faire l'objet de contestations sur :
– l'appréciation du taux d'incapacité pour l'attribution de l'allocation d'éducation spéciale et de ses compléments ;
– l'orientation vers un établissement ou service de l'éducation spéciale ;
– l'appréciation du taux d'incapacité pour l'attribution de la carte d'invalidité ;
– le refus d'attribution du macaron GIC (voir Partie 11).

Deux types de recours sont prévus :
– un recours gracieux devant la CDES dans un délai d'un mois à compter de la notification ;
– un recours contentieux devant les juridictions du contentieux technique de la Sécurité sociale. Ce recours est ouvert à toute personne ou tout organisme intéressé. Il n'a d'effet suspensif que lorsqu'il est intenté par la personne handicapée ou son représentant légal, et uniquement en matière d'orientation.

Les commissions de circonscription

La CDES peut déléguer certaines de ses attributions (sans incidence financière) à des commissions de circonscription :
– *la commission de circonscription pour l'enseignement préélémentaire et élémentaire* (CCPE) est compétente pour les enfants qui relèvent de l'enseignement préscolaire et élémentaire ;
– *les commissions de circonscription de l'enseignement du second degré* (CCSD) sont composées de huit membres nommés par le préfet pour une période de trois ans, sur proposition de l'inspecteur de l'éducation et du directeur départemental de l'action sanitaire et sociale (pour deux membres chacun) ; les quatre autres membres étant des représentants des établissements privés accueillant des enfants handicapés, des associations de parents d'élèves et des associations des familles des enfants et adolescents handicapés. L'inspecteur d'académie en est le président.

À NOTER
Les CCPE se réunissent au moins une fois par mois. La CCSD se réunit au moins une fois par trimestre.

Les CCPE et les CCSD sont saisies :
– par les parents de l'enfant handicapé ou par les personnes qui en ont la charge effective ;
– par le chef d'établissement scolaire fréquenté par l'enfant ;
– par le directeur départemental de l'action sanitaire et sociale ;
– par l'autorité responsable de tout centre, établissement ou service médical ou social intéressé.

Dans tous les cas, les parents de l'enfant handicapé ou les personnes qui en ont effectivement la charge sont informés de la saisine.

Les décisions des commissions de circonscription indiquent le délai pendant lequel elles seront révisées sans que ce délai puissent excéder deux ans. Elles sont notifiées dans un délai d'un mois aux parents ou aux personnes ayant la charge effective de l'enfant, au directeur de l'action sanitaire et sociale, à l'établissement ou au service dispensant l'éducation spéciale vers lequel l'enfant est orienté ainsi, que le cas échéant, à la personne qui a saisi la commission.

Un recours gracieux peut être formé par toute personne ou organisme intéressé devant la CDES dans le délai d'un mois à compter de la notification.

L'ORIENTATION SCOLAIRE DES ENFANTS HANDICAPÉS

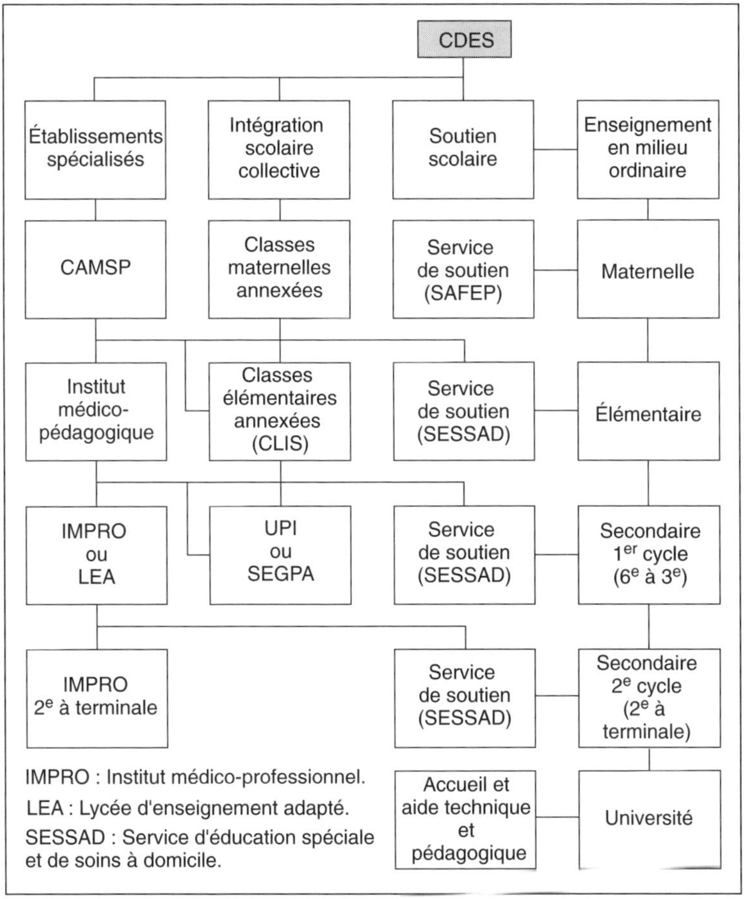

CHAPITRE 2
L'accueil des enfants de moins de six ans et les services d'accompagnement

■ L'ACCUEIL DES ENFANTS DE MOINS DE SIX ANS

Les diverses possibilités

Avant six ans, les jeunes enfants handicapés, tout comme les autres enfants, ne sont pas soumis à l'obligation scolaire. Il peuvent être accueillis dans les établissements et les services d'accueil (nouvelle dénomination générique correspondant aux crèches et aux haltes garderies). Ces établissements veillent à la santé, à la sécurité et au bien-être des enfants qui leur sont confiés, ainsi qu'à leur développement. Ils concourent à l'intégration sociale de ceux de ces enfants ayant un handicap ou atteints d'une maladie chronique.

Source : Décret n° 2000-762 du 1er août 2000, *JO* du 6 août 2000, p. 12227.

Les pouponnières à caractère sanitaire

Les pouponnières à caractère sanitaire accueillent l'enfant dont l'état de santé exige des soins médicaux particuliers.

Elles prennent en charge, notamment, les enfants atteints d'infirmité motrice cérébrale, dont la malformation ou une affection nécessite un traitement spécial ou un régime diététique particulier, les enfants atteints d'encéphalopathie ainsi que les enfants hypotrophiques, rachitiques ou anorexiques.

Les centres d'action médico-sociale précoce (CAMSP)

Les centres d'action médico-sociale précoce ont pour objet le dépistage, la cure ambulatoire et la rééducation des enfants des premiers et deuxièmes âges qui présentent des déficits sensoriels, moteurs ou mentaux, en vue d'une adaptation sociale et éducative dans leur milieu naturel et avec la participation de celui-ci, le plus souvent les parents. Ils exercent des actions préventives spécialisées.

Ils exercent aussi, soit au cours des consultations, soit à domicile, une guidance des familles dans les soins et l'éducation spécialisée requis par l'état de l'enfant (décret n° 76-389 du 15 avril 1976, annexe XXXII, brochure *JO* n° 1064).

Les services d'accompagnement familial et d'éducation précoce (SAFEP)

Les services d'accompagnement familial et d'éducation précoce assurent la prise en charge des enfants atteints d'une déficience sensorielle grave, de la naissance à trois ans, et tout particulièrement le conseil et l'accompagnement des familles et de l'entourage familier de l'enfant, l'approfondissement du diagnostic et l'adaptation prothétique, l'éveil et le développement de la communication de l'enfant.

■ LES SERVICES D'ACCOMPAGNEMENT ET DE SOUTIEN SCOLAIRE

Les réseaux d'aides spécialisées aux élèves en difficulté (RASED), les groupes d'aide psycho-pédagogique (GAPP)

Ces services interviennent dans le cadre des écoles maternelles et élémentaires sous la responsabilité de l'inspecteur de l'Éducation nationale.

Les aides spécialisées s'insèrent dans l'ensemble des actions de prévention des difficultés que peuvent éprouver des élèves à l'école. Elles peuvent être à dominante pédagogique ou à dominante rééducative.

Les services d'éducation spéciale et de soins à domicile (SESSAD)

Ces services d'éducation et de soins à domicile, rattachés à un établissement ou autonomes, sont régis par les annexes XXIV et agréés en fonction de la nature du handicap (mental, moteur, polyhandicap, sensoriel).

Leur action est orientée, selon les âges, vers :
– la prise en charge précoce des enfants de la naissance à six ans, comportant le conseil et l'accompagnement des familles et de l'entourage familier de l'enfant, l'approfondissement du diagnostic, le traitement et la rééducation qui en découlent (déficients moteurs), l'aide au développement psychomoteur initial de l'enfant et la préparation des orientations collectives ultérieure ainsi que le développement de la communication (polyhandicapés) ;
– le soutien à l'intégration scolaire ou à l'acquisition de l'autonomie, comportant l'ensemble des moyens médicaux, paramédicaux, psychosociaux, éducatifs et pédagogiques adaptés.

Les interventions s'accomplissent dans les différents lieux de vie et d'activité de l'enfant ou de l'adolescent (domicile, crèche, école) et dans les locaux du service.

Les SESSAD œuvrent en étroite liaison avec, le cas échéant, les secteurs de psychiatrie infanto-juvénile, les services hospitaliers, la protection maternelle et infantile, les centres d'action médico-sociale précoce, les centres médico-psycho-pédagogiques, etc.

Lorsque le SESSAD intervient dans le cadre de l'intégration scolaire en milieu ordinaire, une convention passée avec, selon les ordres d'enseignement, l'inspecteur d'académie ou le chef d'établissement scolaire précise les conditions d'intervention du service dans le cadre du projet pédagogique, éducatif et thérapeutique d'ensemble.

Cette convention précise également les modalités d'intervention des personnels spécialisés (lieux, durée, fréquence, réunions de synthèse, etc.) ; lui est annexée la liste des personnels enseignants et spécialisés appelés à intervenir auprès des enfants ou adolescents, avec leurs qualifications et statuts.

À NOTER
Le nombre de prises en charge par ce service est passé de 7 % en 1988-1989 à 19 % en 1997-1998.
Au 1er janvier 1998, on dénombre 18 000 places en SESSAD.
85 % des enfants fréquentant les SESSAD sont scolarisés à temps plein dans un établissement scolaire ordinaire alors que 66 % des enfants accueillis dans un établissement spécialisé (hormis ceux qui sont destinés aux enfants polyhandicapés) sont scolarisés à temps plein au sein de la structure d'accueil.
Source : *Études et Statistiques : DREES* – les commissions départementales d'éducation spéciale (CDES) – enquête annuelle 1997-1998, n° 8, octobre 1999, 53 p.

Les services de soutien à l'éducation familiale et à l'intégration scolaire (SSEFIS)

Les services de soutien à l'éducation familiale et à l'intégration scolaire prennent en charge des enfants déficients auditifs de plus de trois ans, qui suivent par ailleurs une scolarité à l'école ordinaire, ainsi que des enfants de trois à six ans qui ne peuvent bénéficier d'une telle scolarité.

Des conventions peuvent être passées pour certaines prestations nécessaires avec des centres d'audiophonologie, des services ORL (dépistage et diagnostic), des centres d'action médico-sociale précoce ou des intervenants spécialisés proches du domicile des parents.

Les services d'aide à l'acquisition de l'autonomie et à l'intégration scolaire (SAAAIS)

Les SAAAIS sont destinés aux enfants atteints d'une déficience visuelle grave ou de cécité. Ils apportent, d'une part, l'ensemble des moyens de compensation du handicap, de développement de la vision fonctionnelle et d'apprentissage des techniques palliatives et, d'autre part, les soutiens pédagogiques adaptés ; ils assurent également la mise à disposition des matériels et équipements spécialisés.

Des conventions peuvent être passées pour certaines des prestations nécessaires avec les centres d'ophtalmologie, des services de dépistage et de diagnostic, des centres d'action médico-sociale précoce ou des intervenants spécialisés proches du domicile des parents.

Les centres médico-psycho-pédagogiques (CMPP)

Les centres médico-psycho-pédagogiques pratiquent le diagnostic et le traitement des enfants déficients mentaux dont l'inadaptation est liée à des troubles neuro-psychiques ou à des troubles du comportement susceptibles d'une thérapeutique médicale, d'une rééducation médico-psychologique ou d'une rééducation psychothérapique ou psychopédagogique sous autorité médicale (Annexe XXXII au décret n° 56-284 du 9 mars 1956).

Le diagnostic et le traitement sont effectués en consultations ambulatoires sans hospitalisation du malade. Ils ont pour but de réadapter l'enfant en le maintenant dans son milieu familial, scolaire ou professionnel et social.

Les bureaux d'aide psychologique universitaire (BAPU)

Les BAPU pratiquent la prévention, le dépistage et le traitement des étudiants qui souffrent de troubles mentaux ou de difficultés psychologiques impliquant une thérapeutique médicale, une rééducation médico-psychologique ou une rééducation psychothérapique sous autorité médicale. La prévention, le dépistage et le traitement sont effectués en consultations ambulatoires sans hospitalisation du malade. Ils ont pour but d'aider l'étudiant à surmonter ses difficultés ou de l'orienter vers l'organisme apte à prendre son cas en charge.

CHAPITRE 3
La scolarité

L'obligation scolaire chez les enfants handicapés

Les enfants et adolescents handicapés sont tenus de satisfaire à l'obligation scolaire :
– soit ils sont jugés aptes à recevoir un enseignement dans un milieu scolaire ordinaire (école, collège, lycée, université), le cas échéant accompagné d'un soutien pédagogique et médical ;
– soit ils sont orientés vers l'une des structures prévues au titre de l'éducation spéciale.

Les enfants ou adolescents ne pouvant être pris en charge dans un établissement relevant de l'éducation spéciale, quoique n'étant pas non plus admissibles dans un établissement scolaire ordinaire en raison d'une déficience intellectuelle ou motrice ou encore à cause de l'insuffisance des capacités d'accueil de proximité, peuvent recevoir un enseignement à domicile, ou suivre des cours d'enseignement à distance (voir Fiche pratique 1-B, p. 21 et 2-A, p. 54).

■ LES ENFANTS HANDICAPÉS INTÉGRÉS EN CLASSE ORDINAIRE

L'intégration scolaire

L'intégration scolaire des enfants et des adolescents handicapés est une priorité réaffirmée de la politique gouvernementale. Pour concrétiser cet objectif, il a été demandé à la mission conjointe des inspections générales de l'Éducation nationale et des Affaires sociales d'établir un rapport sur l'accès à l'enseignement des enfants et des adolescents handicapés.

À la suite des recommandations finales de ce rapport, le Comité National Consultatif des Personnes Handicapées (CNCPH) a présenté 20 mesures destinées à améliorer la scolarisation des enfants et des adolescents handicapés.

Les 20 mesures s'articulent autour de cinq pôles
• **Réaffirmer le droit et favoriser son exercice** 1 - Publier un texte d'orientation générale. 2 - Revoir et unifier la réglementation. 3 - Diffuser un guide pratique à destination des familles. 4 - Développer la cellule d'écoute HANDISCOL'.

• **Constituer des outils d'observation**
5 - Rapprocher les outils statistiques des deux ministères.
6 - Achever et optimiser l'informatisation des CDES.
• **Améliorer l'orientation et renforcer le pilotage**
7 - Améliorer le fonctionnement des CDES.
8 - Installer dans le cadre des CDCPH les groupes départementaux HANDISCOL'.
9 - Tenir annuellement au niveau national une réunion du CNCPH et au niveau régional une réunion des CROSS consacrées à la scolarisation des enfants et des adolescents handicapés.
• **Développer les dispositifs et les outils d'intégration**
10 - Développer des dispositifs collectifs d'intégration.
11 - Développer des dispositifs médico-sociaux d'accompagnement.
12 - Développer et rationaliser les dispositifs d'auxiliaires d'intégration scolaire.
13 - Promouvoir le pôle handicap du CNED.
14 - Renforcer le rôle du CNEFEI et produire des guides pédagogiques pour les enseignants.
15 - Rechercher des modes de financement pour les matériels pédagogiques spécialisés.
16 - Rechercher les moyens d'aider les collectivités locales à mettre en accessibilité les établissements.
17 - Améliorer l'accès à la formation professionnelle et la qualification professionnelle.
• **Améliorer la formation des personnels de l'Éducation nationale**
18 - Développer la formation initiale et continue des personnels enseignants et des personnels de direction du premier et du second degré.
19 - Sensibiliser les personnels d'inspection aux enjeux et dispositifs de l'intégration scolaire.
20 - Rapprocher les certifications des enseignants pour déficients sensoriels des deux ministères.

Source : Ministère de l'Emploi et de la Solidarité – Inspection générale des Affaires sociales – IGAS – Ministère de l'Éducation nationale, de la Recherche et de la Technologie – Inspection générale de l'Éducation nationale – IGEN- rapport n° 99-002 mars 1999, IGEN/IGAS.
Conseil National Consultatif des Personnes Handicapées (CNCPH), réunion du 20 avril 1999, Paris.

À NOTER
À la rentrée 1999, on estime à 52 000 le nombre d'enfants et adolescents intégrés individuellement, c'est-à-dire scolarisés dans une classe non spécialisée d'un établissement ordinaire.
Entre 1990 et 1999, le nombre d'enfants handicapés intégrés dans le premier degré a augmenté de 46 % ; et celui des intégrations à temps plein dans le second degré de 38 %, alors que, dans le même temps, la population scolaire des premier et second degrés a diminué.

Depuis le 4 janvier 1999, un numéro Azur « HANDISCOL' » est mis en place pour améliorer l'information des parents et des enseignants.

HANDISCOL': 08.10.55.55.01

À NOTER
Le Site Internet Handiscol' : www.education.gouv.fr/handiscol/accueil.htm

Le guide HANDISCOL' est un document réalisé pour renseigner sur les procédures, les démarches et les actions engagées par le ministère de l'Éducation nationale pour améliorer la scolarisation des enfants et des adolescents handicapés.
Ministère de l'Éducation nationale, de la Recherche et de la Technologie – Mission de la communication, 1999, 41 p.

Le groupe HANDISCOL' est un groupe départemental qui se compose d'élus et de partenaires sociaux engagés dans une meilleure articulation entre les services de l'Éducation nationale et ceux de la Solidarité et de l'Emploi. Il est intégré au sein du futur conseil départemental consultatif des personnes handicapées pour coordonner et faciliter les actions des différents partenaires concernés par la scolarisation des jeunes handicapés et pour assurer la cohérence du dispositif global d'intégration et d'éducation. Il aura pour charge à moyen terme d'élaborer un schéma départemental de la scolarisation des élèves handicapés (Circulaire n° 99-187 et 99-188 du 19 novembre 1999. *BOEN* n° 42 du 25 novembre 1999).

Le plan HANDISCOL' est complété dès la rentrée 2001-2002 par un dispositif d'accueil et d'assistance des familles et des écoles rencontrant des difficultés pour scolariser un enfant handicapé et par une affectation progressive des auxiliaires d'intégration scolaire.

C'est dans l'intérêt de l'enfant que la décision d'intégration scolaire est prise, après accord des familles et des autres parties concernées. L'élève handicapé doit être capable d'assumer les contraintes et les exigences minimales qu'implique la vie scolaire et avoir acquis ou être en voie d'acquérir une capacité de communication et de relation aux autres, compatible avec les enseignements scolaires et les situations de vie et d'éducation collective.

La circulaire n° 82-2 du 28 janvier 1982 pose les grandes lignes d'une politique d'intégration des enfants et des adolescents handicapés ; la circulaire n° 83-4 du 29 janvier 1983 précise, d'une part, la population concernée ou susceptible de bénéficier de soutiens et de soins spécialisés en milieu scolaire et, d'autre part, rappelle la diversité des formes d'intégration ; la circulaire n° 91-33 du 6 septembre 1991, reprise par la circulaire du 18 novembre 1991, en précise les conditions, les formes ainsi que les modalités.

La circulaire n° 95-124 du 17 mai 1995 précise les conditions et la mise en œuvre de l'intégration scolaire dans les collèges et les lycées. Celle-ci ne se limite pas à une simple action de socialisation, mais vise à permettre à chaque élève de poursuivre ses études au niveau le plus avancé des apprentissages scolaires.

L'intégration gagne à ne pas être imposée et fait l'objet d'une préparation qui associe l'établissement, les familles et les élèves. Cette politique d'intégration doit être inscrite dans le projet d'établissement avec tous les moyens d'accompagnement qu'elle requiert ; une convention d'intégration est signée, selon les cas, avec un centre de soins, un établissement ou un service spécialisé.

L'auxiliaire de vie scolaire

C'est une personne qui apporte une aide humaine, répondant aux besoins spécifiques d'un ou plusieurs enfants ou adolescents intégrés individuellement ou collectivement en milieu scolaire ordinaire.

Ses missions : Elle facilite la participation aux situations d'apprentissage, quelle que soit la discipline, ou la forme de l'activité, y compris, le cas échéant, les sorties scolaires et les stages en entreprise. Elle doit veiller à ne pas faire écran entre l'élève et l'enseignant et entre l'élève et ses camarades.

Ses missions comprennent trois fonctions :
- une fonction d'accompagnement ;
- une fonction éducative ;
- une fonction d'aide à la socialisation et à la communication.

Les critères d'attribution d'une auxiliaire d'intégration scolaire font l'objet d'un avis de la CDES.

Son niveau de formation :
- niveau V (CAP petite enfance ou BEP sanitaire et social) ;
- niveau IV (BAC sciences médico-sociales ou de séries générales) ;
- niveau III et supérieur (BAC + 2 ou davantage).

Le financement des services d'auxiliaires d'intégration scolaire repose avant tout sur des fonds d'État pour l'aide à l'emploi (emploi-jeune, CES, CEC). Les compléments de salaire sont assurés par des fonds privés ou de collectivités locales.

REPÈRES RÉGLEMENTAIRES

Circulaire n° 82-2 du 28 janvier 1982 relative à la mise en œuvre d'une politique d'intégration en faveur des enfants et adolescents handicapés, *BOEN* n° 5 du 4 février 1982.
Circulaire n° 83-4 du 29 janvier 1983 relative à la mise en place d'action de soutien et de soins spécialisés en vue de l'intégration dans les établissements scolaires ordinaires des enfants et adolescents handicapés ou en difficulté en raison d'une maladie, de troubles de la personnalité ou de troubles graves du comportement, *BOEN* n° 8 du 24 février 1983.
Circulaire n° 91-33 du 6 septembre 1991 relative à l'intégration scolaire des enfants et adolescents handicapés, *BOMASI* n° 39 du 17 octobre 1991.
Circulaire n° 95-124 du 17 mai 1995 relative à l'intégration scolaire des préadolescents et adolescents présentant des handicaps au collège ou au lycée, *BOEN* n° 21 du 24 mai 1995.
Circulaire n° 99-187 et 99-188 du 19 novembre 1999 relative à l'intégration scolaire des enfants et adolescents handicapés, *BOEN* n° 42 du 25 novembre 1999.
Décret n° 2000-762 du 1er août 2000, *JO* du 6 août 2000, p. 12227.
Circulaire interministérielle n° 2001-144 du 11 juillet 2001 relative à l'accueil des élèves handicapés, rentrée 2001, *BOEN*, n° 30 du 26 juillet 2001, p. 1599-1601.
Circulaire n° 2001-221 du 29 octobre 2001 relative au financement de matériels pédagogiques adaptés au bénéfice d'élèves présentant des déficiences sensorielles ou motrices. *BOEN*, n° 41 du 8 novembre 2001, p. 2309-2313.

Les différentes formes d'intégration

L'intégration scolaire peut être :
– individuelle, dans une classe ordinaire parce que la situation de l'enfant handicapé ne nécessite pas l'intervention permanente de personnels spécialisés ;
– partielle, individuelle ou par petits groupes : cette intégration peut être permanente ou limitée dans le temps et n'intervenir que pour une partie seulement des activités de l'établissement scolaire ;
– collective, d'élèves handicapés en petit nombre dans un établissement scolaire ordinaire où ils bénéficient de moyens susceptibles d'assurer de façon permanente le soutien médical, paramédical, social et éducatif nécessaire. Des regroupements pédagogiques peuvent être opérés en vue d'une participation progressive, partielle ou totale aux diverses activités pédagogiques collectives, décloisonnées ou non, et aux activités scolaires normales des classes de l'établissement.

À NOTER
Quelles que soient les modalités retenues, un projet éducatif individualisé doit être élaboré en commun par les familles, les enseignants, les personnels spécialisés et les établissements et services spécialisés intéressés.
À la rentrée 1999, 51 000 enfants ou adolescents handicapés étaient scolarisés dans des classes ou unités spécialisées des premier et second degrés.

■ La scolarisation dans les établissements relevant du ministère de l'Éducation nationale

Les classes d'intégration scolaire (CLIS)

Les classes d'intégration scolaire remplacent les classes de perfectionnement et les classes spéciales (circulaires n°s 91-302 et 91-304 du 18 novembre 1991, *BOEN* n° 3 du 16 janvier 1991). Elles accueillent de façon différenciée, dans certaines écoles élémentaires ou exceptionnellement maternelles, des élèves handicapés physiques, sensoriels ou mentaux qui peuvent tirer profit, en milieu scolaire ordinaire, d'une scolarité adaptée à leur âge et à leurs capacités, à la nature et à l'importance de leur handicap. L'objectif des CLIS est de permettre à ces élèves de suivre totalement ou partiellement un cursus scolaire ordinaire.

L'effectif de ces classes, confiées à des enseignants spécialisés, est limité à douze élèves.

Il en existe quatre types :
– CLIS 1 : classe d'intégration scolaire pour les enfants atteints d'un handicap mental ;
– CLIS 2 : classe d'intégration scolaire pour les enfants atteints d'un handicap auditif ;
– CLIS 3 : classe d'intégration scolaire pour les enfants atteints d'un handicap visuel ;
– CLIS 4 : classe d'intégration scolaire pour les enfants atteints d'un handicap moteur.

Il s'agit d'une intégration scolaire collective.

À NOTER
En 1999-2000, elles sont au nombre de 4 714, enseignement public et privé confondus.
Le nombre des élèves handicapés scolarisés dans les CLIS s'élève à 44 790 en France métropolitaine et à 48 153 en France métropolitaine + DOM.
93 % des élèves fréquentant une CLIS sont en CLIS 1.
Le nombre d'élèves sortant de CLIS chaque année est évalué à environ 12 500. Parmi eux, 1 500 vont dans des structures d'intégration du second degré et 1 900 dans les établissements médico-sociaux.

Source : Ministère de l'Éducation nationale, de la Recherche et de la Technologie, *Repères, références statistiques sur les enseignements*, la formation et la recherche, Vanves, 2001, 352 p.

La formation des enseignants capables d'assurer la responsabilité de structures spécialisées telles que les CLIS et les UPI a fait l'objet d'aménagements. De nouvelles UPI vont être créées pour assurer la continuité éducative avec les classes d'intégration scolaire (CLIS) pour les enfants déficients mentaux. L'intégration individuelle va être facilitée par le recours à des auxiliaires d'intégration.

Source : Ministère de l'Emploi et de la Solidarité – *Dossier de presse* – Conseil national consultatif des personnes handicapées (CNCPH), 25 janvier 2000.
Source : « L'école des années 2000 », *BOEN* supplément au n° 23 du 6 octobre 1999, 43 p.

Les sections d'enseignement général et professionnel adapté (SEGPA)

Les enseignements généraux adaptés (note de service n° 96-132 du 10 mai 1996, *BOEN* n° 20 du 16 mai 1996) assurent aux élèves, dans le cadre des trois cycles du collège, une formation commune qui les prépare à accéder à des parcours ouverts de formation qualifiante. Ils sont intégrés au collège. Le projet des SEGPA fait partie intégrante du projet collectif.

Leur organisation pédagogique associe différents personnels de l'établissement. Les élèves participent à toutes les activités communes du collège.

Au-delà de la classe de troisième, les parcours des élèves se diversifient : la plupart des élèves ont vocation à préparer un CAP, sous statut scolaire ou sous contrat d'apprentissage, dans un lycée professionnel ou un centre de formation d'apprentis. Les élèves qui requièrent encore un enseignement adapté poursuivront leur formation au sein des SEGPA qui réunissent les conditions nécessaires à l'ouverture d'une formation qualifiante.

Il s'agit là aussi d'une intégration scolaire collective.

Les SEGPA, au nombre de 1 553 à la rentrée 2000, regroupent 111 000 élèves.

Les établissements régionaux d'enseignement adapté (EREA) et les lycées d'enseignement adapté (LEA)

Anciennement écoles nationales de perfectionnement, les établissements régionaux d'enseignement adapté EREA, créés par la circulaire n° 89-036 du 6 février 1989, *BOEN* n° 7 du 16 février 1989, deviennent progressivement, depuis la rentrée 1995-1996, des lycées d'enseignement adapté LEA (circulaire n° 95-127 du 17 mai 1995, *BOEN* n° 22 du 1er juin 1995).

Les EREA/LEA accueillent les élèves handicapés de douze à seize ans présentant une ou plusieurs caractéristiques :
- en difficulté scolaire et/ou sociale ;
- des handicaps auditifs ;
- des handicaps visuels ;
- des handicaps moteurs ou physiques.

Ils assurent un enseignement général, technologique ou professionnel adapté, en proposant si nécessaire l'internat pédagogique, leur objectif étant l'insertion sociale et professionnelle des jeunes.

Il s'agit là aussi d'une intégration scolaire collective.

Il existe 80 EREA dont 5 ont vocation à accueillir des jeunes ayant un handicap moteur, et 3 sont destinés aux jeunes présentant des déficiences visuelles. On estime à environ 1 200 le nombre d'élèves ayant un handicap dans ces 8 AREA. En revanche, les 10 000 élèves qui fréquentent les autres EREA ont des profils scolaires identiques à ceux des élèves de SEGPA.

Les unités pédagogiques d'intégration (UPI)

Les UPI (circulaires n° 95-124 et n° 95-125 du 17 mai 1995, *BOEN*, n° 24 du 25 mai 1995) existent au niveau de certains collèges et sont destinées aux préadolescents ou adolescents âgés de onze à seize ans dont le handicap a été reconnu par la CDES ou par la CCSD.

Les élèves admis en UPI présentent différentes formes de déficience mentale :
- ils ne peuvent être accueillis à temps complet dans une classe ordinaire, mais leur admission en établissement spécialisé peut être différée ;
- ils sont pris en charge par un service ou un établissement spécialisé et leurs progrès permettent d'envisager une intégration bénéfique aux apprentissages scolaires, sociaux et culturels, cette intégration pouvant être complète ou partielle.

Leur effectif est limité à 10 élèves.

De nouvelles UPI vont être créées pour répondre aux besoins existants tant dans le domaine de la déficience mentale que pour les autres types de déficiences, notamment les déficiences sensorielles et motrices.

À NOTER
Le nombre d'élèves accueillis dans les UPI est en forte augmentation : 200 en 1997, 400 en 1998, 1 100 en 1999 et 1 600 en 2000. On dénombre 303 UPI en 2000 :
- 232 UPI pour élèves présentant des troubles importants des fonctions cognitives ;
- 32 UPI pour des élèves présentant une déficience auditive ;
- 13 UPI pour des élèves présentant une déficience visuelle ;
- 26 UPI pour des élèves présentant une déficience motrice.

À NOTER
L'accueil des enfants et des adolescents atteints de troubles de la santé.
La circulaire n° 99-181 du 10 novembre 1999 (*BOEN* n° 41 du 18 novembre 1999) précise les cinq points essentiels relatifs à l'aménagement de l'accueil des élèves atteints d'allergies et d'intolérances alimentaires afin de favoriser la scolarité. Il s'agit de :
- la possibilité de manger à la cantine avec un panier repas préparé par leur famille ou un repas de la cantine respectant leur régime alimentaire ;
- la possibilité de prendre des médicaments par voie orale, inhalée et par auto-injection en cas d'urgence ;
- renforcer le secret médical et professionnel ;
- prendre des dispositions pour la mise en place des soins d'urgence ;
- développer l'information.
(Cette circulaire abroge la circulaire n° 93-248 du 22 juillet 1993 et s'applique de la même façon aux établissements de l'enseignement privé sous contrat.)

■ La scolarisation dans les établissements relevant du ministère des Affaires sociales, du Travail et de la Solidarité

Le cadre législatif

Les établissements spécialisés accueillent les enfants et adolescents qui, soit nécessitent un traitement à moyen ou long terme, ou une hospitalisation, soit présentent une déficience d'une telle gravité que les parents ne peuvent en assurer la garde.

Ces établissements spécialisés sont pour certains publics, mais la plupart sont privés et doivent être agréés par le ministère des Affaires sociales, du Travail et de la Solidarité.

Les nouvelles Annexes XXIV au décret n° 56-284 du 9 mars 1956, publiées en 1988 et 1989, (*JO* du 24 avril 1988 et *JO* du 31 octobre 1989, p.13583-13591) réactualisent les textes concernant l'agrément et les conditions d'autorisation, d'installation et de fonctionnement des établissements et services prenant en charge des enfants ou adolescents selon leur type de déficience. Ces textes réaffirment :

– la participation de la famille à l'élaboration du projet individuel pédagogique, éducatif et thérapeutique, à son suivi et à son évaluation ;
– la reconnaissance d'une éducation adaptée et pluridisciplinaire pour les enfants polyhandicapés ;
– l'ouverture au milieu ordinaire de vie et tout particulièrement à l'école.

À NOTER

Toutes les fois où cela est possible, les enfants ou adolescents demeurent hébergés dans leur famille et sont pris en charge, à temps partiel ou à temps plein, dans un établissement scolaire ordinaire.

70 000 enfants et adolescents sont scolarisés à temps plein dans un établissement médico-éducatif.

Pour des enfants ou adolescents présentant des déficiences intellectuelles ou inadaptés

Ce sont des établissements ou services destinés aux enfants et adolescents qui nécessitent principalement une éducation spéciale prenant en compte les aspects psychologiques et psychopathologiques ainsi que le recours, autant que de besoin, à des techniques de rééducation : orthophonie, kinésithérapie, psychomotricité (Annexe XXIV).

En premier lieu, il s'agit des instituts médico-pédagogiques (IMP) et des instituts médico-professionnels (IMPRO), des services accueillant des enfants présentant une déficience intellectuelle. Ils recoivent également des enfants dont la déficience intellectuelle s'accompagne de troubles, tels que des troubles de la personnalité, des troubles comitiaux, des troubles moteurs et sensoriels, des troubles graves de la communication ou des maladies chroniques compatibles avec une vie collective.

En second lieu, des instituts de rééducation ou des services qui accueillent des enfants et des adolescents dont les manifestations et les troubles du comportement rendent nécessaire, malgré des capacités intellectuelles normales ou approchant de la normale, la mise en œuvre de moyens médico-éducatifs pour le déroulement de leur scolarité.

La prise en charge concerne les enfants ou adolescents, selon leur niveau d'acquisition aux stades de l'éducation précoce, de la formation préélémentaire, secondaire et technique. Elle comporte :
– l'accompagnement de la famille et de l'entourage habituel de l'enfant ou de l'adolescent ;
– les soins et les rééducations ;
– la surveillance médicale régulière générale ainsi que celle de la déficience et des situations de handicaps ;
– l'enseignement et le soutien pour l'acquisition des connaissances et l'accès à un niveau culturel optimal ;
– des actions tendant à développer la personnalité, la communication et la socialisation.

Pour les enfants présentant une déficience motrice

Ce sont des établissements ou services qui prennent en charge des enfants ou adolescents dont la déficience motrice nécessite le recours à des moyens spécifiques pour le suivi médical, l'éducation spécialisée ou la formation générale et professionnelle, afin de réaliser leur intégration familiale, sociale et professionnelle (Annexe XXIV *bis*).

La prise en charge peut concerner les enfants ou adolescents déficients moteurs aux stades de l'éducation précoce, de la formation préélémentaire, élémentaire et secondaire (enseignement général, professionnel et technologique).

Elle comporte, en fonction de la nature et du degré de la déficience :
– l'accompagnement de la famille et de l'entourage habituel de l'enfant ou de l'adolescent ;
– la surveillance médicale, les soins, le maternage et l'appareillage nécessaire ;
– l'éducation motrice ou les rééducations fonctionnelles nécessaires ;
– l'éveil et le développement de la relation entre l'enfant et son entourage selon des stratégies individualisées faisant appel à des techniques éducatives ou palliatives, notamment dans le domaine de la locomotion et de la communication ;
– des actions d'éducation spécialisée tendant à développer la personnalité et l'autonomie et utilisant autant que faire se peut les moyens socio-culturels existants.

Pour les enfants polyhandicapés

Ce sont des établissements ou services qui prennent en charge des enfants et adolescents présentant un handicap grave à expression multiple, associant déficience motrice et déficience mentale sévère ou profonde entraînant une restriction extrême de l'autonomie et des possibilités de perception, d'expression et de relation (Annexe XXIV *ter*).

Le polyhandicap, éventuellement aggravé d'autres déficiences ou troubles, nécessite le recours à des techniques spécialisées pour le suivi médical, l'apprentissage des moyens de relation et de communication, le développement des capacités d'éveil sensorimoteur et intellectuelles concourant à l'exercice d'une autonomie optimale.

La prise en charge concerne les enfants ou adolescents polyhandicapés à tous les stades de l'éducation. Elle comporte :
– l'accompagnement de la famille et de l'entourage habituel de l'enfant, notamment dans la révélation des déficiences et incapacités, la découverte de leurs conséquences et l'apprentissage des moyens de relation et de communication ;
– l'éveil et le développement des potentialités selon des stratégies individualisées ;
– un enseignement adapté pour l'acquisition des connaissances ;
– l'amélioration et la préservation des potentialités motrices, notamment par l'utilisation de toute technique adaptée de kinésithérapie ou de psychomotricité et également par l'utilisation d'aides techniques ;
– la surveillance et le traitement médical ;
– la surveillance médicale et technique des adaptations de prothèses ou d'orthèses ;
– l'enseignement des différents actes de la vie quotidienne en vue de l'acquisition du maximum d'autonomie ;
– l'éducation nécessaire en vue du développement optimal de la communication ;
– la découverte du monde extérieur ;
– des actions tendant à découvrir et à développer la personnalité et la capacité à vivre en groupe.

Pour les enfants ou adolescents atteints de déficience auditive grave

Ce sont des établissements ou services qui prennent en charge des enfants et des adolescents dont la déficience auditive entraîne des troubles de la communication nécessitant le recours à des techniques spécialisées pour le suivi médical, l'apprentissage des moyens de communication, l'acquisition des connaissances scolaires, la formation professionnelle et l'accès à l'autonomie sociale (Annexe XXIV *quater*).

La prise en charge peut concerner les enfants et adolescents déficients auditifs aux stades de l'éducation précoce, préélémentaire, élémentaire, secondaire et technique. Elle comporte :

– l'accompagnement de la famille et de l'entourage habituel de l'enfant dans l'apprentissage des moyens de communication ;
– la surveillance médicale régulière, tant générale que du handicap auditif ;
– la surveillance médicale et technique de l'adaptation des prothèses ;
– l'éveil et le développement de la communication entre le déficient auditif et son entourage, selon des stratégies individualisées faisant appel à l'éducation auditive, à la lecture labiale et ses aides, à l'apprentissage et à la correction de la parole ainsi que, éventuellement, à la langue des signes française (LSF) ;
– l'enseignement et le soutien pour l'acquisition des connaissances et d'un niveau culturel optimal ;
– des actions tendant à développer la personnalité et l'insertion sociale.

À NOTER

La loi du 18 janvier 1991 (*JO* du 20 janvier 1991) affirme la liberté de choix entre une communication bilingue – langue des signes et français – et une communication orale. La CDES doit informer les jeunes sourds et leurs familles, enregistrer leurs choix respectifs et proposer une orientation en fonction de ce choix.
90 % des structures qui accueillent les jeunes sourds utilisent la langue des signes française (LSF) et l'enseignement de celle-ci est dispensé de plus en plus par des enseignants sourds.
Source : GILLOT (D.), Le Droit des sourds, rapport à Monsieur le Premier ministre, 115 propositions, 30 juin 1998.
GAUTHIER (P.), Rapport sur la mise en place de 115 propositions pour améliorer la vie des personnes sourdes. Ministère de l'Emploi et de la Solidarité – Secrétariat d'État à la Santé et à l'Action sociale, 8 avril 1999.

Les pouvoirs publics mettent en place une série de mesures visant à améliorer les conditions de vie des personnes handicapées. Parmi celles relatives au domaine de la surdité figurent la mise en place de centres régionaux d'information sur la surdité (CIS) et l'extension des missions d'auxiliaires d'intégration aux jeunes sourds.

Pour les enfants ou adolescents atteints de déficience visuelle grave ou de cécité

Ce sont des établissements ou services qui prennent en charge des enfants ou adolescents, dont la déficience visuelle nécessite le recours à des moyens spécifiques pour le suivi médical, la compensation du handicap, l'acquisition des connaissances scolaires et d'une formation professionnelle, afin de réaliser leur intégration familiale, sociale et professionnelle (Annexe XXIV *quinquies*).

La prise en charge peut concerner les enfants et adolescents au stade de l'éducation précoce, préélémentaire, élémentaire, secondaire et technique. Elle comporte :

– une surveillance médicale, notamment de l'état visuel (nature, importance, évolutivité, correction s'il y a lieu) et de ses conséquences sur le développement de l'enfant ou de l'adolescent et des déficiences associées éventuelles ;
– l'éveil et le développement de la relation par :
  • le développement des moyens sensoriels et psychomoteurs de la compensation du handicap visuel,
  • la stimulation et le développement de la vision fonctionnelle, incluant l'utilisation éventuelle d'aides optiques ou non optiques lorsque des possibilités visuelles existent,
  • l'acquisition de techniques palliatives, notamment dans les domaines de la locomotion, de la communication écrite (braille, dactylographie, écriture manuscrite), des activités de la vie journalière ainsi que l'initiation, adaptée au cas de chaque enfant, aux différents matériels techniques, électroniques ou autres (ex. : ordinateurs avec tablette de braille éphémère),
– l'enseignement et le soutien pour l'acquisition des connaissances et d'un niveau culturel optimum ;
– l'accompagnement de la famille et de l'entourage habituel de l'enfant ;
– des actions tendant à développer la personnalité et faciliter l'insertion sociale.

Pour les enfants et adolescents atteints d'un syndrome autistique

La loi n° 96-1076 du 11 décembre 1996 (*JO* du 12 décembre 1996), qui résulte d'une proposition de loi déposée le 1er février 1995, fait suite à trois rapports : l'un de l'Inspection générale des affaires sociales (IGAS), d'octobre 1994, sur la prise en charge des enfants et adolescents autistes, l'autre de l'Agence nationale pour le développement de l'évaluation médicale (ANDEM) de novembre 1994, intitulé « L'autisme », et le dernier de la direction de l'action sociale (DAS) de janvier 1995. Ces documents ont conduit à la circulaire « fondatrice » du 27 avril 1995 (*BOMASSV* n° 95-25 du 31 juillet 1995) qui met en place un réseau de prise en charge de l'autisme dans le cadre de plans d'action régionaux pour la période 1996-2000.

La prise en charge de l'autisme. La ministre déléguée à la Famille, à l'Enfance et aux Personnes handicapées a annoncé le 24 octobre 2001 six mesures pour mieux accueillir et prendre en charge les personnes autistes :
1) augmenter les capacités d'accueil pour les enfants et les adultes souffrant d'autisme (600 places supplémentaires en 2002 s'ajouteront à celles prévues par le plan triennal annoncé par le Premier ministre en 2000) ;

2) améliorer l'orientation des enfants autistes (les cas les plus difficiles bénéficieront en priorité des places disponibles) ;
3) développer les centres de ressources pour l'autisme ;
4) évaluer les placements d'enfants et d'adultes dans des institutions belges et suisses ;
5) former des professionnels ;
6) accompagner l'insertion sociale et professionnelle.

■ La scolarisation des enfants hospitalisés

Les enfants hospitalisés pendant de longues périodes se trouvent de fait dans une situation de handicap, dans la mesure où certains d'entre eux souffrent de maladies chroniques invalidantes, qui entravent de façon majeure leur scolarisation. Près de 13 000 élèves sont accueillis dans des établissements hospitaliers qui ont une fonction d'enseignement. La moitié d'entre eux est scolarisée toute l'année. Ils sont aujourd'hui 6 700 dans ce cas, contre 4 900 en 1990.

À NOTER
La non-scolarisation des enfants handicapés est difficile à évaluer. Elle peut être transitoire, lorsque l'enfant est en attente d'une place. Certains enfants handicapés ne sont ni scolarisés ni accueillis en établissement. Leur nombre est difficile à estimer avec précision. L'exploitation de l'enquête HID auprès des personnes vivant à domicile permet d'estimer que le nombre d'enfants âgés de 6 à 16 ans, pour lesquels un dossier a été déposé devant une CDES et qui n'ont jamais été scolarisés, se situe entre 5 000 et 14 000.

CHAPITRE 4
Les examens pour les personnes handicapées

Les mesures spéciales

Le candidat handicapé peut bénéficier de mesures spéciales (circulaire n° 85-302 du 30 août 1985, *BOEN* n° 31 du 12 septembre 1985, circulaire n° 94-137 du 30 mars 1994, *BOEN* n° 15 du 14 avril 1994, décret n° 95-1206 du 10 novembre 1995, *JO* du 14 novembre 1995). Pour cela, il doit fournir une attestation établie par le médecin responsable de la CDES :
– droit de dispense aux épreuves d'éducation physique et sportive ;
– temps majoré : les candidats peuvent bénéficier d'un aménagement du temps de composition qui ne peut excéder le tiers du temps normalement prévu pour chaque épreuve des contrôles et examens.

Les mesures liées à la nature du handicap

Il faut distinguer trois handicaps :
– le handicap moteur rendant impossible l'écriture manuelle ; les candidats sont invités à prévoir leur propre machine à écrire, ceux qui ne peuvent ni écrire à la main ni utiliser une machine à écrire seront assistés d'un secrétaire (désigné par le recteur ou l'inspecteur d'académie) qui écrira sous leur dictée ;
– le handicap visuel ; le braille abrégé (abrégé orthographique étendu) peut être utilisé pour toutes les épreuves, excepté celles de l'orthographe et de langues vivantes (braille intégral) ;
– le handicap auditif ; les sujets, les précisions complémentaires et les instructions pratiques relatifs aux épreuves de l'examen seront donnés par écrit.

Si l'examen comprend une épreuve d'orthographe, il convient d'utiliser la méthode de communication familière au candidat : français signé, lecture labiale avec ou sans langage parlé complété. Cela suppose que les autorités chargées de l'organisation de l'examen prévoient la participation d'enseignants spécialisés. L'un au moins de ces spécialistes (enseignant, orthophoniste, interprète ou codeur) devra faire partie du jury en qualité de conseiller, avec voix consultative aux délibérations.

Les candidats reconnus handicapés auditifs sont dispensés à leur demande des épreuves de langues vivantes autres que la langue vivante 1 à l'examen du baccalauréat général.

Source : Décret 2000-1287 du 21 décembre 2000, modifiant le décret n° 93-1092 du 15 septembre 1993 portant règlement général du baccalauréat général. *JO* du 29 décembre 2000, p. 20833.

On veillera à ce que les conditions assurant aux candidats la meilleure visibilité (éclairage, proximité) pour la compréhension de l'intégralité du message visuel, notamment pour la lecture labiale, soient recherchées.

À NOTER

Le nombre des étudiants handicapés accueillis dans l'enseignement supérieur a considérablement augmenté. Ils sont 7 029 dont 5 083 en université sur l'année 2000-2001, 1 532 étudiants handicapés en classes préparatoires et sections de techniciens supérieurs, 351 en écoles d'ingénieurs, 63 en IUFM, soit une augmentation de 8,64 % et une confirmation de la hausse régulière.

Sur les 7 029 étudiants handicapés recensés :

- 1 211 sont déficients visuels ;
- 765 sont déficients auditifs ;
- 1 592 ont un handicap moteur ;
- 803 souffrent de troubles à dominante psychologique ;
- 1 642 souffrent de troubles de santé évoluant sur une longue période ;
- 240 souffrent d'incapacité temporaire ;
- 776 souffrent d'autres handicaps.

Source : GIBERT (Ernest), *Rapport d'étape : groupe de travail interministériel portant sur la situation des étudiants handicapés à l'université,* ministère de l'Éducation nationale, 33 p., Rouen, 2002.

L'Accueil des étudiants handicapés dans l'enseignement supérieur, réalisé par le ministère de l'Éducation nationale, de l'Enseignement supérieur et de la Recherche, 2e édition 1996, fait le point, université par université, sur, d'une part, les conditions d'études : enseignement adapté, aide à l'insertion professionnelle et, d'autre part, les conditions de vie quotidienne : accueil, accessibilité des locaux, logement, restauration, transport, etc.

Le bureau de la vie étudiante a également réalisé la 10e édition de la liste des responsables de l'accueil des étudiants handicapés dans l'enseignement supérieur. Elle est parue fin 1999 et est disponible auprès de la Direction de l'enseignement supérieur du ministère de l'Éducation nationale. Téléphone : 01.55.55.75.62

REPÈRES BIBLIOGRAPHIQUES

Annuaire des statistiques sanitaires et sociales, Paris, La Documentation française, 2000.

CADIOU (M.), DUSSAU (J.), *Éducation, les textes officiels de A à Z, Premier degré*, Paris, Armand Colin, 1994, 806 p.

CHAUVIÈRE (M.), PLAISANCE (É.) dir., *L'École face aux handicaps. Éducation spéciale ou éducation intégrative ?* Paris, PUF, 2000, 252 p.

CTNERHI, CNEFEI, « L'intégration scolaire des élèves en situation de handicap », Tome 1 : « Politiques et dispositifs ». Tome 2 : « Une scolarisation adaptée aux besoins particuliers des élèves », *Dossier professionnel documentaire*, n° 13 et n° 14, août 2002.

GILLOT (D.), *Le Droit des sourds, 115 propositions : rapport à monsieur le Premier ministre,* 30 juin 1998.

LESAIN-DELABARRE (J.-M.), *Le Guide de l'adaptation et de l'intégration scolaires*, Paris, Nathan, 1996, 254 p.

RAVAUD (J.-F.), « La scolarisation des enfants handicapés », *in* : TRIOMPHE (A.) dir., *Les Personnes handicapées en France : données sociales*, 2e édition, Paris, CTNERHI, 1995.

Ministère de l'Emploi et de la Solidarité, direction de la recherche, des études, de l'évaluation et des statistiques, « *Données sur la situation sanitaire et sociale en France* », Paris, la Documentation française, 2001.

Ministère délégué à la Famille, à l'Enfance et aux Personnes handicapées, « Plan d'actions en faveur des personnes handicapées », Paris, 18 septembre 2001.

Conseil national consultatif des personnes handicapées (CNCPH), Paris : réunion du 20 avril 1999.

« Le collège des années 2000 », *BOEN*, supplément au n° 23 du 6 octobre 1999, 43 p.

À NOTER

Les chiffres cités dans ce chapitre sont pour la plupart extraits du document réalisé conjointement par le ministère de l'Éducation nationale, DPD (Élise de LACERDA, Christophe JAGGERS) et le ministère des Affaires sociales, du Travail et de la Solidarité, DREES (Hélène MICHAUDON, Christian MONTEIL, Christophe TREMOUREUX), « La scolarisation des enfants et adolescents handicapés », *Études et résultats*, n° 216, janvier 2003, 11 p.

2-A
FICHE PRATIQUE
L'enseignement à distance

Le tableau ci-dessous présente les principaux organismes d'enseignement à distance.

ÉTABLISSEMENTS D'ENSEIGNEMENT À DISTANCE
Un certain nombre d'établissements d'enseignement à distance aux enfants et adultes qui, pour des raisons diverses, ne peuvent être pris en charge par les milieux spécialisés. **Centre national d'enseignement à distance (CNED)** Télé-Accueil-Téléport 4, boulevard Léonard-de-Vinci, BP 60200 – 86980 Futuroscope Cedex Tél. : 05.49.49.94.94 ; code Minitel : 36 15 CNED / Fax : 05.49.49.94.94 Cet établissement relève de l'Éducation nationale et les cours y sont conformes aux programmes nationaux et dispensés dans tous les établissements d'enseignement. On peut y préparer toutes les étapes de la scolarité. Site Internet : http://www.cned.fr **Conservatoire national des arts et métiers (CNAM)** 292, rue Saint-Martin – 75003 Paris Tél. : 01.40.27.20.00 / Site Internet : http://www.cnam.fr C'est une structure publique qui dispense des cours à distance pour certaines disciplines au niveau du DEUG, de la licence et de la maîtrise (cours par télévision, radio, cassettes sonores, cours écrits). **Auxilia** 102, rue d'Aguesseau – 92100 Boulogne Tél. : 01.46.04.56.78 E-mail : auxiliab@club-internet.fr C'est une association privée qui dispense des cours gratuits par correspondance à des adultes handicapés physiques. **Centre de promotion sociale des adultes sourds (CPAS-INJS)** 254, rue Saint-Jacques – 75005 Paris Tél. : 01.53.73.14.00 ou 01.53.73.14.22 Site Internet : www.injs-paris.fr Cet organisme dispense des cours, notamment aux personnes déficientes auditives ou sourdes. **Votre école chez vous** 29, rue Merlin – 75011 Paris Tél. : 01.48.06.77.84 / Fax : 01.48.06.77.86 E-mail : vecv.vecv@freesbee.fr Cet organisme dispense un enseignement (du primaire à la terminale), à domicile, aux personnes handicapées physiques et immobilisées pour une durée d'au moins deux mois. C'est un établissement sous contrat avec l'Éducation nationale qui intervient uniquement à Paris et dans la région parisienne.

PARTIE 3
L'orientation et la formation professionnelle

Introduction

Les commissions techniques d'orientation et de reclassement professionnel (COTOREP) sont compétentes pour reconnaître la qualité de travailleur handicapé, pour se prononcer sur l'orientation de la personne handicapée, pour désigner les établissements ou les services de rééducation ou de reclassement professionnel, et pour apprécier si l'état ou le taux d'incapacité de la personne handicapée justifie l'attribution d'allocations ainsi que la carte d'invalidité.

En matière de formation professionnelle, les personnes handicapées peuvent suivre, au sein du dispositif ordinaire de formation, des stages qui leur sont spécifiquement destinés.

Les personnes handicapées peuvent également bénéficier des contrats d'insertion professionnelle et, dans certains cas, de divers aménagements. Des organismes, spécialisés dans la formation professionnelle des personnes handicapées, proposent des actions de formation spécifique.

En ce qui concerne la recherche d'emploi, l'ANPE a ouvert à Paris une agence spécialisée dans le reclassement des travailleurs handicapés. Par ailleurs, les « CAP-EMPLOI » offrent leur aide pour faciliter la recherche d'emploi et le reclassement professionnel.

Enfin, des programmes départementaux d'insertion PDITH ayant pour vocation de mettre en présence tous les acteurs qui s'intéressent de près ou de loin aux personnes handicapées, et en synergie tous les moyens existants pour une meilleure optimisation de l'action se mettent en place dans toute la France.

SOMMAIRE

CHAPITRE 1
La commission technique d'orientation et de reclassement professionnel

Définition

La loi d'orientation de 1975 (loi n° 75-534 du 30 juin 1975) a créé dans chaque département, sous l'autorité du préfet, une commission technique d'orientation et de reclassement professionnel plus généralement désignée sous le sigle de COTOREP.

Les COTOREP sont chargées de mettre en œuvre et de coordonner l'ensemble des mesures en faveur des personnes handicapées adultes (Code de la Sécurité sociale, article L. 821, article R. 821 ; Code du travail, articles L. 323-11 à L. 323-13, articles D. 323-1 et suivants).

L'objectif global qui leur est assigné est d'associer, au niveau départemental, l'ensemble des personnes et des institutions concernées pour apprécier le handicap, de proposer des solutions d'orientation professionnelle et d'allouer des aides financières.

Attributions des COTOREP

Elles sont compétentes pour :
- reconnaître, s'il y a lieu, la qualité de travailleur handicapé. Cette qualité est reconnue aux personnes dont les possibilités d'obtenir ou de conserver un emploi sont effectivement réduites, par suite d'une insuffisance ou d'une diminution de leurs capacités physiques ou mentales ;
- se prononcer sur l'orientation de la personne handicapée et les mesures propres à assurer son reclassement professionnel ;
- désigner les établissements ou les services concourant à la rééducation, au reclassement professionnel et à l'accueil des adultes handicapés (structures de travail protégé, établissements médico-sociaux, etc.) ;
- apprécier si l'état ou le taux d'incapacité de la personne handicapée justifie l'attribution d'allocations (voir Partie 5) et de la carte d'invalidité.

Organisation

La COTOREP prend le relai de la CDES (voir Partie 2) pour les adultes handicapés et les personnes de moins de vingt ans exerçant un métier (entre seize et vingt ans).

Une équipe pluridisciplinaire, dont la composition est arrêtée à la fois par le préfet et par le président du Conseil général, étudie les cas qui lui sont soumis et émet des avis sur les décisions à prendre. Cette équipe technique peut faire appel à des spécialistes qui lui sont extérieurs et dont le concours lui paraît nécessaire.

Chaque COTOREP comporte deux sections :
– la première section reconnaît la qualité de travailleur handicapé, évalue la capacité professionnelle, se prononce sur le reclassement et oriente vers une filière professionnelle appropriée ;
– la deuxième section évalue le taux d'incapacité selon un guide-barème (voir Partie 1), décide de l'attribution de la carte d'invalidité, du macaron GIC (voir Partie 11) et des allocations et, s'il y a lieu, oriente la personne handicapée vers un établissement spécialisé d'accueil ou de soins.

À NOTER
Deux circulaires en date du 27 février 2002, réformant le fonctionnement des COTOREP et renforçant leurs moyens médicaux ont été signées pour améliorer les conditions d'intégration des personnes en situation de handicap dans la vie professionnelle et sociale.
Il s'agit de :
– la circulaire DGEFP/DGAS/DAGEMO/DAGPB/DRT n° 2002/113 du 27 février 2002 relative à la fonction médicale au sein de la commission technique d'orientation et de reclassement professionnel. Cette circulaire vise à préciser les divers éléments concourant au bon fonctionnement de l'évaluation médicale au sein des COTOREP, notamment en ce qui concerne l'organisation de l'activité médicale, les missions des médecins, leurs obligations, celles de leur employeur ;
– la circulaire DGEFP/DGAS/DAGEMO/DAGPB n° 2002/114 du 27 février 2002 relative à la coordination des services pour les personnes handicapées et à l'organisation des COTOREP. Cette circulaire prévoit **la fusion** des sections des COTOREP et leur copilotage par les Directions départementales des affaires sanitaires et sociales (DDASS) et les Directions de l'emploi, du travail et de la formation professionnelle (DDETFP).

L'équipe technique, appelée à examiner dans sa globalité la situation d'une personne s'adressant à la COTOREP, devra désormais être **unique** et comprendra plusieurs médecins, un assistant de service social, un psychologue et un conseiller pour l'emploi.

Dix départements ont été choisis comme sites pilotes pour mettre en œuvre cette démarche innovante consistant à optimiser la fonction d'accueil des COTOREP.

Source : Ministère des Affaires sociales, du Travail et de la Solidarité, *BO MES*, n° 2002-12.

La reconnaissance de la qualité de travailleur handicapé

S'agissant de la reconnaissance de la qualité de travailleur handicapé, la première section de la COTOREP peut être amenée à prendre trois types de décisions à l'égard des personnes qui s'adressent à elle :
– le rejet pur et simple de la demande, sans examen du dossier, notamment en l'absence de handicap attesté ;
– le refus, après examen du dossier, de la reconnaissance de la qualité de travailleur handicapé, soit lorsque la personne est jugée apte à travailler sans avoir à bénéficier de mesures particulières, soit, au contraire, lorsque les incapacités constatées sont telles qu'une aptitude au travail est impossible ;
– la reconnaissance explicite de la qualité de travailleur handicapé. Selon la gravité du handicap, le travailleur handicapé appartient alors à l'une de ces trois catégories :
- catégorie A – handicap léger ou temporaire ; le handicap permet d'escompter une adaptation satisfaisante au travail dans un délai maximum de deux ans,
- catégorie B – handicap modéré et durable entraînant une limitation permanente de l'adaptation professionnelle,
- catégorie C – handicap professionnel grave et définitif nécessitant un aménagement important du poste de travail.

À NOTER
En 2001, 234 147 personnes ont bénéficié de la reconnaissance de travailleur handicapé.
Source : AGEFIPH, *Les personnes handicapées et l'emploi, Chiffres clés*, Bagneux, juillet 2002.

La décision d'orientation

Sur la base du rapport du centre de préorientation (voir encadré ci-après) et après concertation entre ses membres, la première section de la COTOREP décide de l'orientation du travailleur handicapé.

Elle l'oriente :
– soit vers une structure de travail protégé (atelier protégé, centre d'aide par le travail, centre de distribution de travail à domicile) ;
– soit vers le milieu ordinaire de travail ;
– soit vers une formation professionnelle.

À NOTER
Le fait de bénéficier d'une décision d'orientation par la COTOREP, soit vers une structure de travail, soit vers une formation, ne signifie pas, pour autant, que le travailleur handicapé puisse effectivement trouver une place dans la structure concernée.
Le nombre de décisions d'orientation prises par les COTOREP en 2000 est de 1 238 300 dont 18 558 en formation professionnelle.
Source : Ministère des Affaires sociales, du Travail et de la Solidarité, *L'emploi des travailleurs handicapés en 1999 et 2000, Rapport sur l'exécution de la loi du 10 juillet 1987*, Paris, DGEFP, 2003.

LES CENTRES DE PRÉORIENTATION

Avant de prendre une décision d'orientation, la COTOREP peut demander l'appui d'un centre de préorientation. Ces centres sont chargés d'évaluer les capacités professionnelles des travailleurs reconnus handicapés et d'élaborer, avec eux, un projet professionnel (Code du travail, art. R. 323-33-1 à R. 323-5, R. 323-41-5). L'élaboration de ce projet permettra de définir pour eux la meilleure orientation possible, compte tenu de leurs aptitudes intellectuelles et physiques ainsi que de leurs souhaits personnels.
L'évaluation des stagiaires dure au maximum douze semaines et donne lieu à un rapport détaillé transmis à la COTOREP. Ce rapport éclaire la décision d'orientation professionnelle qui sera prise par la COTOREP.
Les centres de préorientation travaillent en collaboration étroite avec la COTOREP et l'ANPE. Ils peuvent être autonomes ou rattachés à un centre de rééducation professionnelle (CRP) ou de réadaptation fonctionnelle. Ils peuvent être gérés par divers organismes : associations de personnes handicapées, caisses régionales d'assurance maladie, etc.
Les personnes handicapées, en centres de préorientation, bénéficient des aides financières accordées aux stagiaires de la formation professionnelle. Ces rémunérations ne sont toutefois dues que si le centre de préorientation a été agréé dans les conditions fixées par la circulaire DGEFP (Direction générale de l'emploi et de la formation professionnelle) n° 97-17 du 10 juillet 1997, relative à la déconcentration des décisions d'agrément, au titre de la rémunération des stagiaires handicapés des centres de préorientation et des centres de rééducation professionnelle (CRP).

La saisine de la COTOREP

La COTOREP peut être saisie par la personne handicapée elle-même, par sa famille ou son représentant légal, par une autorité compétente (Direction départementale des affaires sanitaires et sociales-DDASS, Direction départementale du travail et de l'emploi-DDTE et ANPE), par un organisme débiteur de prestations, par un responsable d'établissement ou service médical et social intéressé, enfin par la CDES (voir Partie 2), au moment où le jeune entre dans la vie active ou atteint l'âge de vingt ans.

Les recours contre les décisions des COTOREP

Parmi les décisions prises par les COTOREP, peuvent faire l'objet de recours :
– la reconnaissance de travailleur handicapé, devant la commission départementale des travailleurs handicapés ;
– le refus d'attribution de subvention et de primes d'installation, devant le tribunal administratif ;
– les décisions relatives au taux d'incapacité, à l'attribution de la carte d'invalidité et du macaron GIC, devant le tribunal du contentieux de l'incapacité, ensuite devant la Cour nationale de l'incapacité et de la tarification de l'assurance des accidents du travail (CNIT, 5, port Aval, 80000 Amiens, tél. : 03.22.71.21.00).

Les recours contre les décisions des COTOREP peuvent être engagés par toute personne ou tout organisme intéressé.

À NOTER
Il faut signaler que les décisions prises par les COTOREP ne sont pas définitives et qu'elles font l'objet d'une révision périodique. Elles ne peuvent excéder cinq ans. Ainsi, certaines décisions, comme la reconnaissance de travailleur handicapé, peuvent être prises pour une période donnée. À l'issue de cette période, le dossier de la personne handicapée sera réexaminé.

À NOTER
Les COTOREP gèrent un traitement automatisé d'informations nominatives afin de renseigner les demandeurs sur l'état d'avancement de leur dossier à l'aide de serveurs vocaux. Les informations fournies sont : dates des différentes étapes du dossier, prévision de durée des différentes étapes du dossier et numéro du dossier des demandeurs.

Procédure accélérée

Une circulaire d'août 1997 rappelle l'instruction n° 94-32 du 29 septembre 1994 qui demandait de réduire à deux mois au maximum le délai entre le signalement de la situation des personnes atteintes par le VIH, ou présentant une affection évolutive grave, par le médecin traitant et la COTOREP, et la perception effective des prestations auxquelles elles peuvent prétendre. Cette même circulaire précise également le caractère très spécifique des affections en cause et la nécessité d'une plus grande lisibilité des décisions administratives, notamment dans l'évaluation du taux d'incapacité.

Source : Circulaire DAS-RV1 – Division sida, n° 97-574, du 25 août 1997, relative à l'accélération des procédures d'attribution des avantages et prestations sociales accordées aux adultes handicapés par les COTOREP, pour les personnes atteintes par le VIH, ou présentant une affection évolutive grave, *BO* MES, 2 octobre 1997, n° 97-37, p. 133-135.

CHAPITRE 2
La formation professionnelle

L'accès au dispositif ordinaire de formation

La formation professionnelle peut aider la personne handicapée à trouver un premier emploi, à se reconvertir ou à évoluer professionnellement. Comme toute personne valide, les personnes handicapées ont accès, bien évidemment, à tous les dispositifs de formation professionnelle ordinaires. Elles peuvent aussi bénéficier, dans certains cas, de dispositions particulières pour compenser leur handicap.

Nous parlerons simplement de deux organismes de formation qui proposent aux personnes handicapées des stages ou des formations professionnelles.

L'Association pour la formation professionnelle des adultes (AFPA) permet aux personnes handicapées de bénéficier de formations visant une reconversion ou une évolution professionnelle. Ces formations peuvent se dérouler dans les formations ordinaires de l'AFPA ou, si cela s'avère nécessaire, dans des actions spécifiques. L'AFPA travaille en collaboration avec la COTOREP et participe à sa mission d'orientation.

Le Centre national d'enseignement à distance (CNED) est un établissement relevant du ministère de l'Éducation nationale. Il est surtout connu pour les enseignements qu'il dispense aux enfants qui ne peuvent suivre une scolarité ordinaire, en raison notamment d'un handicap les empêchant de suivre les cours dans les écoles et les lycées ou à l'université. Mais, depuis plusieurs années, le CNED a mis en place, à destination des adultes, des formations professionnelles dans différents domaines (ex. : formation de documentalistes). Plus généralement, le CNED dispense à tous, en France et à l'étranger, un enseignement à distance à tous les niveaux de formation, initiale ou continue.

À NOTER
Comme pour les enfants, les adolescents ou les étudiants, la formation à distance pour adultes peut représenter un intérêt particulier pour les personnes handicapées ne pouvant suivre un enseignement dans un centre de formation ordinaire.
Par exemple, une personne atteinte de déficience auditive, dans l'impossibilité de suivre des cours oraux, pourra trouver, par le CNED ou tout autre organisme de formation à distance, un enseignement professionnel dispensé sur un support écrit.

ADRESSES UTILES
Association pour la formation professionnelle des adultes (AFPA) (siège) 13, place du Général-de-Gaulle 93108 Montreuil Cedex Tél. : 01.48.70.50.00 / Site Internet : http://www.afpa.fr
Centre de recherche et de ressources pour la formation des personnes handicapées (CNRRFPTH) Domaine de Saint-Hilaire 86120 Roiffé Tél. : 05.49.98.80.40 / Site Internet : http://www.cnth-roiffé.afpa.fr
Centre national d'enseignement à distance (CNED) BP 60200 86980 Futuroscope Cedex Tél. : 05.49.49.94.94. Minitel : 36 15 CNED Site Internet : http://www.cned.fr

Le contrat d'apprentissage

Comme pour les formations professionnelles ordinaires, les personnes handicapées peuvent bénéficier, au même titre que les personnes valides, des contrats d'apprentissage. Là aussi, certaines mesures particulières peuvent leur être appliquées pour compenser leur handicap.

En règle générale, le contrat d'apprentissage est un contrat de travail d'un type particulier par lequel un employeur (le maître d'apprentissage) s'engage, outre le versement d'un salaire, à assurer à un jeune travailleur de moins de vingt-six ans une formation professionnelle, dispensée pour partie en entreprise et pour partie en centre de formation d'apprentis (CFA). L'apprenti s'oblige, en retour, à travailler pour cet employeur et à suivre la formation dispensée en entreprise et en CFA.

Dans le cas particulier des apprentis handicapés, des aménagements sont prévus en matière de règles relatives à l'âge maximum d'admission à l'apprentissage (vingt-sept ans maximum au lieu de vingt-six ans), à la durée et aux modalités de la formation (art. L. 117-1 à L. 119-5 du Code du travail ; l'article L. 119-5 concerne les apprentis handicapés ; les articles R. 119-72 et R. 119-73, D. 119-75 et suivants concernent les aménagements relatifs aux apprentis handicapés).

Des aides de l'État et de l'AGEFIPH (voir Partie 4) peuvent être accordées au maître d'apprentissage pour compenser le manque à gagner pour l'entreprise ou des dépenses supplémentaires. Le jeune apprenti handicapé et le CFA peuvent également bénéficier d'aides financières.

Le contrat emploi-solidarité

Le contrat emploi-solidarité (CES) est un contrat d'embauche à mi-temps (20 heures hebdomadaires). Cette durée est désormais calculée sur une moyenne de quatre semaines consécutives, et peut être ramenée à 10 heures sur dérogation du préfet.

Le CES a une durée minimale de 3 mois et une durée maximale de 12 mois (peut être prolongée de 24 mois à titre exceptionnel). Les personnes en difficulté sont embauchées par des employeurs publics ou des employeurs privés du secteur non lucratif pour des activités répondant à des besoins collectifs non satisfaits.

Ces personnes perçoivent un salaire calculé sur la base du SMIC. L'aide de l'État est de 90 % ou 95 % lorsque le contrat concerne un travailleur handicapé.

Pendant la durée du CES, les employeurs sont exonérés de charges sociales (loi n° 89-905 du 19 décembre 1989, décret n° 90-105 du 30 janvier 1990, modifié par la loi n° 93-1313 du 20 décembre 1993, article 18 ; Code du travail, art. L. 322-4-8).

La conclusion d'un CES doit faire l'objet d'une convention entre l'employeur et l'État (Direction départementale du travail et de l'emploi – DDTE). Les travailleurs reconnus handicapés par la COTOREP et tout autre bénéficiaire de l'obligation d'emploi (voir Partie 4) peuvent en bénéficier.

Il est désormais possible de cumuler un CES avec une activité professionnelle à partir du troisième mois et pendant douze mois sous certaines conditions.

Pour tout ce qui est de la formation professionnelle, les personnes handicapées peuvent recevoir une formation complémentaire au CES, l'État prenant en charge tout ou partie des frais de formation. Cette formation doit faire l'objet d'une convention entre l'État (DDTE) et l'organisme agréé chargé de la formation.

À NOTER

Un fascicule du Dictionnaire permanent social, en date du 7 juin 1999, dresse le panorama des aides à l'emploi existantes (Éditions législatives).

En 2001, 34 262 personnes handicapées ont bénéficié d'un CES et 21 397 d'un contrat emploi consolidé (CEC).

À CONSULTER
« L'entreprise et les handicapés », *Liaisons sociales,* 2001, supplément au n° 13510, 90 p.
« Les aides à l'emploi », *Liaisons sociales*, 2000, supplément au n° 13265, 98 p.

OÙ TROUVER UN STAGE DE FORMATION SPÉCIFIQUE ?

Les personnes handicapées peuvent bénéficier de stages de formation spécifiques, organisés par divers organismes, publics ou privés spécialisés dans la formation professionnelle des adultes.

Association nationale pour la réhabilitation professionnelle des travailleurs handicapés (ANRTP)
Centre Robert-Buron
59, boulevard de Belleville
75011 Paris
Tél. : 01.43.14.89.14

Association Ambroise-Croizat
Centre Jean-Pierre-Timbaud
60, rue de la République
93100 Montreuil-sous-Bois
Tél. : 01.48.18.22.22

Ligue pour l'adaptation du diminué physique au travail (L'ADAPT)
Tour Essor 93
14-16 rue Scandicci
93508 Pantin Cedex
Tél. : 01.48.10.12.34 / Site Internet : www.ladapt.org.fr
Fax : 01.48.10.12.44
(Formation professionnelle pour les personnes atteintes de déficiences motrices.)

L'ADAPT infos service
Tél. : 08.25.03.40.00

Fédération des associations gestionnaires et des établissements de réadaptation pour handicapés (FAGERH)
8, impasse Druinot
75012 Paris
Tél. : 01.44.74.34.40
Site Internet : www.fagerh.asso.fr

La FAGERH fédère 14 associations gestionnaires et plus de 80 centres de préorientation et de rééducation professionnelle. Elle regroupe la quasi-totalité des centres privés d'orientation et de formation professionnelle pour adultes. Vous trouverez la description de la plupart des centres de rééducation professionnelle dans son *Annuaire de l'orientation et de la formation pour l'insertion des personnes handicapées*, édition 2001.

CHAPITRE 3
La recherche d'emploi et le reclassement professionnel

L'Agence nationale pour l'emploi (ANPE)

Comme tout demandeur d'emploi, les personnes handicapées à la recherche d'un emploi en milieu ordinaire doivent d'inscrire à l'ANPE de leur domicile pour avoir le statut de « demandeur d'emploi » et bénéficier d'un certain nombre de services.

Une personne handicapée, qu'elle soit reconnue ou non « travailleur handicapé » par la COTOREP, peut s'inscrire à l'ANPE. Le Code du travail (article R. 311-4-13) fait même obligation à l'ANPE d'apporter son concours à l'orientation et au placement des travailleurs handicapés.

ADRESSE UTILE
Il existe une agence spécialisée dans le reclassement des travailleurs handicapés. **ANPE – HANDIPASS** 3, rue des Nanettes 75011 Paris Tél. : 01.43.38.27.34

À NOTER
En 2001, 43 407 travailleurs handicapés ont bénéficié du « service personnalisé pour un nouveau départ vers l'emploi ».
142 821 travailleurs handicapés, demandeurs d'emploi sont inscrits à l'ANPE, soit 5 % du nombre total de demandeurs d'emploi.
Source : Ministère des Affaires sociales, du Travail et de la Solidarité, *L'emploi des travailleurs handicapés en 1999 et 2000, Rapport sur l'exécution de la loi du 10 juillet 1987, secteur privé et secteur public à caractère commercial*, Paris, DGEFP, 2003, 24 p.

Dans le cadre de la mise en œuvre de la convention d'assurance chômage et du programme de prévention de la lutte contre les exclusions, l'État et les partenaires sociaux ont confié à l'ANPE la mise en place du programme d'action personnalisé pour un nouveau départ (PAP-ND). Sa mise en œuvre s'inscrit dans une nouvelle politique par la mise en place d'un partenariat de cotraitance du programme avec des opérateurs particuliers du service public de placement : les structures Cap-Emploi, les missions locales et l'APEC.

Les objectifs sont les suivants : pour les demandeurs d'emploi handicapés, l'article 3 de la convention définit les publics concernés. Il s'agit des demandeurs handicapés bénéficiaires de la loi du 10 juillet 1987, soit :
– les travailleurs reconnus handicapés par les COTOREP ;
– les victimes d'accident du travail ou de maladies professionnelles ayant entraîné une incapacité permanente au moins égal à 10 % et titulaires d'une rente attribuée au titre du régime général de la Sécurité sociale ou de tout autre régime de protection sociale obligatoire ;
– les titulaires d'une pension d'invalidité attribuée au titre du régime général de la Sécurité sociale ou de tout autre régime de protection sociale ;
– les anciens militaires ou assimilés titulaires d'une pension militaire d'invalidité.

Source : Ministère de l'Emploi et de la Solidarité, *Bulletin officiel de l'Agence nationale pour l'emploi*, n° 6, Paris, 30 octobre 2001, 87 p.

Les CAP-EMPLOI

Parallèlement aux services de l'ANPE, les personnes handicapées peuvent être aidées, dans leur recherche d'emploi ou dans leur reclassement professionnel, par un certain nombre d'organismes. Les équipes de préparation et de suite de reclassement (EPSR) et les organismes d'insertion et de placement (OIP), devenus CAP-emploi, ont pour mission prioritaire d'assurer le placement des travailleurs handicapés en milieu ordinaire de travail avec un contrat de travail durable. Pour cela, ils sont amenés à aider les personnes handicapées dans tous les processus d'insertion ou de réinsertion sociale et professionnelle. Ils accueillent en priorité les demandeurs d'emploi travailleurs reconnus handicapés qui leur sont adressés par la COTOREP.

Les CAP-EMPLOI :
– facilitent la recherche d'emploi ;
– assurent le suivi des personnes insérées en milieu ordinaire de travail ;
– favorisent le maintien dans l'emploi des salariés handicapés ;
– collaborent avec les organismes publics, en particulier avec les instances départementales dans le cadre des programmes départementaux d'insertion des travailleurs handicapés (PDITH).

À NOTER
En 1999, l'État et l'AGEFIPH ont contribué au financement des EPSR privées et publiques et des OIP ainsi qu'à la création de 2 EPSR privées dans les départements de l'Aude et de la Haute-Saône pour corriger les disparités régionales. En 2001 les CAP-EMPLOI ont placé au total 42 258 personnes handicapées.

Les EPSR ont été créées dans le cadre de la loi d'orientation en faveur des personnes handicapées du 30 juin 1975 (voir Partie 1). Elles ont pour mission de mettre en place une démarche globale d'insertion professionnelle et sociale, en milieu ordinaire, d'un travailleur handicapé orienté vers elles par la COTOREP. Elles fonctionnent en liaison avec l'ANPE, les DDASS et les COTOREP. Elles sont cofinancées par l'État, et plus récemment, par l'AGEFIPH (voir Partie 4).

Les OIP se sont développés dans les années 80 : il en existe une quarantaine en France. Ce ne sont pas des services publics. Leur vocation est l'insertion professionnelle des personnes handicapées et le maintien dans l'emploi des travailleurs handicapés. Ils visent en premier lieu à atteindre les objectifs de placement des personnes handicapées, même pour celles qui présentent des handicaps lourds.

ADRESSE UTILE

Les associations OHE-PROMETHEE sont des OIP. Elles ont pour but d'accueillir, orienter, former, placer les travailleurs handicapés en milieu ordinaire de travail. Elles sont au nombre de 20.

OHE-PROMETHEE, National
45, rue Nouvelle
77190 Dammarie-les-Lys
Tél. : 01.64.87.66.39
Fax : 01.64.87.66.30
Site Internet : http://www.ope.org

OHE-PROMETHEE, Seine-et-Marne
200, rue de la Fosse aux Anglais
BP 88
77001 Melun Cedex
Tél. : 01.64.87.66.33
Fax : 01.64.87.66.30
E-mail : ohe.promethée.77@wanadoo.fr

À NOTER
En 2000, chaque département est doté d'un PDITH. Sauf le département du Cher qui est en voie de l'être. Pour répondre à des besoins nouveaux et pour expérimenter des actions innovantes, les PDITH ont mis en œuvre des mesures spécifiques (cercle actif de recherche d'emploi pour demandeurs d'emploi handicapés, sensibilisation de médecins de travail au signalement précoce des situations d'inaptitude, entretiens approfondis en amont de l'orientation COTOREP...).

En 2000, 116 EPSR (Équipes de préparation et de suite du reclassement) et OIP (organismes d'insertion et de placement) se fédèrent sous un label commun « **Cap Emploi** » avec un objectif : faire converger les besoins des entreprises et les compétences des personnes handicapées. En 2000, la convention d'agrément Cap Emploi, commune à toutes les structures de placement, leur confère un statut de partenaire du secteur public en les associant au processus de territorialisation des politiques publiques. Pluriannuelle, cette convention définit leurs missions et les modalités de concertation, d'orientation et d'appui opérationnel. L'ensemble des conventions a été signé d'avril à octobre 2000 par l'État, l'AGEFIPH, l'ANPE et les associations gestionnaires de Cap Emploi.

Cap Emploi est un réseau composé de techniciens de l'insertion qui répondent de façon transversale à toutes les problématiques liées au recrutement, au reclassement et à l'accompagnement des personnes handicapées.

L'accès à l'offre de services Cap Emploi est gratuit, tant pour les entreprises que pour les personnes handicapées, car son financement est assuré par l'AGEFIPH.

Source : AGEFIPH, *Rapport d'activités 2000*, Bagneux, AGEFIPH, 2001, 34 p.

Les centres de rééducation professionnelle (CRP)

Les CRP ont pour mission de mettre en œuvre tout ce qui peut faciliter la réinsertion sociale et professionnelle d'un travailleur handicapé et lui assurer une formation qualifiante (loi d'orientation n° 75-534 du 30 juin 1975, article 15 ; Code du travail, articles L. 323-15 et suivants, articles R. 323-33-1 à R. 323-41-5, article R. 962-1 ; Code de la Sécurité sociale, articles L. 162-2-1, L. 311-5-1, articles R. 481-1 à R. 481-7). Le projet professionnel qu'ils proposent doit prendre en compte les dimensions psychologiques et sociales ainsi que les potentialités de chaque stagiaire. Les CRP sont majoritairement des établissements privés gérés par des associations à but non lucratif, et regroupés, pour nombre d'entre eux, au sein de la FAGERH. La plupart sont décrits dans l'annuaire de la FAGERH (voir Partie 3).

Pour bénéficier d'une formation en CRP, la personne handicapée doit déposer une demande d'orientation en formation auprès de la COTOREP. Les personnes handicapées qui suivent une action de formation, ou de rééducation professionnelle en CRP, bénéficient des aides financières, accordées aux stagiaires de la formation professionnelle. Ces rémunérations ne sont toutefois dues que si le CRP a été agréé dans les conditions fixées par la circulaire DGEFP (direction générale de l'emploi et de la formation professionnelle) n° 97-17 du 10 juillet 1997, relative à la déconcentration des décisions d'agrément au titre de la rémunération des stagiaires handicapés des centres de préorientation et des centres de rééducation professionnelle.

L'Association pour la formation professionnelle des adultes (AFPA) assure le contrôle technique et pédagogique des CRP.

Les activités développées dans les CRP couvrent les secteurs des métiers traditionnels et, majoritairement, les filières industrielles. Les liens existant entre les CRP et les entreprises constituent un élément important de réussite de l'insertion professionnelle des travailleurs handicapés.

La rémunération des stagiaires est variable. Elle peut se cumuler avec certaines prestations (AAH, allocation compensatrice – voir Partie 5 pour le détail de ces allocations) ou, dans certains cas, avec la rémunération antérieure.

À NOTER
En 2001, la formation des personnes handicapées concerne près de 46 958 personnes. Il s'agit d'actions de formation dispensées par les Centres de Rééducation Professionnelle (CRP), des actions financées par le Fonds National de l'Emploi (FNE) et des formations réalisées par l'AFPA.
Les actions de formation dispensées dans les CRP ont concerné 13 681 dossiers en 2000. Il existe d'autres actions financées en 2000 par :
– le FNE : 20 185 stagiaires (SIFE, SAE, FNE cadres) ;
– l'AFPA : 7 350 stagiaires ;
– les conseils régionaux (hors CRP) : 4 736 stagiaires.

Source : Ministère des Affaires sociales, du Travail et de la Solidarité, *L'emploi des travailleurs handicapés en 1999 et 2000, Rapport sur l'exécution de la loi du 10 juillet 1987, Secteur privé et secteur public à caractère commercial*, Paris, DGEFP, 2003, 24 p.

ADRESSES UTILES

D'autres organismes, le plus souvent des associations, peuvent aider à la recherche d'emploi ou au reclassement professionnel des personnes handicapées.

Association des paralysés de France (APF)
17-21, boulevard Auguste-Blanqui – 75013 Paris – Tél. : 01.40.78.69.00

Ligue pour l'adaptation du diminué physique au travail (L'ADAPT)
Tour Essor
14-16 rue Scandicci – 93508 Pantin Cedex
Tél. : numéro indigo : 0.825.03.4000 – Fax : 01.48.10.12.44
E-mail : contact@ladapt.net

À NOTER

Un téléphone pour l'emploi des handicapés : le numéro Indigo.

Mis en place lors de la seconde semaine nationale pour l'emploi des personnes handicapées, il est définitivement maintenu.
Le **0 825 03 4000** reçoit non seulement des propositions d'emploi, mais dispense aussi des informations et des conseils.

POUR EN SAVOIR PLUS

AGEFIPH, *Les personnes handicaptées et l'emploi, Chiffres clés*, Bagneux, 2002, 11 p.

Conseil National Consultatif des Personnes Handicapées (CNCPH) – « Dossier de Presse », Paris, 25 janvier 2001, 38 p. + Annexes.

CTNERHI, AFPA-CNRRFPPTH – « La formation professionnelle des personnes handicapées. Environnement réglementaire et politique », *Dossier professionnel documentaire,* n° 8, novembre 2000, 95 p.

CTNERHI, AFPA-CNRRFPPTH – « La formation professionnelle des personnes handicapées. Pratiques et expériences », *Dossier professionnel documentaire,* n° 9, novembre 2000, 100 p.

PARTIE 4
L'emploi

Introduction

Depuis 1987, toute entreprise privée occupant au moins vingt salariés est tenue d'employer 6 % de travailleurs handicapés sur l'effectif total des salariés. Les employeurs peuvent s'acquitter de cette obligation d'emploi, soit en appliquant le quota de 6 %, soit en mettant en place des solutions alternatives. L'une d'elles consiste principalement à verser au Fonds pour l'insertion professionnelle des personnes handicapées (AGEFIPH) une contribution financière annuelle. Cette contribution financière est utilisée par l'AGEFIPH pour faciliter, par de nombreux moyens, l'insertion professionnelle des personnes handicapées. Outre l'action de l'AGEFIPH, l'État a mis en place un certain nombre de mesures pour favoriser l'intégration en milieu ordinaire de travail des personnes handicapées. Comme le secteur privé, le secteur public est soumis à l'obligation d'emploi des 6 %. Des voies d'accès particulières à la fonction publique sont réservées aux personnes handicapées.

Pour les personnes qui ne peuvent intégrer les structures ordinaires de travail, des structures, dites de travail protégé, ont été créées. Il s'agit des ateliers protégés (AP), des centres de distribution de travail à domicile (CDTD) et des centres d'aide par le travail (CAT).

La rémunération des travailleurs handicapés varie d'une structure de travail à une autre.

Enfin, le télétravail offre aux personnes dans l'incapacité de se déplacer de nombreuses possibilités insuffisamment exploitées à l'heure actuelle.

SOMMAIRE

CHAPITRE 1
Le travail en milieu ordinaire

La loi de 1987 en faveur de l'emploi des travailleurs handicapés

La loi n° 87-517 du 10 juillet 1987 (*JO* du 12 juillet 1987) a modifié en profondeur la loi du 23 novembre 1957 sur le reclassement professionnel qui, à l'expérience, s'était révélée insuffisante, peu efficace et mal adaptée à l'évolution économique. En particulier, pour éviter que les personnes handicapées ne soient exclues de la vie professionnelle, elle a institué une nouvelle notion : la notion d'obligation d'emploi.

Cette obligation d'emploi stipule que tout employeur occupant au moins vingt salariés est tenu d'employer, à temps plein ou à temps partiel, 6 % de travailleurs handicapés sur l'effectif total des salariés.

La loi prévoit que, dorénavant, seront prises en compte comme bénéficiaires dans la réalisation du quota de 6 % les personnes handicapées présentes en entreprises dans le cadre d'un contrat d'insertion en alternance ; il est également prévu que les employeurs pourront s'acquitter partiellement de leur obligation d'emploi (dans la limite de 2 % de l'effectif total des salariés de l'entreprise) en accueillant des stagiaires handicapés (Loi n° 2002-73 du 17 janvier 2002 de modernisation sociale, art. 132, *JO* Lois et Décrets du 18 janvier 2002).

Même s'il existe des dispositions particulières pour le secteur public, les fonctions publiques, au sens large du terme, ainsi que les entreprises nationalisées, sociétés d'économie mixte et entreprises chargées du service public, sont soumises à l'obligation d'emploi et entrent dans le cadre de la loi de 1987 au même titre que les entreprises privées.

Les bénéficiaires de cette obligation d'emploi sont :
- les travailleurs reconnus handicapés par la COTOREP ;
- les victimes d'accidents du travail ou de maladies professionnelles ayant une incapacité permanente au moins égale à 10 % et titulaires d'une rente au titre d'un régime de protection sociale obligatoire ;
- les titulaires d'une pension d'invalidité, à condition que cette invalidité réduise de 2/3 au moins leur capacité de travail ou de gain ;
- les anciens militaires titulaires d'une pension d'invalidité ;
- les veuves et orphelins de guerre ;
- les sapeurs-pompiers volontaires blessés dans l'exercice de leurs fonctions.

Les employeurs privés peuvent s'acquitter de leur obligation d'emploi de différentes manières, soit en respectant l'obligation d'emploi elle-même et en appliquant le quota de 6 % de travailleurs handicapés, soit en mettant en place des alternatives à l'application stricte du quota obligatoire d'emploi par :
- la conclusion, après autorisation de l'autorité administrative, d'accords de branche, d'établissement ou d'entreprise, qui prévoient la mise en œuvre d'un

programme annuel ou pluriannuel en faveur des personnes handicapées comportant obligatoirement un plan d'embauche en milieu ordinaire et deux au moins des actions suivantes :

- plan d'insertion et de formation,
- plan d'adaptation aux mutations technologiques,
- plan de maintien dans l'entreprise en cas de licenciement,

À NOTER
Cette obligation d'« un plan d'embauche en milieu ordinaire » a été introduite par l'article 132 de la loi n° 2002-73 du 17 janvier 2002 de modernisation sociale (*JO* Lois et Décrets du 18 janvier 2002).

– la conclusion de contrats de fourniture ou de sous-traitance avec des établissements de travail protégé : ateliers protégés, centres de distribution de travail à domicile, centres d'aide par le travail ;
– le versement d'une contribution financière au Fonds pour l'insertion professionnelle des travailleurs handicapés (AGEFIPH).

Il faut noter que ces différentes manières pour un employeur privé de s'acquitter de son obligation d'emploi et, donc, d'être en règle avec la loi, peuvent se combiner entre elles.

Si un employeur privé ne respecte pas l'obligation d'emploi instituée par la loi de 1987, il est tenu de verser au Trésor public une pénalité financière.

BILAN DE L'APPLICATION DE LA LOI DE 1987 POUR LE SECTEUR PRIVÉ

En 2000, 219 000 bénéficiaires de la loi de 1987 étaient employés dans 92 187 établissements du secteur privé (établissements occupant plus de 20 salariés au sens de l'article L. 431 du Code du travail).
Pour la même année, le taux moyen d'emploi s'établit à environ 4,07 %.
Ce taux d'emploi est intéressant à connaître, dans la mesure où il montre que les objectifs de la loi de 1987, qui fixaient le taux d'emploi à 6 %, ne sont pas encore atteints.
À noter qu'il est difficile de connaître le chiffre exact de personnes handicapées travaillant chez des employeurs privés occupant moins de 20 salariés, puisque ces derniers n'entrent pas dans le champ d'application de la loi de 1987. On sait pourtant qu'ils sont relativement nombreux.

Source : Ministère des Affaires Sociales, du Travail et de la Solidarité, *L'Emploi des personnes handicapées en 1999 et 2000, Rapport sur l'exécution de la loi du 10 juillet 1987,* Paris, DGEFP, 2003.

Dans le rapport d'activités 2001 de l'AGEFIPH, la population active handicapée est estimée, à la fin décembre 2001, à 840 000 personnes. 228 000 d'entre elles, bénéficiaires de la loi de 1987, sont employées dans les établissements assujettis à l'obligation d'emploi, 122 000 dans des établissements de moins de 20 salariés (AGEFIPH, *Rapport d'activités 2001*, Bagneux, AGEFIPH, 2002, 33 p.).

Les PDITH

Lors de la réunion du conseil supérieur pour le reclassement professionnel et social des travailleurs handicapés le 26 novembre 1998, la ministre de l'Emploi et de la Solidarité a replacé l'emploi direct au cœur du dispositif de soutien aux travailleurs handicapés. Elle a fixé des priorités et a insisté sur la contribution des PDITH (programmes départementaux d'insertion des travailleurs handicapés) pour la création d'une dynamique pour l'emploi des personnes handicapées par la coordination des initiatives locales.

L'État s'engage à mobiliser efficacement les moyens du service public en associant les EPSR, les OIP, l'ANPE, l'AFPA et l'AGEFIPH. Cette complémentarité des interventions va s'élaborer dans le cadre des PDITH mis en œuvre en 1999 sur l'ensemble du territoire. Ces programmes portent sur l'orientation, la formation, le maintien dans l'emploi, le placement et l'accompagnement en milieu protégé dans sa mission de préparation au milieu ordinaire.

Un correspondant PDITH est chargé du suivi et de l'évaluation des actions prévues au niveau régional. L'AGEFIPH participe à la mise en œuvre des actions du PDITH.

Source : Ministère de l'Emploi et de la Solidarité, délégation générale à l'emploi et à la formation professionnelle ; Note d'orientation DGEFP n° 99-33 du 26 août 1999 relative aux programmes départementaux d'insertion professionnelle des travailleurs handicapés (PDITH), Paris, 1999.

L'AGEFIPH

Le Fonds pour l'insertion professionnelle des personnes handicapées (AGEFIPH) a été créé par la loi de 1987. C'est une association privée (loi 1901), composée de représentants d'organisations d'employeurs, de syndicats de salariés, d'associations de personnes handicapées et de personnalités qualifiées. Elle a été agréée en 1988 par le ministre chargé de l'Emploi.

Le ministère de l'Emploi et de la Solidarité exerce un droit de regard sur l'AGEFIPH, puisque son programme d'activités et son financement doivent être approuvés par lui. La gestion technique et politique est autonome. L'AGEFIPH est chargé de collecter les contributions financières volontaires des entreprises qui ne satisfont pas à l'obligation d'emploi des travailleurs handicapés, et qui n'atteignent pas le quota d'emploi de 6 % défini par la loi de 1987. Les fonds ainsi collectés doivent être redistribués et servir à financer, par le biais de subventions ou d'aides, des actions favorisant l'embauche, le maintien dans l'emploi et la formation professionnelle des personnes handicapées en milieu ordinaire de travail. Dernièrement, l'AGEFIPH a été également amené à intervenir dans le secteur du travail protégé.

LES VINGT MESURES DE L'AGEFIPH

Pour répondre à la demande des entreprises et des milieux associatifs, l'Agefiph propose un programme d'interventions financées par les ressources du fonds pour l'insertion professionnelle des personnes handicapées :

1. information et sensibilisation des entreprises ;
2. diagnostic et conseil (analyse de la situation de l'entreprise et définition d'actions à mener) ;
3. bilan d'évaluation et d'orientation ;
4. mise à niveau et mobilisation (mobiliser les acquis et les compétences des personnes handicapées pour favoriser l'accès direct à l'emploi ou à une formation professionnelle) ;
5. formation professionnelle ;
6. aides à l'apprentissage (inciter les entreprises à conclure des contrats d'apprentissage avec de jeunes handicapés ; permettre aux CFA d'offrir un plus large éventail de formation) ;
7. aides à la formation en alternance ;
8. soutien et suivi de l'insertion (compenser le handicap, résoudre les difficultés d'intégration professionnelle – aide ponctuelle à la personne, aide à l'entreprise) ;
9. aides techniques et humaines ;
10. aménagement des situations de travail (adapter l'outil et l'organisation du travail pour permettre l'accès ou le maintien dans l'emploi de personnes handicapées) ;
11. accessibilité des lieux de travail ;
12. détachement en entreprise (favoriser le passage du milieu protégé vers le milieu ordinaire) ;
13. rapprochement du milieu protégé et ordinaire ;
14. action préparatoire au placement ;
15. réseau d'insertion et de placement ;
16. maintien dans l'emploi ;
17. création d'activité (favoriser les initiatives des personnes handicapées qui créent leur emploi en accédant à une activité non salariée) ;
18. prime à l'insertion ;
19. soutien à l'intégration en milieu ordinaire de travail – GRTH ;
20. aides aux innovations (permettre le développement de matériels et de technologies innovantes, favorisant la formation professionnelle et l'emploi).

À NOTER
Les mesures qui visent à permettre le « maintien dans l'emploi » s'adressent aux salariés qui sont devenus handicapés à un moment de leur carrière professionnelle, ou bien aux personnes dont le handicap s'est aggravé avec le temps. Pour ces personnes, des dispositifs ou aménagements doivent être mis en place pour leur permettre de conserver une activité professionnelle au sein de leur entreprise.
118 accords d'entreprise sont en vigueur en 2000.

ADRESSE UTILE
Adresse de l'AGEFIPH (siège) 192, avenue Aristide-Briand 92220 Bagneux Tél. : 01.46.11.00.11 / Fax : 01.46.11.00.12 Site Internet : www.agefiph.asso.fr

Les aides de l'État favorisant l'emploi en milieu ordinaire

Il s'agit d'aides versées par l'État qui visent à favoriser la formation, l'embauche et le maintien dans l'emploi des travailleurs handicapés :
– abattement de salaire (Code du travail, art. R. 323-116 et suivants) : dans la fonction publique, pour les personnes handicapées dont la capacité de travail est réduite, il est possible de diminuer, dans une faible mesure, le salaire. Cette décision est prise par la COTOREP et le directeur départemental du travail et de l'emploi (DDTE) ;
– aides à la compensation des charges supplémentaires d'encadrement : le montant de l'aide est égal à 50 % des dépenses justifiées ;
– primes aux employeurs formant des apprentis handicapés ;
– contrat individuel d'adaptation professionnelle : l'employeur signe une convention avec l'État et un contrat de travail avec un travailleur handicapé nécessitant une formation pratique et une adaptation à un poste de travail. L'aide de l'État est de 80 % du SMIC horaire pour chaque heure d'adaptation.

À NOTER
En 2001, les COTOREP ont prononcé 150 764 décisions d'orientation professionnelle dont 79 896 vers le milieu ordinaire (AGEFIPH, *Rapport d'activités 2001*, Bagneux, AGEFIPH, 2002, 33 p.).

Les contrats d'insertion

Destiné à l'ensemble des publics en difficulté d'insertion, ces contrats de travail aidés par l'État sont accessibles aux travailleurs handicapés.

Si l'employeur embauche un travailleur handicapé à l'issue d'un CES, il bénéficie, partiellement et dans la limite de 60 mois, d'une exonération des cotisations patronales de Sécurité sociale.

Le contrat initiative emploi (CIE – loi n° 95-881 du 4 août 1995, décret n° 95-925 du 19 août 1995) a été institué pour lutter contre le chômage et venir en aide aux personnes en difficulté (dont les personnes handicapées). Il concerne les travailleurs handicapés reconnus par la COTOREP pour toute embauche en contrat à durée indéterminée (CDI), ou en contrat à durée déterminée (CDD) d'au moins 1 an et ne dépassant pas 24 mois. Ce CDD peut être renouvelé une fois dans la limite des 24 mois. La rémunération du salarié ne peut être inférieure au SMIC ou au minimum conventionnel.

Dans le cadre du CIE, l'employeur bénéficie d'une aide forfaitaire de l'État et d'une exonération des charges patronales.

Les CIE peuvent être des contrats de travail à temps partiel (minimum 16 heures par semaine). Pour les personnes handicapées, il n'y a pas de durée minimale.

L'État et ses établissements publics administratifs, les collectivités territoriales et leurs établissements publics administratifs ainsi que les groupements de collectivités territoriales sont exclus du CIE.

Notons qu'il existe encore d'autres mesures de l'État pour favoriser l'intégration professionnelle des travailleurs handicapés.

À NOTER
En 2001, 17 575 personnes handicapées ont bénéficié d'un CIE, 34 262 d'un CES, 21 397 d'un CEC.

Les personnes handicapées bénéficient enfin des mesures de la politique de maintien et de développement de l'emploi comme les conventions de préretraite progressive dans lesquelles elles figurent parmi les publics prioritaires à l'embauche.

Les SIFE collectifs

Les stages d'insertion et de formation à l'emploi sont désormais ouverts aux personnes handicapées. C'est ce que prévoit la loi contre l'exclusion qui met en place des mesures pour améliorer leur insertion professionnelle. Les départements accordent des aides financières aux organismes qui ont passé des conventions pour des actions SIFE et qui apportent leur appui aux personnes handicapées dans leurs recherches d'emploi à l'issue des SIFE.

Source : Loi d'orientation n° 98-657 du 29 juillet 1998 relative à la lutte contre les exclusions (*JO* du 31 juillet 1998). Circulaire DGEFP n° 98-31 du 27 août 1998 (*BOMTR* n° 98/18 du 5 octobre 1998). *Les Chroniques de la formation* n° 548 du 26 octobre 1998.

À NOTER
Par exemple, le dispositif visant à créer 350 000 « emplois-jeunes » dans le secteur public et associatif institué par la loi n° 97-940 du 16 octobre 1997

peut concerner les jeunes handicapés. Ces emplois s'adressent aux jeunes de 18 à 26 ans ; la limite est portée à 30 ans pour les travailleurs reconnus handicapés. Ils visent les employeurs relevant du secteur non marchand proposant des activités qui répondent à des besoins sociaux non satisfaits ou émergents.

Les personnes handicapées, entrées en formation SIFE (stage d'insertion et de formation à l'emploi) en 1997, bénéficiaient d'une rémunération de stagiaire de la formation professionnelle au titre des SIFE et FNE cadre (fonds national de l'emploi) cadre.

L'emploi des personnes handicapées dans le secteur public

Comme nous l'avons vu, le secteur public est soumis à l'obligation d'emploi des 6 % et entre dans le cadre de la loi de 1987 (Code du travail, art. L. 323-2, art. L. 323-5).

Cependant, il existe, dans la loi, des dispositions particulières pour le secteur public.

L'employeur, dans le secteur public, ne peut s'acquitter de son obligation d'emploi que de deux manières :
- soit, prioritairement, en appliquant l'obligation d'emploi direct de 6 % de personnes handicapées ;
- soit en passant des contrats avec des établissements de travail protégé.

Il ne peut pas, en particulier, verser de contributions financières à l'AGEFIPH comme mesure alternative à l'obligation d'emploi.

Un protocole sur l'emploi des travailleurs handicapés dans la Fonction publique de l'État a été signé le 9 octobre 2001 entre le ministre de la Fonction publique et cinq syndicats de fonctionnaires. Ce protocole prévoit qu'à l'issue d'une période de trois ans, le taux global de recrutement de travailleurs handicapés devra atteindre 6 %. À défaut, et au vu des contraintes propres de l'administration concernée, sera mis en œuvre un dispositif prévoyant, d'une part, la mise en réserve ou le report d'une partie des emplois réservés aux travailleurs handicapés non pourvus et, d'autre part, une contribution au « Fonds interministériel pour l'insertion des travailleurs handicapés ».

Chaque ministère ou établissement public doit fournir pour fin décembre 2001 un plan triennal pour le développement de l'emploi et d'insertion des handicapés.

Le recrutement contractuel remplacera, à partir de 2002, la procédure actuelle de recrutement des travailleurs handicapés en catégorie B et C par la voie dite des « emplois réservés ».

Le reclassement des fonctionnaires devenus handicapés participe à la politique d'insertion des travailleurs handicapés dans la fonction publique de l'État.

Les possibilités de reclassement seront examinées dans chaque département au niveau interministériel, dans le cadre de la conférence des correspondants « Handicap » locaux. Un rapport sera présenté chaque année devant l'organe collégial du plan départemental d'insertion des personnes handicapées et le conseil départemental consultatif des personnes handicapées (CDCPH).

Les plans de formation pluriannuels des ministères intégreront un volet concernant les dispositions spécifiques prises en direction des agents handicapées.

L'accompagnement de l'insertion sera amélioré, le rôle du correspondant ministériel « Handicap » sera renforcé. Il animera notamment le réseau des correspondants locaux désignés dans les directions et services déconcentrés.

L'administration développera des partenariats avec les associations spécialisées et avec des organismes tels que l'ANACT ou l'AGEFIPH afin de bénéficier de leur expertise en matière d'aménagement des postes de travail et des fonctions.

Le fonctionnement des COTOREP sera réexaminé, les COTOREP siégeant en formation secteur public seront supprimées et le ministère de l'Éducation nationale supprimera l'échelon national des COTOREP Éducation nationale.

BILAN DE L'APPLICATION DE LA LOI DE 1987 POUR LE SECTEUR PUBLIC

Les informations disponibles sont sujettes à de nombreuses imprécisions. Les chiffres connus concernant les quotas d'emploi varient d'une fonction publique à une autre.
Le rapport du ministère de l'Emploi et de la Solidarité fournit les chiffres suivants :

– fonction publique d'État	quota d'emploi de 3,06 % en 1997 ;
– fonction publique territoriale	quota d'emploi de 4,6 % en 1996 ;
– fonction publique hospitalière	quota d'emploi de 4,94 % en 1996.

Le nombre de bénéficiaires s'établit à :

– dans la fonction publique d'État	67 600 en 1997
– dans la fonction publique territoriale	30 170 en 1996
– dans la fonction publique hospitalière	34 448 en 1996

Selon le même rapport, les résultats de la loi de 1987 sont jugés tant dans le secteur privé que dans le secteur public « insuffisants ».

Source : Ministère de la Fonction publique, DGAFP. *Rapport sur l'exécution de la loi n° 87-517 du 10 juillet 1987 en faveur de l'emploi des travailleurs handicapés : Politique d'emploi et d'insertion des travailleurs handicapés dans la fonction publique de l'État en 1997.* Paris, DGAFP, 1999.

Les voies d'accès à la fonction publique

La loi de 1987 a introduit une nouvelle mesure d'accès à la fonction publique pour les travailleurs handicapés, en parallèle aux deux voies d'accès préexistantes : le recrutement par contrat.

Ainsi, depuis 1987, un travailleur handicapé souhaitant travailler dans la fonction publique a trois possibilités.
– *Soit il passe un concours de recrutement* comme tout le monde, tout en bénéficiant d'aménagement des épreuves (ex. : durée des épreuves, conditions matérielles, etc.). La limite d'âge pour se présenter à des concours ne s'applique pas aux personnes dont le handicap a été reconnu par la COTOREP, et dont le handicap a été déclaré compatible avec l'emploi postulé.

À NOTER
Une personne handicapée, si elle le désire, n'est pas tenue de faire connaître son handicap. Dans ce cas, la personne ne bénéficie, bien sûr, pas de conditions particulières pour ce qui est de l'aménagement des épreuves ou de la limite d'âge.

– *Soit il peut accéder à des emplois réservés.* Cette formule repose sur une réglementation ancienne héritée en particulier des lois de 1919 et de 1924 sur les invalides de guerre. Elle implique qu'un certain nombre d'emplois des catégories B, C et D des administrations de l'État, des départements et des communes sont réservés aux travailleurs handicapés. Elle suppose que le travailleur handicapé passe un examen unique professionnel organisé par le ministère des Anciens combattants, ce qui évite à chacune des administrations concernées de faire son propre examen.

À NOTER
À compter de janvier 2002, ce type de recrutement est remplacé par le recrutement contractuel. Les personnes handicapées inscrites sur les listes d'attente desdits emplois réservés seront prioritairement sollicitées pour être recrutées par la voie contractuelle.

Source : Ministère de la Fonction publique, Protocole sur l'emploi des travailleurs handicapés dans la fonction publique de l'État, signé le 9 octobre 2001.

– *Soit en passant par la voie du recrutement par contrat* (loi n° 84-16 du 11 janvier 1984, art. 27, *JO* du 11 janvier 1984 ; loi n° 85-517 du 10 juillet 1985, *JO* du 12 juillet 1985 modifiée par la loi n° 95-116 du 4 février 1995, *JO* du 5 février 1995 ; décret n ° 95-979 du 27 mai 1995, *JO* du 1er septembre 1995 ;

décret n° 96-1087 du 10 décembre 1996, *JO* du 13 décembre 1996 ; décret n° 97-185 du 25 février 1997). Indépendamment de tout concours ou examen, un travailleur handicapé peut signer un contrat avec la fonction publique pour un poste déterminé et sur un lieu d'affectation déterminé, dans tous les emplois de catégorie A, B, C ou D. Ce contrat est d'une durée d'un an renouvelable une fois, après quoi le travailleur handicapé peut être titularisé et devenir fonctionnaire, s'il remplit les conditions d'aptitude et s'il a manifesté les qualités que l'administration exige pour le type de poste qu'il occupe.

À NOTER
Le recrutement par contrat à des postes de catégorie A, permettant donc d'accéder à des postes à responsabilité, n'est en vigueur que depuis 1995 (décret n° 95-979 du 25 août 1995, *JO* du 1er septembre) pour la fonction publique de l'État.
Le décret fixant les modalités d'accès aux emplois de catégories A, B, C et D de la fonction publique territoriale par cette même voie contractuelle date du 10 décembre 1996 (décret n° 96-1087, *JO* du 13 décembre 1996).
Le décret concernant l'accès et la fonction publique hospitalière par voie contractuelle date du 25 février 1997 (décret n° 95-185 du 25 février 1995, *JO* du 4 mars 1995).

Qu'il s'agisse d'un concours, d'un emploi réservé ou d'un recrutement par contrat, tout travailleur handicapé candidat à un emploi de la fonction publique doit être reconnu par la COTOREP. C'est également la COTOREP qui apprécie la compatibilité du handicap avec le ou les emplois postulés.

À NOTER
La carrière des fonctionnaires handicapés se déroule dans les mêmes conditions que celle des autres fonctionnaires avec, cependant, quelques priorités en ce qui concerne les affectations, les mutations, les changements de corps ou les mises à disposition.
Lorsqu'un fonctionnaire devient inapte à son emploi en cours de carrière, il peut être reclassé soit dans un emploi du même corps, soit dans un autre corps.

À NOTER
Depuis 1995, ont été mis en place dans chaque département ministériel des « correspondants handicap » qui ont pour mission de coordonner et d'impulser la politique en matière d'insertion professionnelle des travailleurs handicapés dans la fonction publique.

À LIRE

Ministère de la Fonction publique, de la Réforme de l'État et de la Décentralisation, *Guide pour l'emploi des personnes handicapées dans la fonction publique*, Paris, ministère de la Fonction publique, 2000, 32 p. + annexes.

FONTIER (R.), *Handicap et fonction publique : apports de la jurisprudence aux droits des personnes handicapées*, Paris, L'Harmattan, 2000, 204 p.

Ce guide peut être téléchargé à partir du site :
www.fonction-publique.gouv.fr/communications/guides

CHAPITRE 2
Le travail en milieu protégé

Les structures de travail protégé

L'intégration professionnelle et sociale des personnes handicapées passe d'abord par le milieu ordinaire de travail. Mais il arrive que les personnes handicapées ne puissent envisager une insertion en milieu ordinaire de travail. Dans ce cas, les structures dites de travail protégé leur permettent d'exercer une activité professionnelle adaptée à leurs possibilités.

Les structures de travail protégé sont présentes dans tous les secteurs économiques, de l'agroalimentaire à l'électronique en passant par la plupart des secteurs industriels et de services.

Le secteur du travail protégé est un secteur important. Il fournit près de 100 000 emplois aux personnes handicapées. Malgré cela, le nombre actuel de structures de travail protégé ne couvre pas l'ensemble des besoins exprimés par les associations et les familles de personnes handicapées.

Les structures de travail protégé peuvent avoir un statut privé ou public. En France, plus de la moitié des établissements privés sont gérés par les APEI (associations de parents d'enfants inadaptés). Les autres structures privées dépendent d'autres associations telles que l'Association des paralysés de France (APF) ou relèvent de mutuelles régionales ou nationales.

Certaines structures connaissent des difficultés financières et commerciales car elles ne sont pas financées en totalité par l'État et sont soumises à une concurrence économique de plus en plus rude.

Les structures de travail protégé sont de trois types :
- l'atelier protégé (AP) ;
- le centre de distribution de travail à domicile (CDTD) ;
- le centre d'aide par le travail (CAT).

Les ateliers protégés (AP)

Les ateliers protégés sont des structures très proches des entreprises du milieu ordinaire. Ils accueillent des travailleurs handicapés dont la capacité de travail est égale ou supérieure au tiers de celle d'un travailleur valide. Ils relèvent du ministère de l'Emploi et de la Solidarité et sont soumis, comme les entreprises privées, aux lois du marché et aux mêmes contraintes économiques. Ils doivent s'autofinancer à hauteur de 50 % environ. Les financements complémentaires sont assurés par le ministère de l'Emploi et de la Solidarité.

Les ateliers protégés travaillent, d'une manière générale, en sous-traitance pour des entreprises du milieu ordinaire.

Les travailleurs d'ateliers protégés sont considérés comme des salariés à part entière. Les dispositions attachées au statut de salarié leur sont applicables de plein droit, notamment en matière de prestations sociales.

En 2001, on comptait, selon le rapport du ministère des Affaires sociales, du Travail et de la Solidarité, 547 ateliers protégés employant 18 760 salariés handicapés.

À NOTER
Le fonds de garantie pour le développement des ateliers protégés dont la gestion est confiée à l'IDES (Institut de développement de l'économie sociale) fonctionne depuis le début de l'année 1998. Il a pour objet de garantir partiellement des prêts contractés par des associations ou des sociétés gérant ces structures pour favoriser les investissements.
La subvention d'accompagnement et de développement dont bénéficient les ateliers protégés a pour objectif de les soutenir et de les aider à s'inscrire dans une logique de développement (Circulaire DGEFP n° 99-11 du 25 février 1999).
Pour faire suite au rapport de 1999 relatif à cette subvention et afin d'apporter une aide à la décision aux directions régionales du travail, de l'emploi et de la formation professionnelle quant à la détermination de la subvention, une circulaire (DGEFP n° 2001/23 du 6 juillet 2001) a été élaborée précisant la mise en place de références techniques.

La réduction du temps de travail

Dix mois après l'entrée en vigueur des 35 heures dans les entreprises de plus de 20 salariés, deux circulaires viennent préciser et expliciter les incidences de la réduction du temps de travail sur la garantie de ressources des travailleurs handicapés (GRTH).

Les travailleurs handicapés exerçant une activité professionnelle dans un atelier protégé ou dans une entreprise du milieu ordinaire, de plus ou moins de 20 salariés ayant réduit en deçà de 39 heures, bénéficient du complément différentiel de salaire instauré par la loi Aubry II, le complément de rémunération remboursé par l'État ou l'AGEFIPH est maintenu par la mise en place d'un coefficient de majoration exceptionnel égal à 39/35 à la date d'application de la réduction du temps de travail.

Les travailleurs handicapés exerçant leur activité professionnelle dans un centre d'aide par le travail ne possèdent pas le statut de salarié, les lois Aubry I et II ne leur sont pas applicables. Toutefois la circulaire 2000-24 précise que « par assimilation » ils doivent bénéficier de la RTT. Cependant, n'étant pas salariés, ils ne peuvent bénéficier du complément différentiel de salaire, le maintien de la rémunération ne repose que sur l'engagement volontaire des associations gestionnaires. Le complément de rémunération est lui maintenu par la mise en place d'un coefficient de majoration exceptionnelle égal à 39/35. (Circulaires DGEFP n° 2000-24 et DGEFP n° 2000-25 du 16 octobre 2000. BOTR, n° 2000-21 du 11 novembre 2000, 133-144/*Actualités sociales hebdomadaires*, n° 2186, 27 octobre 2000, 15-18).

Les centres de distribution de travail à domicile (CDTD)

Ils sont assimilés aux ateliers protégés et sont soumis aux mêmes dispositions réglementaires (Code du travail, articles L. 323-29 à L. 323-34, R. 323-59 à R. 323-73, D. 325-25-1 et suivants). En outre, les travailleurs bénéficient de la législation applicable aux salariés travaillant à domicile. Ils travaillent en sous-traitance pour les entreprises du milieu ordinaire.

Les CDTD sont très peu nombreux : fin 1993, leur nombre était évalué à environ une dizaine, employant moins d'une centaine de travailleurs handicapés.

Les centres d'aide par le travail (CAT)

Les CAT relèvent de la loi n° 75-535 du 30 juin 1975 relative aux institutions sociales et médico-sociales (*JO* du 1er juillet 1975). Ce sont des structures très différentes des AP et des CDTD, régies par le Code de la famille et de l'aide sociale, articles 167 et 168.

Les CAT sont des établissements médico-sociaux. Ils accueillent des personnes dont la capacité de travail n'excède pas le tiers de celle d'un travailleur valide.

Leur objectif ne se limite pas à fournir une activité à caractère professionnel. Ils doivent également apporter un soutien professionnel (éducation gestuelle, formation, ergothérapie) et une assistance psychologique, sociale, médicale, éducative (initiation à la vie sociale, insertion, loisirs).

Les CAT sont généralement gérés par des associations privées engagées dans la défense des droits des personnes handicapées comme l'UNAPEI (Union nationale des associations de parents et d'amis d'enfants inadaptés, 15, rue Coysevox, 75018 Paris). Il existe malgré tout quelques CAT publics.

Les travailleurs handicapés en CAT n'ont pas le statut de salarié et n'ont donc pas de contrat de travail. Cependant, certaines dispositions du Code du travail leur sont applicables, en particulier celles relatives aux visites d'embauche, à l'hygiène, à la sécurité et à la médecine du travail. De plus, les rémunérations qu'ils perçoivent sont soumises à certaines cotisations qui les couvrent contre les risques sociaux : maladie, maternité, invalidité, vieillesse-décès, accident du travail.

Par contre, les CAT n'étant pas assujettis au versement des cotisations d'assurance chômage, les travailleurs handicapés ne peuvent percevoir, en cas de cessation de leur activité professionnelle, d'allocations chômage.

Pour fonctionner, les CAT bénéficient d'une dotation globale de l'État, dotation qui ne couvre pas la totalité de leurs frais de fonctionnement.

Les CAT sont de plus en plus confrontés à des exigences de rendement économique et doivent améliorer leurs produits et leurs prestations afin de pouvoir s'autofinancer en partie.

À NOTER
En 1999, on compte 1 300 CAT employant 90 000 personnes.
Source : Ministère de l'Emploi et de la Solidarité – *Dossier de presse* – Conseil national consultatif des personnes handicapées (CNCPH), 25 janvier 2000.

Le passage du milieu protégé vers le milieu ordinaire

On considère généralement qu'à peine 1 à 2 % des travailleurs du secteur protégé quittent leur établissement pour aller travailler dans le milieu ordinaire. Ce chiffre est extrêmement faible. Certains auteurs ou responsables d'associations assurent que, si l'on s'en donne les moyens, le passage du milieu protégé vers le milieu ordinaire peut largement atteindre des niveaux plus élevés.

C'est en partant de ce postulat, et sur la base de réalisations concrètes menées à titre expérimental, qu'un ensemble de mesures ont été envisagées, visant à faciliter le passage vers le milieu ordinaire ou à intégrer, au moins en partie, le travailleur handicapé en entreprise :
– le travail semi-protégé : les travailleurs handicapés, à titre individuel ou collectivement, tout en restant attachés à leur CAT ou AP, peuvent passer quelques heures ou quelques jours en entreprise ;
– la création d'ateliers protégés par les entreprises : le Code du travail donne aux entreprises la possibilité de créer des ateliers protégés qui leur sont directement rattachés ;
– la formule juxtaposée CAT/AP : il est possible d'ouvrir des sections d'ateliers protégés en centres d'aide par le travail, ceci offrant la possibilité à certaines personnes handicapées d'aller travailler en AP, structures plus proches du milieu ordinaire que ne le sont les CAT ;
– la mise à disposition dans une entreprise : le Code du travail précise qu'un travailleur appartenant à un atelier protégé peut être mis, sous certaines conditions, à disposition d'une entreprise en vue d'une embauche ;
– les mesures incitatives de l'AGEFIPH (voir Partie 4) ;
– les actions des EPSR et des OIP (voir Partie 3).

À NOTER
La troisième semaine pour l'emploi des travailleurs handicapés, qui s'est déroulée à la mi-novembre 1999, a abouti à 2 435 offres d'emplois proposées par 455 entreprises, soit 87 % de plus qu'en 1998. Ce succès est dû notamment à l'agence ADIA, 4e réseau français de travail temporaire. Cette agence a signé une convention avec L'ADAPT pour proposer des solutions concrètes au chômage des personnes handicapées.
Source : Lien Social, n° 511, décembre 1999.

ADRESSE UTILE
Agence ADIA Direction régionale 33, rue du Louvre 75002 Paris Tél. : 01.40.41.14.80

CHAPITRE 3
La rémunération des travailleurs handicapés

La garantie de ressources

La loi édicte qu'un minimum de ressources doit être garanti à toute personne handicapée, qu'elle travaille en milieu ordinaire ou en milieu protégé (Code du travail, art. L. 326 – article général sur la garantie de ressources ; art. D. 323-25-2 – article sur la garantie de ressources en atelier protégé et en CDTD). Ces ressources sont garanties à la fois par l'employeur, par l'État et par l'AGEFIPH.

La rémunération versée par l'employeur est dite « rémunération directe du travail ». Cette rémunération à laquelle vient s'ajouter le complément de l'État ou de l'AGEFIPH forme ce que l'on nomme la « garantie de ressources ». Le complément n'est pas systématiquement versé au travailleur handicapé. Il ne l'est qu'au cas où, en raison de son handicap, le travailleur est amené à avoir une moindre productivité qu'un travailleur valide. Il vient alors compenser l'abattement de salaire.

Pour bénéficier de la garantie de ressources, le travailleur handicapé doit exercer son activité professionnelle dans le secteur vers lequel la COTOREP l'a orienté (voir Partie 3).

À NOTER
La circulaire DGEFP n° 99-12 du 25 février 1999 de la mise en œuvre de la réduction du temps de travail précise également les conditions d'application de l'aide forfaitaire au regard de l'aide spécifique déjà accordée dans le cadre de la garantie de ressources des travailleurs handicapés.

La loi n° 2002-73 du 17 janvier 2002 de modernisation sociale (*JO* Lois et Décrets du 18 janvier 2002) modifie les modalités de calcul des accessoires de salaires assis sur la garantie de ressources. Ces accessoires de salaires auxquels peuvent prétendre les travailleurs handicapés devront être calculés sur l'intégralité de la garantie de ressources. La charge liée à cette rémunération est répartie entre l'atelier protégé et l'État proportionnellement au montant du salaire direct et du complément de rémunération. La participation de l'État sera plafonnée dans des conditions fixées par décret.

Le calcul de la garantie de ressources

Ce calcul varie selon les structures de travail.

En milieu ordinaire de travail (toutes les entreprises du secteur privé), la garantie de ressources s'élève à 100 % du SMIC (avec un maximum fixé à 130 % du SMIC). Il est bien évident qu'un travailleur handicapé occupant les mêmes fonctions et ayant un rendement identique à un travailleur valide pourra jouir d'un salaire équivalent. La garantie de ressources ne constitue qu'un minimum garanti. Depuis la loi de finances 1997 (*JO* du 31 décembre 1996), c'est l'AGEFIPH qui en assure le financement.

En atelier protégé et en centre de distribution de travail à domicile (CDTD), la garantie de ressources est fixée au minimum à 90 % du SMIC.

Par le jeu des bonifications calculées en fonction du potentiel productif du travailleur handicapé, cette garantie de ressources peut être majorée, mais elle ne peut pas dépasser, dans tous les cas, 130 % du SMIC.

En centre d'aide par le travail (CAT), la garantie de ressources varie entre 55 % et 70 % du SMIC. Par le jeu des bonifications, elle peut atteindre 110 % du SMIC. Si la rémunération directe du travail versée par l'employeur est inférieure ou égale à 15 % du SMIC, le plafond total des ressources (combinant la garantie de ressources + l'allocation aux adultes handicapés, voir Partie 5) ne peut excéder 100 % du SMIC ; dans tous les autres cas, le plafond total des ressources que touche le travailleur handicapé est de 110 % du SMIC.

Le cumul entre la garantie de ressources et l'allocation aux adultes handicapés (AAH)

La garantie de ressources peut se cumuler avec l'allocation aux adultes handicapés (AAH) en milieu ordinaire de travail ou en milieu protégé (décret n° 90-534 du 26 juin 1990 – *JO* du 30 juin 1990).

Lorsque ce cumul dépasse un certain plafond de ressources, l'AAH est réduite proportionnellement.

Nous n'entrerons volontairement pas dans les modalités de calcul de ce cumul en raison de la complexité du dispositif et des situations variables d'une structure à une autre (dispositions propres au milieu ordinaire, aux ateliers protégés et centres de distribution de travail à domicile, aux centres d'aide par le travail).

À NOTER
Le SMIC, depuis le 1er janvier 2003, s'élève à 1 035,91 € net pour 151,67 heures travaillées.

4-A
FICHE PRATIQUE
Le télétravail

L'apparition des nouvelles technologies de l'information et des télécommunications, comme le développement de la microinformatique ou d'Internet, a fait naître des espoirs chez les personnes handicapées qui, pour des raisons diverses, ne peuvent travailler qu'à domicile ou à proximité de leur résidence. Elles y ont vu de nouvelles possibilités d'intégration professionnelle.

Mais actuellement, dans la réalité, la participation des personnes handicapées à l'intégration professionnelle par le télétravail reste modeste (quelques centaines de personnes sont concernées).

Qu'est-ce que le télétravail ?

Avant d'entrer dans le détail, il est important de donner une définition du terme encore flou de télétravail. Nous citerons celle qui a été retenue par Thierry Breton dans son *Rapport sur le télétravail en France : « Le télétravail est une modalité d'organisation et/ou d'exécution d'un travail exercé à titre habituel par une personne physique, dans les conditions cumulatives suivantes : Ce travail est effectué à distance [...] et au moyen de l'outil informatique et/ou des outils de télécommunications »* (Breton T., *Le Télétravail en France : situation actuelle, perspective et développement et aspects juridiques*, rapport au ministre d'État, ministre de l'Intérieur et de l'Aménagement du territoire, 1994).

Les modes d'organisation du télétravail peuvent être divers. Trois formes intéressent prioritairement les personnes handicapées :
- le télétravail à domicile ;
- les bureaux de proximité ou les centres de services partagés qui réunissent, dans un même lieu, des équipements électroniques (ordinateurs, imprimantes, modems, scanners, etc.), partagés par différents utilisateurs. Ces centres sont en général situés à proximité des lieux de résidence ;
- les centres de téléservices (entreprises privées) qui fournissent et commercialisent des produits ou services informationnels dispensés par l'intermédiaire du réseau de télécommunications.

EXEMPLE
Dans le monde du handicap, quelques initiatives commencent à voir le jour. À Dunkerque, l'APAHM, association d'aide aux handicapés moteurs, organise des formations à distance pour des stagiaires lourdement handicapés.

Le créneau est la bureautique et l'infographie, activités pointues qui offrent des débouchés. Une ligne téléphonique et un ordinateur suffisent. Deux sessions de six stagiaires se sont déjà déroulées (six à huit mois par session). Taux de placement : 70 %, moitié en contrat à durée indéterminée, moitié en contrat à durée déterminée. Près de Lyon, Mediasources accueille des stagiaires sourds dans ses téléformations préqualifiantes en électricité. Mediasources a également formé au télésecrétariat, à la télétraduction et à l'utilisation multimédia.

Les principaux intérêts du télétravail

Grâce aux nouvelles technologies de l'information et de la communication de nouvelles modalités de travail peuvent être envisagées. Le « télétravail » peut constituer une réponse pour les personnes handicapées qui ont besoin d'un environnement de travail adapté et pour celles qui ne peuvent suivre un rythme de travail ordinaire (fatigabilité, contraintes médicales, moindre productivité), leur permettant ainsi un retour à l'emploi.

On a trop souvent tendance à penser que le télétravail ne peut concerner que les personnes en fauteuil roulant. Or il peut également constituer une réponse pour des personnes frappées d'autres déficiences : personnes hémodialysées, épileptiques, diabétiques, hémophiles, etc.

Par ailleurs, il ne faut pas considérer le télétravail uniquement comme une solution permettant de résoudre des questions d'ordre financier. Cette forme de travail peut servir avant tout à renouer avec une vie sociale et professionnelle permettant de retrouver dignité et confiance en soi.

Il ne faut pas non plus considérer le télétravail comme un risque d'isolement du travailleur handicapé car, même à domicile, l'exercice d'une activité professionnelle peut permettre d'établir ou de rétablir des liens sociaux qui, autrement, n'existeraient pas.

Les limites du télétravail

Les activités télétravaillées requièrent généralement un niveau de qualification élevée. La personne doit avoir un bon niveau de formation, des capacités d'apprentissage et un degré d'autonomie important. Les critères de productivité sont également mis en avant par les employeurs. Ainsi, le télétravail concerne essentiellement des activités à forte valeur ajoutée : infographie, conception multimédia, cartographie, secrétariat spécialisé, etc. Or, la plupart des personnes handicapées ont un faible niveau de qualification et, en raison de leur incapacité, ne peuvent pas toujours correspondre aux critères de productivité imposés par les employeurs.

Dans ce contexte, les personnes handicapées mentales ont, pour le moment, peu de chances d'accéder à des emplois télétravaillés.

Le télétravail oui, mais pas à n'importe quel prix

Le télétravail, se situant en dehors du cadre ordinaire de travail, ne doit pas être l'occasion de faire voler en éclats toute la législation du droit du travail. La solution du télétravail ne sera satisfaisante que si les conditions suivantes sont réunies :

– la sécurité et la santé au travail doivent être garanties (notamment en matière de droit à la médecine du travail pour les salariés) ;
– la réglementation en matière de temps de travail doit être respectée ;
– le cas des accidents du travail doit être géré ;
– sur le plan ergonomique, l'espace de travail à domicile d'une activité professionnelle doit être correctement adapté (mobilier, aides techniques, équipement informatique, etc.) ;
– la vie privée doit être respectée.

Il est indispensable également qu'un lien juridique, fondé par exemple sur l'établissement d'un contrat de travail, soit défini entre le télétravailleur et l'entreprise donneuse d'ordres, que le télétravailleur soit salarié ou indépendant.

LE TÉLÉTRAVAIL, UNE BONNE SOLUTION ?

Selon quelles conditions le télétravail peut-il réellement constituer une véritable solution d'intégration professionnelle pour les personnes handicapées ?
La formation professionnelle, initiale et continue, peut jouer un rôle essentiel dans la mesure où elle permettra aux personnes handicapées d'accéder aux emplois télétravaillés, qui sont, comme nous l'avons vu précédemment, des activités, le plus souvent, à forte valeur ajoutée requérant un niveau de formation élevé.
Il faut identifier de nouveaux emplois liés aux progrès technologiques, emplois pouvant être télétravaillés. Il reste également à imaginer de nouvelles formes d'organisation du travail qui n'imposent pas aux travailleurs handicapés de subir, forcément, les contraintes de transports et d'horaires.
Pour éviter l'isolement, il faut que la personne handicapée garde un contact physique avec son employeur au moins une ou deux fois par mois, pour échanger, donner son avis et se sentir reconnue au sein d'une équipe.

Le télétravail et les actions de l'Union européenne

L'Union européenne s'intéresse de très près aux nouvelles technologies visant à faciliter l'insertion professionnelle des personnes handicapées et finance plusieurs projets pilotes de télétravail, en particulier au sein des programmes européens Horizon et TIDE *(Technology initiative for disabled and elderly people),* projets qui, si les résultats sont concluants, pourraient être repris en grandeur réelle par les employeurs.

EXEMPLE

Exemple de prototype financé par TIDE : une station de travail robotisée pour les personnes ayant des déficiences des membres supérieurs. Le robot peut contrôler l'environnement du domicile (contrôle d'une pince pour les saisies d'objets, contrôle des fermetures de fenêtres ou de portes, etc.), charger automatiquement des logiciels bureautiques, etc.

Selon l'équipe d'experts qui a eu en charge la gestion du programme européen Helios II d'action communautaire en faveur de l'intégration des personnes handicapées, seulement deux cents personnes handicapées exerceraient, au sein de l'Union européenne, une activité télétravaillée (chiffre 1996).

À LIRE

BERARD (D.), VEAUX (S.), *Télétravail et nouvelles formes de travail,* Lyon, Ed. ANACT, 1996, 330 p.

DARLES (G.), « Guide pratique du télétravail », *in Déclic,* 1999, n° 54, p. 8-10.

CUNY (P.), « L'insertion professionnelle et le télétravail », *in Le courrier de Suresnes,* 1995/3, n° 65, p. 135-137.

EVEN (N.), « Des usages du multimédia de formation : Disnet-step, un projet transnational de téléformation et de télétravail : insertion professionnelle et sociale des personnes handicapées et socialement défavorisées (étude de cas) », *in Actualités de la formation permanente,* 1999, n° 163, p. 28-35.

GENDRON (B.), *Projet européen ODYSSÉE, contribution à une stratégie de diversification des emplois accessibles aux déficients visuels,* analyse d'une enquête auprès d'un panel d'entreprise, Villejuif, Centre de ressources Paul Guinot, 2000, 171 p.

LACOMBE (T.), *Télétravail et handicaps,* Paris, Université Pierre et Marie Curie, Paris VI, 1996, 57 p. + annexes (diplôme d'université « Insertion socioprofessionnelle et handicaps ».

BIBLIOGRAPHIE GÉNÉRALE

Pour en savoir plus sur l'orientation, la formation professionnelle et l'emploi des personnes handicapées.

AGEFIPH, *Les personnes handicapées et l'emploi. Chiffres clés*, Bagneux, juillet 2002, 11 p.

Assemblée nationale, FORGUES (Pierre), *Mission d'évaluation et de contrôle. L'indispensable réforme des COTOREP.* Paris, Kiosque de l'Assemblée nationale, 2000, 233 p.

BLANC (Paul), Rapport d'information fait au nom de la commission des Affaires sociales sur la politique de compensation du handicap, Paris, Sénat, 2002. 201 p.

Conseil économique et social, ASSANTE (Vincent), *Situations de handicap et cadre de vie.* Paris, Journaux Officiels, 2000, 22 p.

Conseil économique et social, POUPON (M.-T.), *Le Potentiel productif des personnes handicapées : conditions sociales et technologiques de sa valorisation*, Paris, Journaux officiels, 1992, 205 p.

Cour des Comptes, *L'Insertion professionnelle des personnes handicapées, in* « Les Politiques sociales en faveur des personnes handicapées adultes », Paris, Journaux Officiels, 1993, 19-59.

CTNERHI, « L'intégration professionnelle des personnes handicapées : le travail en milieu ordinaire », *in Dossier professionnel*, n° 5, septembre 1999, 99 p.

CTNERHI, « L'intégration professionnelle des personnes handicapées : les aides à l'emploi », *in Dossier professionnel*, n° 6, février 2000, 103 p.

CTNERHI, AFPA-CNRRFPTH, « La formation professionnelle des personnes handicapées : environnement réglementaire et politique », *in Dossier professionnel*, n° 8, novembre 2000, 93 p.

CTNERHI, AFPA-CNRRFPTH, « La formation professionnelle des personnes handicapées : pratiques et expériences », *in Dossier professionnel*, n° 9, novembre 2000, 99 p.

CTNERHI, « Le travail protégé en France : ateliers protégés et centres d'aide par le travail », *Dossier professionnel documentaire*, n° 12, avril 2002.

DELHOMMEAU (L.), SAHNINE (M.), *Guide du travail protégé*, Paris, Éditions ASH, 2000, 390 p.

DESSART (D.), Association travail et handicap dans la recherche publique. « La Cotorep formation secteur public, passage obligé pour devenir fonctionnaire ? », *in Bulletin de l'ATHAREP*, 1999, n° 28, 92 p.

« L'Emploi et le chômage des personnes handicapées en 1999 », *Premières synthèses*, n° 44-3, 2001, 7 p.

« L'Entreprise et les handicapés », Paris, *Liaisons sociales*, 2001, 80 p.

GAUTIER-MOULIN (P.), MAUDINET (M.), Centre Inffo, *La formation des travailleurs handicapés : des pratiques innovantes*, Paris, Centre Inffo, 1993, 222 p.

KIEKEN (J.-F.), *« L'Éventail des formes intégratives : emploi en milieu ordinaire, en atelier protégé, en centre d'aide par le travail, l'entreprise sociale », in Réadaptation*, 2000, n° 467, 20-21.

« L'Intégration des personnes handicapées : quelques éléments de bilan », *in Revue française de service social*, n° 1, 1998, 207 p.

« Mesures pour certains publics. Travailleurs handicapés », *in* Centre Inffo, *Les fiches pratiques de la formation continue*, Paris, Centre Inffo, 2000, 505-515.

Ministère de l'emploi et de la solidarité, *Annuaire des statistiques sanitaires et sociales 1999*, Paris, La Documentation française, 2000, 465 p.

Ministère de l'emploi et de la solidarité, DGEFP, *L'Emploi des travailleurs handicapés en 1999 et 2000, Rapport sur l'exécution de la loi du 10 juillet 1987 en 1998*. Paris, DGEFP, 2002, 24 p.

Ministère de l'Emploi et de la Solidarité, DGEFP, *Rapport sur l'exécution de la loi du 10 juillet 1987 en faveur de l'emploi des travailleurs handicapés. Politique d'emploi et d'insertion des travailleurs handicapés en 1997*, Paris, DGEFP, 1999, 28 p.

OLIVIER (P.), « Télétravail : mythe ou réalité ? Les enjeux pour l'insertion des personnes handicapées en Europe »*, in Réadaptation,* n° 427, février 1996, 26-29.

VELCHE (D), « L'Emploi des personnes handicapées », *in Les Personnes handicapées en France : données sociales,* Paris, CTNERHI, 1995, 127-250.

VELCHE (D.), RAVAUD (J.-F.), « Handicap et emploi », *in Encyclopédie médico-chirurgicale, kinésithérapie*, 26-180-B-10. Paris, Elsevier, 1996, 11 p.

À noter également :
– la revue ***RÉADAPTATION*** (10, rue de Sèvres 75007 PARIS) qui publie régulièrement des dossiers sur la formation professionnelles et l'emploi des personnes handicapées ;
– l'étude « Handicapés » régulièrement mise à jour du DICTIONNAIRE PERMANENT SOCIAL et du DICTIONNNAIRE PERMANENT ACTION SOCIALE (Éditions Législatives, 80, rue de la Marne – 92546 MONTROUGE Cedex).

PARTIE 5
Les allocations aux personnes handicapées

Introduction

Les personnes handicapées ont droit aux allocations de droit commun comme toutes les personnes résidant sur le territoire français. Des aides spécifiques peuvent leur être accordées pour leur permettre de faire face aux difficultés engendrées par leur handicap. Cette partie aborde les conditions d'attribution des différentes allocations auxquelles peuvent prétendre les jeunes handicapés, ainsi que les adultes.

SOMMAIRE

CHAPITRE 1
L'allocation d'éducation spéciale et ses compléments

L'allocation d'éducation spéciale (AES)

L'AES a été instaurée par l'article 9 de la loi d'orientation en faveur des personnes handicapées, le 30 juin 1975, afin de soulager les familles ayant à charge un enfant handicapé.

L'AES est décidée par la commission d'éducation spéciale (CDES) qui examine les conditions d'attribution de l'allocation et le taux d'incapacité permanente. Celui-ci est évalué en fonction du guide-barème applicable pour l'attribution des diverses prestations aux personnes handicapées et entré en vigueur depuis le 1er décembre 1993.

L'AES est une prestation familiale : elle est donc soumise, comme toute prestation délivrée par la Caisse d'allocations familiales (CAF) ou la Mutualité sociale agricole (MSA), à certaines conditions.

Conditions d'attribution

Pour percevoir l'AES, les parents doivent :
- résider en France ou dans les territoires d'outre-mer ;
- assurer la charge permanente et effective de l'enfant ; aucune condition de ressources n'est exigée.

L'enfant handicapé doit :
- être âgé de moins de vingt ans ;
- être atteint d'une incapacité permanente au moins égale à 80 %, ou comprise entre 50 et 80 %, à condition qu'il bénéficie d'un placement dans un établissement spécial ou de soins à domicile.

À NOTER
Les enfants placés en internat et dont les frais de séjour sont pris intégralement en charge par l'assurance maladie, l'État ou l'aide sociale ne peuvent ouvrir droit à l'AES. Toutefois, l'allocation peut être servie lors des périodes de retour au foyer (week-end, période de congé, etc.) dès lors que, cumulées, celles-ci atteignent 30 jours (lettre ministérielle non publiée du 11 août 1993).

NOTION D'INCAPACITÉ PERMANENTE

Pour que l'incapacité soit reconnue permanente, il faut que le handicap soit susceptible de persister au moins un an. Par ailleurs, la CDES est tenue de fixer un taux d'incapacité permanente pour les enfants jusqu'à six ans.

Si la persistance du handicap est pronostiquée pour une durée de moins d'un an, l'incapacité sera considérée comme temporaire et n'ouvrira pas droit à l'allocation. Si l'affection présente un caractère évolutif, la commission procédera à des révisions du dossier.

Le montant de l'AES au 1er janvier 2003 est de 111,26 euros par mois.

Les compléments d'AES

Si le droit à l'AES est ouvert, un complément peut être versé :
– si l'enfant est atteint d'un handicap dont la gravité ou la nature entraîne des dépenses particulièrement coûteuses ;
– ou s'il a recours à une tierce personne pour l'accomplissement des actes ordinaires de la vie.

À NOTER
L'aide d'une tierce personne à l'accomplissement des actes ordinaires de la vie est celle entraînée par le handicap de l'enfant, à l'exclusion de celle que demandent les soins et l'éducation d'un enfant du même âge.

Depuis le 1er avril 2002, il existe six compléments à l'allocation d'éducation spéciale (au lieu des trois existant auparavant).

Ces compléments sont attribués par la commission de l'éducation spéciale (CDES) en fonction du temps consacré à la prise en charge du handicap par la tierce personne (les parents ou une personne rémunérée) nécessaire à l'enfant, ainsi que du montant des autres frais nécessités par son état.

Leur montant est fixé en pourcentage de la base mensuelle de calcul des allocations familiales (BMAF), soit 347,68 euros depuis le 1er janvier 2003.

Complément 1re catégorie : est classé dans cette catégorie l'enfant dont le handicap entraîne par sa nature ou sa gravité des dépenses égales ou supérieures à un montant fixé à 56 % de la base mensuelle de calcul des allocations familiales, soit 194,70 euros depuis le 1er janvier 2003. Le montant mensuel du complément de 1re catégorie, au 1er janvier 2003, est égal à 83,44 euros.

Complément 2e catégorie : est classé dans cette catégorie l'enfant dont le handicap soit :
– contraint l'un des parents à exercer une activité professionnelle à temps partiel réduite d'au moins 20 % par rapport à une activité à temps plein ou exige le recours à une tierce personne rémunérée pendant une durée équivalente à huit heures par semaine ;
– entraîne des dépenses égales ou supérieures à 97 % de la BMAF, soit 337,25 euros au 1er janvier 2003.

Le montant du complément 2e catégorie s'élève au 1er janvier 2003 à 225,99 euros par mois.

Complément 3e catégorie : est classé dans cette catégorie l'enfant dont le handicap soit :
– contraint l'un des parents à exercer une activité professionnelle à temps partiel réduite d'au moins de 50 % par rapport à une activité à temps plein ou exige le recours à une tierce personne rémunérée pendant une durée équivalente à vingt heures par semaine ;
– contraint l'un des parents à réduire son activité professionnelle d'au moins 20 % ou exige le recours à une tierce personne rémunérée pendant une durée équivalente à huit heures par semaine et entraîne en plus d'autres dépenses égales ou supérieures à 59 % de la BMAF, soit 205,13 euros au 1er janvier 2003 ;
– entraîne par sa nature ou sa gravité des dépenses égales ou supérieures à 124 % de la BMAF soit 431,12 euros au 1er janvier 2003.

Le montant du complément 3e catégorie s'élève à 319,87 euros par mois au 1er janvier 2003.

Complément 4e catégorie : est classé dans cette catégorie l'enfant dont le handicap soit :
– contraint l'un des parents à n'exercer aucune activité professionnelle ou exige le recours à une tierce personne rémunérée à temps plein ;
– contraint l'un des parents à exercer une activité professionnelle réduite d'au moins de 50 % ou exige le recours à une tierce personne rémunérée pendant une durée équivalente à vingt heures par semaine et entraîne des dépenses égales ou supérieures à 82,57 % de la BMAF, soit 287,08 euros au 1er janvier 2003 ;
– contraint l'un des parents à exercer une activité professionnelle à temps partiel réduite d'au moins de 20 % ou exige le recours à une tierce personne rémunérée pendant une durée équivalente à huit heures par semaine et entraîne en plus d'autres dépenses égales ou supérieures à 109,57 % de la BMAF, soit 380,95 euros depuis le 1er janvier 2003 ;
– entraîne par sa nature ou sa gravité des dépenses égales ou supérieures à 174,57 % de la BMAF, soit 606,94 euros depuis le 1er janvier 2003.

Le montant de la 4e catégorie s'élève à 495,69 euros par mois au 1er janvier 2003.

Complément 5e catégorie : est classé dans cette catégorie l'enfant dont le handicap :
– contraint l'un des parents à n'exercer aucune activité professionnelle ou exige le recours à une tierce personne rémunérée à temps plein ;
– et entraîne des dépenses égales ou supérieures à 71,64 % de la BMAF, soit 249,08 euros depuis le 1er janvier 2003.

Le montant de la 5e catégorie s'élève à 633,51 euros par mois au 1er janvier 2003.

Complément 6e catégorie : est classé dans cette catégorie l'enfant dont le handicap :
– contraint l'un des parents à n'exercer aucune activité professionnelle ou exige le recours à une tierce personne rémunérée à temps plein ;
– et dont l'état impose des contraintes permanentes de surveillance et de soins à la charge de la famille.

Ce complément ne peut être accordé en cas de prise en charge de l'enfant en externat ou en semi-internat par un établissement d'éducation spéciale pour une durée supérieure à deux jours par semaine. Toutefois, dans les situations extrêmes, où les heures de prise en charge extérieures constituent les seules périodes de plusieurs heures d'affilée où le jeune ne mobilise pas sa famille, il est possible d'attribuer un complément de 6e catégorie même dans cette situation, dès lors que cette prise en charge n'atteint pas cinq jours par semaine. La commission départementale de l'éducation doit motiver explicitement cette exception. Le montant de la 6e catégorie s'élève à 930,06 euros par mois au 1er janvier 2003.

Sources : Décrets n° 2002-421 et n° 2002-422 du 29 mars 2002 relatifs à la création de six catégories de complément d'allocation d'éducation spéciale (*JO* Lois et Décrets du 30 mars 2002), arrêté du 29 mars 2002 fixant le montant des dépenses ouvrant droit aux différentes catégories de compléments de l'allocation d'éducation spéciale (*JO* Lois et Décrets du 30 mars 2002), arrêté du 24 avril 2002 relatif aux conditions d'attribution des six catégories de complément d'allocation d'éducation spéciale. Annexe : *Guide d'évaluation pour l'attribution d'un complément à l'allocation d'éducation spéciale* (*JO* Lois et Décrets du 2 mai 2002).

À NOTER
L'importance de la réforme et la nécessité de réexaminer toutes les aides en cours ont eu pour conséquences des retards dans le traitement des demandes relatives à ce complément par les CDES.
Afin d'éviter que les familles d'enfants handicapés ne soient mises en difficulté, une mesure de maintien jusqu'au 31 décembre 2002 des droits arrivant à échéance après avril 2002 a été mise en œuvre. Les retards pris par les CDES ne devraient donc pas créer de préjudice majeur aux familles.

Les différents compléments d'AES ne sont pas cumulables.

QUELQUES DÉFINITIONS
Handicap grave : handicap induisant un risque vital pour l'enfant. Soins continus de haute technicité : soins permanents ou dispensés à intervalles réguliers pratiqués tous les jours ou périodiquement dans le mois et nécessitant l'acquisition d'un savoir-faire technique et une présence constante.

L'Allocation de présence parentale (APP)

Instituée par la loi de financement de la Sécurité sociale 2001, l'APP permet aux parents d'accompagner leur enfant gravement malade, handicapé ou accidenté, tout en leur conservant un cadre juridique protecteur : maintien de la protection sociale, garantie de l'emploi.

Le droit à l'APP est soumis à un avis favorable du contrôle médical de l'assurance maladie. L'allocation est versée pour une durée de 4 mois. Elle est renouvelable deux fois, soit 12 mois en tout.

Montant mensuel de l'allocation :

Couples :

- Cessation complète d'activité à plein temps : 809,55 euros.
- Activité au plus égale au mi-temps : 404,79 euros.
- Activité comprise entre 50 et 80 % de temps : 246,63 euros.

Personne seule :

- Cessation complète d'activité à plein temps : 961,34 euros.
- Activité au plus égale au mi-temps : 505,98 euros.
- Activité comprise entre 50 et 80 % de temps : 326,13 euros.

Allocations supplémentaires versées aux agents de l'État

Certaines administrations peuvent attribuer des allocations supplémentaires à leurs agents sous certaines conditions :

- allocations aux parents d'enfants handicapés ou infirmes de moins de vingt ans ;
- allocations spécialisées pour les enfants handicapés poursuivant des études ou en apprentissage entre vingt et vingt-sept ans.

Il convient de s'adresser à l'administration dont relève le bénéficiaire.

À NOTER

Les parents d'un enfant porteur d'un handicap grave ont la possibilité de bénéficier d'une année supplémentaire de congé parental d'éducation jusqu'au 4e anniversaire de l'enfant.

Après le 4e anniversaire de l'enfant, des possibilités de travail à temps partiel sont prévues.

Recours

En cas de désaccord (Code de la Sécurité sociale, art. L.143-1, art. R. 541-1, R. 541-2), le demandeur peut déposer :

– un recours gracieux devant la CDES dans un délai d'un mois après la notification ;
– un recours contentieux dans un délai de deux mois après la notification auprès des juridictions du contentieux technique de la Sécurité sociale (voir Partie 2).

PROCÉDURE D'ATTRIBUTION DE L'AES

Dépôt de la demande : le dépôt de la demande se fait auprès de la CAF ou de la MSA du lieu de résidence. La demande peut être déposée dès la naissance de l'enfant handicapé.
Dossier à joindre :
– certificat médical sous pli fermé (précisant la nature du handicap, le type de soins, la nécessité éventuelle du recours à une tierce personne) ;
– déclaration du demandeur sur imprimé spécial.

Si l'état de l'enfant justifie l'attribution de l'AES, la CDES fixe :
– le pourcentage d'incapacité permanente ;
– l'admission au bénéfice de l'une ou l'autre catégorie des compléments ;
– la durée : de un à cinq ans ; ce délai n'est pas opposable en cas d'aggravation de l'incapacité ;
– la préconisation éventuelle de mesures particulières d'éducation ou de soins (dans ce cas, le droit à la prestation fait l'objet d'un nouvel examen dans un délai maximum de deux ans).

L'AES est due à partir du premier jour du dépôt de la demande. Elle peut être supprimée si les conditions d'ouverture de droit ne sont plus remplies : elle cessera à partir du premier jour du mois suivant celui de la notification de la décision à l'allocataire.
L'AES peut être versée jusqu'à l'âge de vingt ans, sous réserve que l'enfant ne bénéficie pas de revenus professionnels supérieurs à 55 % du SMIC issus de l'apprentissage ou de stage de formation professionnelle. Au-delà de cette limite d'âge et de ressources, l'enfant n'est plus considéré à charge. Il peut alors prétendre à l'AAH.

CHAPITRE 2
L'allocation aux adultes handicapés

Définition

Mise en place par la loi d'orientation en faveur des personnes handicapées, l'allocation aux adultes handicapés (AAH) est destinée à assurer aux adultes handicapés un minimum de ressources. C'est une prestation familiale, versée par la CAF ou la MSA sur décision de la COTOREP (voir Partie 3), mais financée par le budget de l'État.

Les conditions techniques d'attribution

Elles sont appréciées par la COTOREP. Il faut justifier d'un taux d'incapacité permanente au moins égal à 80 %. Si le taux d'incapacité est inférieur à 80 %, deux catégories de personnes peuvent être concernées :
– *les demandes déposées avant le 1er janvier 1994,* la personne handicapée peut obtenir l'AAH si son handicap la met dans l'impossibilité, reconnue par la COTOREP, d'obtenir un emploi ;
– *les demandes déposées après le 1er janvier 1994*, la personne handicapée doit désormais justifier d'un taux d'incapacité permanente d'au moins 50 % et être dans l'impossibilité, reconnue par la COTOREP, d'obtenir un emploi (loi de finances n° 93-1352 du 30 décembre 1993, art. 95, *JO* du 31 décembre 1993, modifiant l'art. L. 821-2 du Code de la Sécurité sociale).

Conditions administratives

Elles sont appréciées par la CAF ou la MSA. Il faut :
– résider en France ;
– être de nationalité française ou ressortissant de la Communauté européenne ou d'un autre pays ayant conclu une convention de réciprocité avec la France. Les réfugiés et apatrides peuvent également bénéficier de l'AAH de même que les étrangers justifiant d'une situation régulière (loi n° 98-349 du 11 mai 1998 relative à l'entrée et au séjour des étrangers en France et au droit d'asile, *JO* du 12 mai 1998/*BO* MES n° 98-48, 251-265 du 12 décembre 1998. Circulaire DSS – DAEI n° 98-678 du 17 novembre 1998) ;
– être âgé de plus de vingt ans ou au moins seize ans pour un jeune qui n'est plus à charge ;
– être âgé de moins de soixante ans ;
– ne pas être titulaire d'un avantage vieillesse ou d'invalidité, d'une allocation supplémentaire du Fonds national de solidarité ou d'une rente d'accident du travail d'un montant au moins égal à l'AAH ; lorsque ces avantages sont d'un montant inférieur, l'AAH est réduite proportionnellement ;

– rester dans les limites d'un plafond de ressources qui varie suivant la situation familiale.

À NOTER
L'AAH peut être versée si l'ensemble des autres ressources perçues durant l'année civile (précédant celle au cours de laquelle le droit est ouvert ou maintenu) est inférieur au plafond de ressources fixé pour l'octroi des prestations vieillesse aux vieux travailleurs.
Ne sont pas pris en compte :
– les revenus des enfants faisant une imposition commune ;
– les rentes-survie versées aux adultes handicapés ;
– l'épargne-handicap dans la limite de 1 070 euros par an ;
– les prestations familiales, l'allocation logement, les pensions honorifiques, la retraite de combattant.
Le droit à l'allocation au titre des ressources est réexaminé chaque année.

Le plafond de ressources est revalorisé annuellement entre le 1er juillet 2001 et le 30 juin 2002 :
– personne seule : 6 847,10 euros ;
– ménage : 13 694,20 euros ;
– par enfant à charge : 3 423,55 euros.

PROCÉDURE D'ATTRIBUTION DE L'AAH

Dépôt de la demande : COTOREP, CAF ou MSA du lieu de résidence.

Dossier à joindre :
– certificat médical ;
– imprimé de demande ;
– déclaration de ressources.

Durée d'attribution : de un à cinq ans révisable. Si le handicap n'est pas susceptible d'évoluer favorablement, l'AAH peut être attribuée pendant dix ans. Après le délai fixé, le droit à l'AAH fait l'objet d'une nouvelle décision. L'allocation est versée jusqu'à 60 ans.

Montant de l'AAH au 1er janvier 2002 :

Taux plein :	577,92 euros par mois ;
Minimum en cas d'hospitalisation :	98,24 euros par mois ;
Minimum en cas d'hébergement en MAS :	69,35 euros par mois ;
Minimum en cas d'incarcération :	69,35 euros par mois.

Le montant total de l'AAH est égal au douzième du montant de l'allocation aux vieux travailleurs salariés et de l'allocation supplémentaire du Fonds national de solidarité (minimum vieillesse).
L'AAH est incessible ou insaisissable, sauf pour le paiement des frais d'entretien et pour les dettes envers les créanciers d'aliments.
L'allocation est versée mensuellement et revalorisée tous les six mois.

À NOTER
L'article 134 de la loi de finances pour 1999 (loi n° 98-1266 du 30 décembre 1998) présume de l'inaptitude au travail, à l'âge de 60 ans, de l'ensemble des bénéficiaires de l'AAH. Celle-ci étant subsidiaire à la pension de vieillesse, elle peut être réduite et versée à titre différentiel lorsqu'elle se cumule avec l'avantage de vieillesse pour les bénéficiaires de l'AAH présentant un taux d'incapacité permanente d'au moins 80 %. Pour ceux présentant un taux d'incapacité permanente compris entre 50 % et 80 %, l'AAH cesse d'être versée à 60 ans et aucun différentiel d'AAH ne peut plus être attribué.
La réforme est applicable aux personnes atteignant l'âge de 60 ans au 1er janvier 1999.
Pour celles ayant atteint cet âge avant le 1er janvier, elle s'appliquera lors du premier renouvellement de l'allocation.
Pour les titulaires de l'AAH présentant un taux d'incapacité d'au moins 50 %, une période transitoire de trois mois (du 1er janvier au 31 mars) leur est accordée afin de permettre l'information suffisante des allocataires.
Circulaire DSS 4C-n° 99-06 du 7 janvier 1999, *BO MES* n° 99-04 du 13 février 1999.

Réduction de l'AAH

Elle peut se produire dans certaines situations :
– *en cas d'hospitalisation de plus de 60 jours :* réduction de 35 % pour une personne seule, 20 % pour une personne mariée ; après paiement du forfait hospitalier, la personne bénéficie de 17 % de l'AAH ;
– *en cas de placement en MAS :* à compter du 46e jour de placement, la personne conserve 12 % de l'AAH ; les périodes de congé ou de suspension de prise en charge sont exclues ;
– *en cas d'incarcération supérieure à 45 jours :* la personne conserve 12 % de l'AAH ;
– *en cas de placement au titre de l'aide sociale à temps complet :* minimum de ressources laissé à un travailleur handicapé : 1/3 du salaire + 10 % des autres ressources (soit 30 % de l'AAH + 10 % de l'allocation compensatrice) (voir Chapitre 3) ; minimum laissé à une personne handicapée qui ne travaille pas : 10 % de l'ensemble des ressources personnelles + au minimum 120 % de l'AAH et, éventuellement, 10 % de l'allocation compensatrice. Des suppléments pour charge de famille sont prévus.

Dans le deuxième et le troisième cas, aucune réduction n'est opérée si le bénéficiaire a un enfant ou un ascendant à charge ou si le conjoint ne travaille pas pour un motif reconnu par la COTOREP.

À NOTER
L'AAH peut être versée :
– à l'allocataire ou à son tuteur ;
– à la personne physique désignée par la personne handicapée elle-même ;
– à la personne physique ou morale (ex : association) qui assure la charge de la personne handicapée.
Sont affiliés à titre personnel et obligatoire au régime général de la Sécurité sociale les titulaires d'AAH qui, au moment de la délivrance de cette prestation, ne bénéficiaient d'aucune couverture sociale.

Complément d'AAH

Le complément d'AAH s'est substitué à l'aide forfaitaire en faveur de la vie autonome des personnes handicapées adultes. Institué depuis le 1er janvier 1993, il est destiné à permettre aux personnes handicapées adultes de couvrir les dépenses supplémentaires qu'elles ont à supporter pour les adaptations nécessaires à une vie autonome à domicile.

Pour remplir les conditions d'attribution, il faut :
– présenter un taux d'incapacité égal ou supérieur à 80 % ;
– percevoir une AAH à taux plein ou à taux différentiel en complément d'un avantage vieillesse, d'invalidité ou de rente d'accident du travail ;
– bénéficier d'une aide au logement soit comme titulaire de droit, soit du fait d'un conjoint ou concubin allocataire ;
– disposer d'un logement indépendant.

À NOTER
Les couples (mariés, concubins ou partenaires liés par un PACS) bénéficient, pour chacun, du complément d'AAH s'ils remplissent tous deux les conditions requises, même si une seule aide au logement est versée. Sont exclues les personnes vivant dans des structures collectives (foyer, foyer-logement, foyer à double tarification, hospice, etc.). L'accueil par des particuliers à leur domicile à titre onéreux n'ouvre pas droit au complément.

Le complément d'AAH est versé en même temps que l'AAH et peut être suspendu dans les mêmes conditions (hébergement, hospitalisation, accueil en MAS ou incarcération). Il est attribué sans demande particulière à compter du premier jour du mois au cours duquel la personne remplit les conditions.

Le complément d'AAH est incessible et insaisissable. Il se cumule avec l'allocation compensatrice (voir Chapitre 3).

Il n'est pas imposable et ne doit pas être pris en compte pour le calcul de l'allocation compensatrice.

Son montant au 1er janvier 2003 est de 92,47 euros par mois (16 % du montant de l'AAH).

Allocation différentielle

La loi d'orientation n° 75-534 du 30 juin 1975 (art. 59) a profondément modifié le régime des prestations des personnes handicapées. Certaines allocations ont été supprimées, d'autres ont été créées. Afin que certaines personnes ne voient pas leurs ressources réduites du fait du remplacement de certaines allocations par les nouvelles prestations, il a été prévu le versement d'une allocation différentielle de façon à compenser la réduction éventuelle.

Toute personne handicapée présentant un taux d'incapacité supérieur ou égal à 80 % peut prétendre à l'AAH si elle ne peut obtenir un avantage vieillesse ou d'invalidité ou une rente d'accident du travail d'un montant au moins égal à l'AAH. Lorsqu'un avantage est d'un montant inférieur à celui de l'AAH, celle-ci s'ajoute à l'avantage sans que le total des deux dépasse le montant de l'AAH.

L'allocation différentielle est revalorisée dans les mêmes proportions et aux mêmes dates que l'AAH. Les décisions d'attribution sont prises par l'aide sociale.

Cumul garantie de ressources/AAH

Toute personne handicapée exerçant une activité professionnelle est assurée d'un montant minimum de ressources, appelé « garantie de ressources » (voir Partie 4). Celle-ci est prise en compte pour déterminer le droit à l'AAH. Si le titulaire de l'AAH bénéficie de la garantie de ressources, ses droits à l'AAH sont réduits.

Depuis le 1er juin 1990, une réglementation particulière régit le cumul de l'AAH et de la garantie de ressources des travailleurs handicapés en CAT.

Ce cumul est limité par rapport à un pourcentage du SMIC.

Pour un salaire direct versé par l'employeur inférieur ou égal à 15 % du SMIC, le cumul est limité à :
- 100 % du SMIC mensuel net pour une personne seule ;
- 200 % du SMIC mensuel net pour une personne mariée ;

majoré de 50 % par enfant ou ascendant à charge.

Pour un salaire direct versé par l'employeur supérieur à 15 % du SMIC, le cumul est limité à :
- 110 % du SMIC mensuel pour une personne seule ;
- 220 % du SMIC mensuel pour une personne mariée.

Il est majoré de 55 % par enfant ou ascendant à charge.

Lorsque le total de l'AAH plus la garantie de ressources est supérieur à ces pourcentages, l'AAH est réduite d'autant.

Le cumul est révisé au 1er juillet de chaque année.

À NOTER
L'évaluation forfaitaire des ressources ne s'applique plus aux bénéficiaires de l'AAH et, le cas échéant, à leur conjoint ou concubin pour l'examen du droit à l'allocation aux adultes handicapés qu'il s'agisse de l'ouverture ou du renouvellement des droits.
Cette mesure est applicable aux prestations dues au 1er décembre 2001.

Source : Décret n° 2001-1020 du 5 novembre 2001, *JO* Lois et Décrets du 8 novembre 2001, p. 17717.

CHAPITRE 3
L'allocation compensatrice

Conditions d'attribution

L'allocation compensatrice pour aide d'une tierce personne ou pour frais professionnels, créée par la loi d'orientation en faveur des personnes handicapées (loi n° 75-534 du 30 juin 1975, art. 39 et 40, décret n° 77-1549 du 31 décembre 1977, *JO* du 12 janvier 1978), est une aide sociale versée par le Département. Elle a pour objet de permettre l'aide d'une tierce personne pour l'accomplissement des actes ordinaires de la vie courante (allocation compensatrice pour tierce personne) ou de compenser les frais supplémentaires occasionnés par le handicap dans une activité professionnelle (allocation compensatrice pour frais professionnels).

Elle est attribuée, après avis de la COTOREP, à toute personne sous certaines conditions :
– avoir un taux d'incapacité permanente au moins égal à 80 % ;
– être âgé d'au moins seize ans et cesser de remplir les conditions d'ouverture de droit aux allocations familiales et de moins de 60 ans ;
– ne pas bénéficier d'un avantage analogue au titre d'un régime de Sécurité sociale.

À NOTER
Depuis le 1er janvier 1997, l'allocation compensatrice est réservée aux personnes handicapées de moins de 60 ans (loi n° 97-60 du 24 janvier 1997). À partir de 60 ans, les personnes handicapées peuvent prétendre à la prestation spécifique dépendance (PSD/APA, voir Chapitre 4) ou opter pour le maintien de l'allocation compensatrice pour tierce personne (ACTP, voir ci-après).

Il ne faut pas confondre l'allocation compensatrice pour tierce personne avec la majoration pour tierce personne (MTP), qui a le même objectif et qui est versée en complément d'une pension d'invalidité, d'une rente d'accident du travail ou d'une retraite. Le montant de la majoration pour tierce personne au 1er janvier 2003 s'élève à 930,05 euros par mois. Le montant de l'allocation compensatrice pour aide d'une tierce personne au 1er janvier 2003 se situe entre 372,02 euros et 744,04 euros par mois (40 % et 80 % de la majoration pour tierce personne).

■ L'ALLOCATION COMPENSATRICE POUR AIDE D'UNE TIERCE PERSONNE (ACTP)

Conditions

La personne handicapée doit justifier qu'elle nécessite le service d'une tierce personne pour tous les actes essentiels de la vie courante.

Sont considérés comme actes essentiels de la vie courante : l'alimentation (manger et boire), la toilette (se lever et s'habiller), l'autonomie locomotrice (se lever, se déplacer, se coucher, procéder aux besoins naturels).

Des modalités de contrôle de l'utilisation de cette allocation sont réglementées par un décret du 24 janvier 1995 (*JO* du 31 janvier 1995).

Sur demande du conseil général, la personne handicapée doit pouvoir apporter toutes les pièces justificatives. L'allocation peut être retirée ou suspendue en cas de non-déclaration ou de fausses déclarations.

Montant

Le montant est établi par référence au montant de la majoration pour tierce personne accordée par le régime invalidité de la Sécurité sociale. Il varie entre 40 et 80 % suivant que la personne handicapée nécessite une aide constante ou une aide partielle.

Montant de l'ACTP égal à 80 % de la majoration pour tierce personne (taux plein) : dans ce cas, l'état du bénéficiaire doit nécessiter l'aide constante d'une ou de plusieurs personne rémunérées, ou de personnes de son entourage subissant de ce fait un manque à gagner, ou résider dans un établissement d'hébergement. Son montant s'élève au 1er janvier 2003 à 744,05 euros par mois.

Montant de l'ACTP compris entre 40 et 70 % de la majoration pour tierce personne : dans ce cas, l'état du bénéficiaire doit nécessiter une aide partielle pour accomplir un ou plusieurs actes essentiels de la vie courante, mais sans que cela entraîne pour autant un manque à gagner pour les personnes procurant une aide, ni que cela justifie une admission en établissement d'hébergement. Son montant au 1er janvier 2003 est de 372,02 euros par mois pour l'aide partielle à 40 % et de 651,04 euros par mois pour l'aide partielle à 70 %

À NOTER
Les personnes atteintes de cécité, dont la vision centrale est nulle ou inférieure à un vingtième de la normale, bénéficient de l'allocation compensatrice à taux plein.

Conditions de ressources

L'allocation compensatrice est soumise à conditions de ressources. Le plafond est le même que celui fixé pour l'attribution de l'AAH, majoré par le montant de l'allocation compensatrice.

Les ressources provenant du travail ne sont prises en compte que pour un quart de leur montant.

À NOTER
Les indemnités journalières ne sont pas assimilables à des ressources provenant du travail (Conseil d'État, 21 juillet 1997, Claude Bissey, n° 161207). Elles ne sont pas prises en compte pour le calcul de l'allocation compensatrice.

À NOTER
Au 1er juillet 2003, les plafonds de ressources pour l'attribution de l'allocation compensatrice pour tierce personne (ACTP) sont :
- célibataire : 6 997,74 euros par an ;
- marié : 13 995,48 euros par an ;
- en plus par enfant à charge : 3 498,87 euros par an.

Cumul

L'allocation compensatrice peut se cumuler avec l'AAH, un avantage vieillesse, invalidité ou une allocation chômage. Elle n'est jamais cumulable avec la majoration pour tierce personne du régime de Sécurité sociale.

Réduction ou suspension

Le versement de l'allocation compensatrice est suspendu au-delà du 45e jour d'hospitalisation ou de placement en MAS.

Les personnes hébergées dans un établissement avec une prise en charge par l'aide sociale peuvent bénéficier d'une allocation réduite dans la limite de 90 %.

Lorsque le bénéficiaire paie ses frais d'hébergement dans un établissement d'accueil, l'allocation compensatrice doit lui être intégralement versée.

Dépôt de la demande

La demande s'effectue auprès de la COTOREP ou du centre communal d'action sociale (CCAS) du lieu de résidence accompagnée de toutes les pièces justificatives.

Elle est versée mensuellement et peut être révisée périodiquement par la COTOREP soit au terme que la COTOREP s'est fixé, soit à la demande de l'intéressé ou à celle du préfet.

Recours

La contestation d'une décision administrative ou médicale d'attribution de l'allocation compensatrice prise par la COTOREP s'effectue dans les mêmes conditions que celles ouvertes pour l'AAH.

À NOTER
La loi de modernisation sociale comporte une modification de l'article L. 245-6 du Code de l'action sociale et des familles ainsi rédigée : « Les sommes versées au titre de l'allocation compensatrice ne font pas l'objet d'un recouvrement à l'encontre du bénéficiaire lorsque celui-ci est revenu à meilleure fortune. »

Source : Loi n° 2002-73 du 17 janvier 2002 de modernisation sociale, *JO* Lois et Décrets du 18 janvier 2002, p. 1023.

■ L'ALLOCATION COMPENSATRICE POUR FRAIS PROFESSIONNELS

Conditions

La personne handicapée doit être atteinte d'un taux d'incapacité permanente d'au moins 80 % et doit :
– exercer une activité professionnelle en milieu protégé ou en milieu ordinaire, à temps plein ou à temps partiel ;
– justifier d'un surcroît de frais lié à son activité professionnelle que ne supporterait pas un travailleur valide dans les mêmes conditions (aménagement d'un véhicule, achat de matériel adapté). Sont exclus les frais pris en charge par ailleurs : aménagement d'un poste de travail incombant à l'employeur ou frais d'appareillage pris en charge par la Sécurité sociale.

Montant

L'allocation complémentaire pour frais professionnels ne peut dépasser 80 % du montant de la majoration pour tierce personne accordée par la Sécurité sociale et peut être majorée de 20 % s'il y a nécessité de l'aide d'une tierce personne.

Si les conditions sont remplies pour avoir droit aux deux allocations compensatrices, l'allocation sera au maximum versée à 100 % de la majoration pour tierce personne de la Sécurité sociale. Son montant s'élève à 744 euros par mois. Le montant de la majoration s'élève à 186,01 euros par mois.

CHAPITRE 4
La prestation spécifique dépendance

Les conditions d'attribution

Dans l'attente de l'institution d'une prestation d'autonomie pour les personnes âgées dépendantes, la loi n° 97-60 du 24 janvier 1997 institue une prestation spécifique dépendance (PSD).

Cette prestation est une prestation d'aide sociale, attribuée sous condition de ressources à toute personne âgée d'au moins 60 ans qui en fait la demande et qui justifie d'un certain degré de dépendance. Ce degré de dépendance est évalué en fonction d'une grille nationale d'évaluation, la grille AGGIR.

Cumul

La PSD ne peut se cumuler ni avec :
- l'aide ménagère ;
- la majoration pour tierce personne (MTP) ;
- l'allocation compensatrice pour tierce personne (ACTP) qui est désormais réservée aux personnes handicapées.

À NOTER
Les personnes handicapées bénéficiaires de l'ACTP avant 60 ans pourront opter pour le maintien de celle-ci par préférence à la PSD.
En revanche, conformément au décret n° 97-426 du 28 janvier 1997, art. 13, l'allocation compensatrice ne sera plus accordée aux personnes devenues handicapées après l'âge de 60 ans.
À titre transitoire, les personnes qui ont obtenu le bénéfice de l'allocation compensatrice après 60 ans, mais avant le 1er janvier 1997, peuvent opter en faveur du maintien de cette allocation jusqu'à la date où elle doit être renouvelée. Dans ce cas, le contrôle de l'effectivité de l'aide s'effectue dans les mêmes conditions que celui mis en œuvre pour la PSD. Les personnes atteintes de cécité ne seront plus dispensées de justifier leur demande.

Montant

Le montant maximum de la PSD ne peut être inférieur à la majoration pour tierce personne, soit au 1er janvier 2003 : 930,05 euros/mois. Ce montant peut être majoré par le département.

Les ressources du demandeur ne doivent pas dépasser : 1 009,98 euros/mois (personne seule), 1 683,30 euros/mois (ménage).

La PSD est une prestation dégressive, aussi un dépassement de ces plafonds n'entraîne pas le non-versement de la prestation mais une réduction d'autant de son montant.

La PSD sera totalement suspendue après le 21e jour d'hospitalisation de son bénéficiaire dans une établissement de santé, de suite ou de réadaptation.

Destination

À domicile, la PSD sert à rémunérer une aide à domicile qui peut être directement employée par l'intéressé ou mise à disposition par un prestataire de services. L'aide à domicile peut être un membre de sa famille à l'exception du conjoint, du concubin, ainsi que de toute personne bénéficiant d'un avantage vieillesse.

Il y a obligation de déclarer la personne employée, un contrôle de l'effectivité de l'aide est réalisé au moins une fois par an.

Les bénéficiaires de la PSD peuvent bénéficier de réductions fiscales et d'une exonération des cotisations patronales de Sécurité sociale dues au titre de l'emploi d'aide à domicile.

Lorsque le bénéficiaire réside en établissement, c'est l'établissement qui perçoit la prestation pour financer les surcoûts liés à la dépendance.

La PSD n'est pas subordonnée à la mise en œuvre de l'obligation alimentaire mais peut être récupérée sur la succession.

BIBLIOGRAPHIE

Le Livre noir de la PSD, Paris, CNRPA, 1998, 18 p.

« La Prestation spécifique de dépendance », *in* Gérontologie et société, *Cahier de fondation nationale de gérontologie* n° 84, 1998, 125 p.

L'Allocation personnalisée d'autonomie (APA)

La loi adoptée le 26 juin 2001 par l'Assemblée nationale crée l'allocation personnalisée d'autonomie (APA) destinée à remplacer la prestation spécifique dépendance (PSD). Elle est ouverte à toutes les personnes âgées résidant en France et son champ d'application est étendu à celles qui sont moyennement dépendantes (GIR 4). L'APA est gérée par les départements et les caisses de retraite, avec une participation financière de l'État. Elle est définie dans des conditions identiques sur l'ensemble du territoire selon un barème national, distinct à domicile et en établissement. Ce barème, établi en fonction du degré de perte d'autonomie, prend également en compte les ressources du bénéficiaire afin de dédommager son éventuelle participation financière. Le recours sur succession ou donation du bénéficiaire est supprimé pour l'APA.

Le montant des prestations au 1er janvier 2003 :

a) À domicile, les montants maximaux de l'APA à domicile sont fixés par groupe iso-ressources (GIR), par application d'un coefficient au montant de la MTP (majoration pour tierce personne). Ils s'établissent comme suit pour l'année 2003 :

- GIR 1 : 1 106,77 euros/mois soit 1,19 MTP
- GIR 2 : 948,66 euros/mois soit 1,02 MTP
- GIR 3 : 711,49 euros/mois soit 0,765 MTP
- GIR 4 : 474,33 euros/mois soit 0,51 MTP

Le montant accordé. Le montant réel de l'APA à domicile est égal au montant de la fraction du plan d'aide que le bénéficiaire utilise diminué, le cas échéant, d'une participation à sa charge. Elle est calculée en fonction de ses ressources, du montant de la MTP et de la fraction du plan d'aide utilisée.
– Lorsque les ressources mensuelles sont inférieures à 948,66 euros, le demandeur est exonéré de toute participation.
– Lorsque les ressources mensuelles sont comprises entre 948,66 euros et 3 162,20 euros, le montant du ticket modérateur est progressif.
– Lorsque les ressources mensuelles sont supérieures à 3 162,20 euros, le ticket modérateur est égal à 80 % du montant du plan d'aide.

Le montant forfaitaire. L'APA à domicile est versée pour un montant forfaitaire de 553,38 euros (50 % du GIR 1) :
– en cas d'urgence attestée d'ordre médical ou social ;
– lorsque la décision d'attribution n'a pas été notifiée dans les deux mois à compter du dépôt du dossier complet.

b) En établissement :

Le ticket modérateur. En établissement, le montant de l'APA est en règle générale égal au montant des dépenses correspondant au degré de perte d'autonomie du demandeur défini par le tarif dépendance de l'établissement diminué le cas échéant d'une participation du bénéficiaire. Ce ticket modérateur est calculé sur la base des GIR 5 et 6 de l'établissement et en fonction des ressources de l'intéressé et de son GIR :
– lorsque les ressources mensuelles sont inférieures à 2 055,43 euros, la participation forfaitaire du bénéficiaire correspond au tarif dépendance de l'établissement fixé pour les GIR 5 et 6 ;
– lorsque les ressources mensuelles sont comprises entre 2 055,43 euros et 3 162,20 euros, la participation est progressive ;
– lorsque les ressources mensuelles sont supérieures à 3 162,20 euros, le ticket modérateur ne peut excéder 80 % du tarif dépendance de l'établissement applicable au bénéficiaire.

Source : « L'allocation personnalisée d'autonomie. La prise en charge de la perte d'autonomie des personnes âgées », *Actualités sociales hebdomadaires*, supplément au n° 2254, mars 2002, 100 p.

Le minimum garanti

Pour les couples dont l'un réside en établissement, l'autre à domicile, le membre du couple demeurant à domicile se voit garantir un minimum égal au minimum vieillesse : soit 577,92 euros par mois au 1er janvier 2003.

La somme mensuelle minimale qui doit être laissée à la personne âgée en établissement est de 69,00 euros.

À NOTER
L'APA à domicile peut être attribuée à l'un des membres ou aux deux membres d'un couple résidant conjointement à domicile. Dans ce cas, le calcul des ressources mensuelles de chaque membre du couple, pour la détermination du ticket modérateur, correspond au total des ressources du couple divisé par 1,7.
L'APA en établissement peut être attribuée à l'un des membres ou aux deux membres d'un couple. Dans ce cas, le calcul des ressources mensuelles de chaque membre du couple, pour la détermination du ticket modérateur, correspond au total des ressources du couple divisé par 2.
Les personnes qui bénéficiaient avant l'entrée en vigueur de la loi de l'APA (1er janvier 2002) de la PSD, de l'ACTP ou de la MTP peuvent choisir entre le maintien de ces prestations et l'APA. Quel que soit leur choix, elles ne peuvent voir leur droits réduits ou supprimés. (Loi n° 2001-647, 20 juillet 2001, art. 16 et 19.)
Les titulaires de l'ACTP peuvent demander le bénéfice de l'APA deux mois avant leur soixantième anniversaire, et deux mois avant chaque date d'échéance de versement de cette allocation.

L'Allocation différentielle

Dans le cas où les personnes qui bénéficiaient de la PSD ou de l'ACTP auraient des droits à l'APA inférieurs au montant des prestations antérieurement perçues, elles ont droit à une allocation différentielle. Son montant est égal à la différence entre le montant des prestations perçues à la date d'ouverture des droits à l'APA et le montant de l'APA une fois déduite la participation éventuellement due au titre de l'APA.

L'allocation différentielle fait l'objet chaque année d'une évaluation avec effet au 1er janvier.

Source : « Dictionnaire permanent », *Action sociale*, bulletin n° 162 du 2 janvier 2002, p. 5654-5679. *Travail social actualités*, n° 861 du 11 janvier 2002, p. 12-13.

CHAPITRE 5

Les autres prestations

Allocations complémentaires

En dehors des allocations réglementaires, il existe des prestations délivrées par les organismes de Sécurité sociale dont relève la personne handicapée. D'autres organismes peuvent également verser des prestations : mutuelles, assurances, etc.

Les communes et départements accordent souvent des prestations spécifiques telles que certains services d'accompagnement, des systèmes d'appel à distance, des facilités d'utilisation de transports en commun, etc.

Frais de transport sanitaire

Les frais de transport des personnes handicapées ne pouvant se déplacer mais se trouvant dans l'obligation de se déplacer pour recevoir des soins ou subir des examens peuvent être pris en charge dans certains cas (Code de la Sécurité sociale, art. L. 322 et suivants) :

- transports liés à une hospitalisation ;
- traitement ou examen liés à une affection de longue durée ;
- transports par ambulance lorsque l'état du malade justifie un transport allongé ou une surveillance constante ;
- transport en un lieu distant de plus de 150 km ;
- transports en série lorsque le nombre de transports prescrits est égal ou supérieur à quatre au cours d'une période de deux mois, et que chaque transport est effectué vers un lieu distant de plus de 50 km ;
- transport pour répondre à la convocation du service médical de la caisse, ou à la suite d'une demande d'expertise.

Les frais de déplacement en commun de la personne accompagnant une personne handicapée sont également pris en charge lorsque ce dernier a moins de seize ans ou que son état nécessite l'assistance d'un tiers. Dans ce dernier cas, l'accord préalable de la caisse d'affiliation est nécessaire.

La prise en charge n'est effectuée que sur présentation d'une prescription médicale et de pièces justificatives.

La caisse d'assurance maladie prend en charge les frais dans la limite :

- de 65 % si la personne relève du régime général ;
- de 50 % si la personne relève du régime maladie des travailleurs indépendants.

Si la personne est prise en charge à 100 %, aucun frais n'est à débourser. Il en est ainsi pour les personnes handicapées atteintes d'une longue maladie et pour les enfants et adolescents dans l'obligation de se déplacer afin de recevoir des soins appropriés à leur état.

Transports scolaires et universitaires

Les frais de transport individuel des élèves et étudiants handicapés vers les établissements scolaires et universitaires peuvent être supportés par les départements (sauf pour la région parisienne où ils sont restés à la charge de l'État).

Le remboursement des frais est limité à un déplacement par journée de fréquentation de l'établissement scolaire. Il est versé directement à la famille ou à l'intéressé s'il est majeur, éventuellement à l'organisme qui en fait l'avance.

Le remboursement des frais s'opère sur la base des dépenses réelles dûment justifiées.

Les bourses d'enseignement

La majoration des bourses d'enseignement peut aider les élèves et étudiants handicapés à poursuivre leurs études :
– la bourse d'enseignement peut être majorée de deux points pour un lycéen atteint d'incapacité permanente ;
– la bourse d'enseignement supérieur peut être majorée également de deux points pour un étudiant handicapé atteint d'incapacité permanente et de deux points supplémentaires si celui-ci a besoin de l'aide d'une tierce personne.

PARTIE 6
La protection sociale

Introduction

La protection sociale des personnes handicapées relève soit du système de Sécurité sociale, soit du système d'aide sociale selon l'origine du handicap, la date de survenue du handicap et les circonstances de celui-ci.

La loi d'orientation en faveur de personnes handicapées du 30 juin 1975 a modifié les caractéristiques de certaines prises en charge qui se trouvent à mi-chemin entre la logique d'aide sociale et la logique de la Sécurité sociale.

La diversité des situations individuelles conduit à une grande variété de règles de prise en charge selon qu'il s'agit d'assurer des ressources aux personnes handicapées, de compenser des frais de maladie, des frais d'aide technique, des frais d'aide humaine ou d'hébergement.

Cette partie présente la prise en charge des dépenses de soins, les modalités d'acquisition des revenus, les conditions de prise en charge par l'aide sociale, la couverture sociale des aidants.

SOMMAIRE

CHAPITRE 1
Le système français de protection sociale

Le système de Sécurité sociale

Il gère les principaux risques suivants :
- le risque maladie-maternité-invalidité-décès ;
- le risque accident du travail et maladie professionnelle ;
- le risque famille ;
- le risque vieillesse.

Ces régimes de protection sont accessibles aux personnes ayant acquis des droits par des cotisations, le plus souvent basées sur les revenus de leur travail.

L'adhésion à la branche maladie-maternité de la Sécurité sociale peut également être réalisée par d'autres démarches : assurance volontaire ou assurance automatique pour les personnes bénéficiant de certaines prestations (notamment l'AAH).

À NOTER
Les prestations relevant de l'assurance maternité n'offrent aucune spécificité dans le cas de personnes handicapées :
- les indemnités journalières dues en cas d'arrêt maternité sont versées dans les mêmes conditions d'ouverture de droit que celles de l'assurance maladie ;
- les prestations en nature sont acquises aux assurées et à leurs ayants droit.

Le système de Sécurité sociale ouvre également des droits (hormis pour les indemnités journalières destinées à remplacer un revenu) au conjoint ou concubin et aux enfants mineurs n'ayant pas de droits propres.

De nombreux régimes de Sécurité sociale coexistent, le principal étant le régime général des travailleurs salariés.

À NOTER
Les règles de couverture des risques peuvent varier d'un régime à l'autre. Les règles présentées ci-dessous sont celles du régime général.

Le système d'aide sociale

Il accorde des droits non contributifs (sans cotisation préalable) aux personnes n'ayant pas ou plus de droits propres leur permettant de bénéficier de l'un des divers systèmes de Sécurité sociale.

Ces droits sont le plus souvent attribués sous conditions de ressources, fréquemment soumis à l'obligation alimentaire (c'est-à-dire qu'ils n'interviennent qu'à défaut ou en complément d'une aide financière fournie par la famille) et d'une ampleur limitée.

Les différents systèmes d'indemnisation offerts par les assurances privées ou les mutuelles

L'adhésion peut s'avérer obligatoire dans certaines circonstances (ex. : achat d'un véhicule, location d'un appartement), même si le choix de l'assureur est laissé à l'assuré. Ils indemnisent notamment les conséquences d'accident impliquant la responsabilité civile (ex. : accidents de la voie publique, accidents domestiques) et jouent à ce titre un rôle non négligeable dans le domaine du handicap.

La protection sociale, notamment en matière de revenus des personnes handicapées relève de l'un ou l'autre de ces régimes selon l'origine du handicap (accidentel ou non), la date d'apparition de celui-ci (pendant une période d'activité professionnelle ou non) et, éventuellement, les circonstances d'apparition du handicap (circonstances de l'accident si cela est le cas, lien ou non avec l'activité professionnelle s'il s'agit d'une maladie).

De plus, la volonté manifestée, dans la loi d'orientation en faveur des personnes handicapées du 30 juin 1975, de signifier la solidarité de la nation vis-à-vis des personnes handicapées a modifié les caractéristiques de certaines prises en charge qui se trouvent désormais à mi-chemin entre la logique d'aide sociale et la logique de la Sécurité sociale.

La diversité des situations individuelles peut donc se révèler extrêmement importante et conduit à une grande variété de règles de prise en charge, selon qu'il s'agit d'assurer des ressources aux personnes handicapées, de compenser des frais de maladie, d'aides techniques, d'aide humaine ou d'hébergement.

Ce chapitre présente de façon succincte la prise en charge des dépenses de soins et d'appareillage, les modalités d'acquisition des revenus, les conditions de prise en charge par l'aide sociale ainsi que la couverture sociale des aidants.

CHAPITRE 2
La Sécurité sociale

■ L'ASSURANCE MALADIE

• Généralités

Les objectifs de l'assurance maladie

L'assurance maladie a un double objet :

– permettre à l'assuré social de faire face à ses dépenses de soins et à celles de ses ayants droit ;

– garantir à l'assuré lui-même un revenu de remplacement en cas d'arrêt de travail pour cause de maladie ou d'accident du travail.

Les bénéficiaires

Les bénéficiaires de l'assurance maladie sont :

– la personne handicapée salariée travaillant en milieu ordinaire ou en milieu protégé qui est couverte par le régime dont dépend son activité professionnelle ; le travailleur handicapé travaillant en CAT, qui est couvert au titre de la garantie de ressources (celle-ci est assimilable à une rémunération et donc soumise à cotisations sociales) ;

– la personne handicapée percevant une pension vieillesse, d'invalidité, d'accident du travail ou de réversion, qui est couverte par le régime de Sécurité sociale qui lui verse sa pension ;

– la personne handicapée bénéficiaire de l'AAH (voir Partie 5), qui a droit, dès lors qu'elle ne dispose d'aucune couverture sociale au titre du travail ou d'une pension, à une affiliation gratuite à l'assurance maladie ; elle est donc exonérée de cotisation ; la suspension de l'AAH, en cas d'hébergement ne retire pas les droits en matière d'assurance maladie ;

– la personne handicapée, non assurée sociale, qui peut être remboursée de ses frais de soins en qualité d'ayant droit d'un assuré social, du fait de son rattachement à un membre de sa famille, son conjoint ou son concubin.

Si aucune des solutions énumérées n'est envisageable, il est possible de cotiser à une assurance personnelle. La demande se fait auprès de la caisse primaire du lieu de résidence. La cotisation, à la charge de la personne handicapée, est d'un montant relativement élevé, mais il est possible d'obtenir, sous conditions de ressources, la prise en charge totale ou partielle des cotisations par l'aide sociale.

À NOTER
L'entrée en centre de rééducation professionnelle ou en centre de préorientation résultant d'une décision de la COTOREP fait acquérir le droit à l'assurance maladie-maternité pour la personne handicapée qui n'en bénéficie à aucun autre titre.

La couverture maladie universelle (CMU)

La loi n° 99-641 du 27 juillet 1999 a mis en place la création d'une couverture maladie universelle (CMU). Cette couverture garantit à toute personne, quelle que soit sa situation, une prise en charge de ses soins par un régime obligatoire d'assurance maladie. Elle garantit également le droit à une couverture complémentaire gratuite et à la dispense d'avance des frais pour les personnes à faibles revenus. Les bénéficiaires dont les revenus sont supérieurs à un plafond doivent acquitter une cotisation proportionnelle à leurs revenus. (Loi n° 99-641 du 27 juillet 1999, *JO*, n° 172 du 28 juillet 1999.)

Les plafonds de ressources mensuelles sont les suivants :
- une personne seule : 562,00 euros ;
- deux personnes : 843,00 euros ;
- trois personnes : 1 011,60 euros ;
- quatre personnes : 1 180,20 euros ;
- par personne en plus : 224,80 euros.

À NOTER
Les personnes sorties du dispositif de la couverture maladie universelle (CMU) continuent de bénéficier du tiers payant pendant un an, à compter de la date d'expiration de leur droit.
Les enfants mineurs de parents étrangers en situation irrégulière et n'ayant pas de résidence stable sont affiliés à la CMU.
Source : TSA, n° 860 du 4 janvier 2002.

Un nouveau dispositif a été mis en place dans le cadre du projet de loi de financement de la Sécurité Sociale pour 2002 : le gouvernement a prévu que les personnes dont les ressources n'excèdent pas de plus de 10 % le plafond de ressources de la CMU complémentaire pourront bénéficier de ce régime de mutuelle complémentaire.

Des contrats spécifiques, réservés aux prestions maladie et garantissant une couverture équivalente à celle de la CMU devront pouvoir être proposés aux intéressés.

Source : *Oxygène*, n° 51, p. 25, 2002.

À NOTER
Le traitement des dossiers de soins dentaires.
La Caisse nationale d'assurance maladie précise la procédure d'entente préalable en matière de prothèse dentaire et rappelle que les bénéficiaires de la protection complémentaire au titre de la couverture maladie universelle (CMU) ne peuvent en aucun cas se voir appliquer des prix supérieurs à ceux prévus par l'arrêté du 31 décembre 1999 (*JO* du 1er janvier 2000).

• Les prestations

Les indemnités journalières

Seules les personnes handicapées qui exerçent une activité professionnelle et sont affiliées au régime général de la Sécurité sociale peuvent bénéficier des indemnités journalières, à condition de justifier d'une activité salariée préalable suffisante. Ces indemnités sont versées en cas d'arrêt de travail pour cause de maladie ou d'accident du travail. Elles sont égales à 50 % du salaire plafonné.

La durée de l'arrêt de travail est limitée dans le temps. Au-delà de cette limite (trois ans), voire plus tôt si la situation médicale est considérée comme stable, les droits à revenu de remplacement doivent être examinés dans le cadre de l'assurance invalidité.

À NOTER
De nombreux régimes complémentaires garantissent un complément de ressources durant la période d'arrêt de travail.

Le remboursement des frais de soins

À chaque acte médical correspond un tarif de responsabilité sur la base duquel le régime de Sécurité sociale applique un taux de prise en charge. La personne handicapée bénéficiant de l'assurance maladie peut être remboursée des frais de soins selon les règles normalement applicables par le régime dont elle relève.

La prise en charge totale des frais de soins (Code de la Sécurité sociale, art. R. 322-5) peut être obtenue si :
- la personne est titulaire d'une pension d'invalidité ;
- la personne est titulaire d'une rente d'accident du travail correspondant à un taux d'incapacité au moins égal à 66,66 % ;
- la personne est atteinte d'une maladie longue et coûteuse inscrite dans la liste des trente affections établies par décret.

LES AFFECTIONS DE LONGUE DURÉE
Les trente affections suivantes permettent de bénéficier d'une prise en charge totale des soins : – accident vasculaire cérébral invalidant ; – insuffisances médullaires et autres cytopenies chroniques ; – artériopathie chronique avec manifestations ischémiques ; – bilharziose compliquée ; – insuffisance cardiaque grave, troubles du rythme graves, cardiopathies valvulaires graves, cardiopathies congénitales graves ; – cirrhose du foie compensée ; – déficit immunitaire primitif grave nécessitant un traitement prolongé, infection par le virus de l'immunodéficience humaine ; – diabète de type 1 et diabète de type 2 ; – forme grave des affections neurologiques et musculaires (dont myopathie), épilepsie grave ; – hémoglobinopathies, hémolyses chroniques constitutionnelles et acquises sévères ; – hémophilies et affections constitutionnelles de l'hémostase graves ; – hypertension artérielle sévère ; – maladie coronaire ; – insuffisance respiratoire chronique grave ; – lèpre ; – maladie de Parkinson ; – maladies métaboliques héréditaires nécessitant un traitement prolongé spécialisé ; – mucoviscidose ; – néphropathie chronique grave et syndrome néphrotique primitif ; – paraplégie ; – périartérite noueuse, lupus érythémateux aigu disséminé, sclérodermie généralisée évolutive ; – polyarthrite rhumatoïde évolutive grave ; – psychose, trouble grave de la personnalité, arriération mentale ; – rectocolite hémorragique et maladie de Crohn évolutives ; – sclérose en plaques ; – sclérose structurale évolutive (dont l'angle est égal ou supérieur à 25 degrés) jusqu'à maturation rachidienne ; – spondylarthrite ankylosante grave ; – suites de transplantation d'organe ; – tuberculose active ; – tumeur maligne, affection maligne du tissu lymphatique ou hématopoïétique.

Prise en charge de l'appareillage

Si son état l'exige, la personne handicapée peut bénéficier d'un appareillage :
– une prothèse ; appareil qui remplace un organe ou un membre, en totalité

ou en partie, en reproduisant ses formes et en remplissant, si possible, les mêmes fonctions ;
– ou une orthèse ; appareil destiné à prévenir ou à corriger des déformations, ou encore à suppléer des défaillances fonctionnelles au niveau d'un membre.

Des arrêtés ministériels fixent la liste des fournitures et appareils pouvant être pris en charge par la Sécurité sociale avec leurs spécificités, leur délai de garantie et les tarifs de responsabilité de l'assurance maladie applicables. L'ensemble de ces arrêtés constitue la liste des produits et prestations remboursables (ex. TIPS : tarif interministériel des prestations sanitaires).

L'appareillage est pris en charge par l'assurance maladie sur prescription médicale, après entente préalable. L'appareil doit être inscrit à cette liste et être fabriqué par un fournisseur agréé ou par un centre d'appareillage. Dans ce cas, la Sécurité sociale assure le remboursement des frais d'achat ou de réparation de renouvellement de l'appareil.

À NOTER
La prise en charge de l'hospitalisation vaut prise en charge de l'appareillage lorsque celui-ci a lieu ou est prescrit pendant l'hospitalisation, à l'exception des cas où des appareils sont soumis à une entente préalable auprès de la caisse d'assurance maladie.

L'appareillage peut également être pris en charge par le Fonds d'action sanitaire et sociale des caisses primaires d'assurance maladie, au titre des prestations extralégales, ainsi que par l'aide sociale si la personne handicapée n'est pas assurée.

Certaines associations ou collectivités locales peuvent ainsi intervenir de façon complémentaire.

Prise en charge des fauteuils roulants

Les modalités d'attribution des fauteuils roulants découlent d'une convention signée entre les fournisseurs et la Caisse nationale d'assurance maladie.

L'actualisation de la liste des véhicules pour handicapés physiques est prise en charge par l'assurance maladie sur la base de tarifs de responsabilité, une rubrique « conditions générales de prise en charge » est introduite, indiquant que la prise en charge d'un fauteuil roulant est subordonnée à son agrément et s'il est fabriqué à l'étranger, à l'existence d'un distributeur implanté sur le territoire français.

La demande d'entente préalable a été supprimée pour l'achat et la location de fauteuils roulants à propulsion manuelle ainsi que pour la location de fau-

teuil à moteur électrique. La Caisse nationale d'assurance maladie rappelle que la procédure d'entente préalable reste applicable pour :
– les fauteuils évolutifs pour jeunes enfants à partir de 18 mois ;
– l'achat des fauteuils roulants à propulsion par moteur électrique ;
– les fauteuils roulants verticalisateurs ;
– les poussettes multiréglables évolutives ;
– les dispositifs de propulsion par moteur électrique pour fauteuils roulants manuels les réparations importantes des fauteuils à propulsion par moteur électrique et du dispositif de propulsion par moteur électrique.

Source : Arrêté du 23 février 2000 (*JO* du 25-03-00), circulaire CNAM-DDRI n° 41-2000 du 17 mars 2000.

Si le fauteuil roulant est prescrit pendant une hospitalisation et utilisé pendant la durée de celle-ci, les frais d'acquisition sont compris dans les charges d'investissement de l'établissement. Si le fauteuil est utilisé hors de l'hôpital (ex. : permissions, vacances), la prise en charge intervient en plus de la dotation globale de l'établissement par un remboursement individuel.

LES FAUTEUILS ÉLECTRIQUES

Le fauteuil électrique n'est attribué qu'aux personnes présentant simultanément une atteinte motrice définitive des membres supérieurs et d'au moins un membre inférieur les mettant dans l'impossibilité de marcher et d'utiliser efficacement un fauteuil roulant ordinaire.
Le fauteuil roulant électrique peut donc être attribué aux personnes tétraplégiques, dont les lésions ont une origine médicale (myopathie, poliomyélite, myasthénie, etc.) ou traumatique, et à celles présentant un déficit moteur des membres et dont les lésions sont les conséquences d'anomalies congénitales, d'infirmité motrice cérébrale, de sclérose en plaques, de rhumatismes ankylosants, de certaines hémiplégies, etc.
Le fauteuil électrique est considéré comme un véhicule. La personne handicapée qui l'utilise doit circuler à droite et être assurée en responsabilité civile pour les accidents qu'elle pourrait causer à des tiers.

Prise en charge des autres aides techniques

La réglementation ne prévoit pas de prise en charge d'aides techniques permettant de pallier les difficultés gestuelles ou de communication des personnes handicapées (ex. : synthèse vocale, appareils électroniques permettant de manipuler des appareils à distance, aménagement de la conduite automobile).

Les fonds d'action sanitaire et sociale des caisses primaires d'assurance maladie et des caisses d'allocations familiales peuvent, dans certains cas, attribuer des aides pour leur acquisition.

Le forfait hospitalier

Créé en 1983, le forfait hospitalier instaure une participation des personnes prises en charge dans un lieu de soins aux « frais hôteliers » (l'hébergement et la nourriture) occasionnés par leur séjour dans un établissement de soins.

Toute personne hospitalisée doit s'acquitter du forfait hospitalier, sauf :
- les bénéficiaires de l'assurance maternité ;
- les personnes hospitalisées suite à un accident ou à une maladie professionnelle ;
- les pensionnés militaires d'invalidité, bénéficiaires de l'article 15 du Code des pensions militaires d'invalidité et des victimes de guerre ;
- les enfants et adolescents handicapés accueillis en établissements sanitaires et orientés par la CDES ;
- les enfants et adolescents handicapés, âgés de moins de vingt ans, hébergés dans les établissements d'éducation spéciale ou professionnelle et dans les centres de placement familial spécialisé rattachés à ces établissements ;
- les adolescents handicapés de seize à vingt ans, placés en centre d'accueil spécialisé s'ils ne perçoivent pas l'AAH ;
- les stagiaires des centres de rééducation professionnelle et des centres de préorientation ;
- les enfants nouveau-nés lorsque l'hospitalisation commence avant le trentième jour suivant celui de la naissance (elle n'est alors pas limitée dans le temps).

À NOTER
Les titulaires de l'AAH doivent s'acquitter du forfait hospitalier en cas d'hospitalisation. Au 1er janvier 2003, le montant en est de 10,67 euros par jour.

■ L'ASSURANCE INVALIDITÉ

Les conditions d'attribution

L'assurance invalidité permet d'attribuer à tout salarié de moins de soixante ans une pension d'invalidité destinée à compenser la perte de ressources résultant d'une réduction de la capacité de travail quand celle-ci est due à une maladie ou à un accident autre que professionnel.

Pour bénéficier d'une pension d'invalidité, il faut :
- être âgé de moins de soixante ans ; à soixante ans, la pension d'invalidité est remplacée par une pension vieillesse versée au titre de l'inaptitude au travail, sauf pour les personnes exerçant une activité à leur soixantième anniversaire ;

– présenter une invalidité réduisant au moins de deux tiers la capacité de travail ou de gain, c'est-à-dire être dans l'impossibilité de se procurer, dans une profession quelconque, un salaire supérieur au tiers de la rémunération normale de l'emploi occupé précédemment ;
– être immatriculé à un régime de Sécurité sociale depuis au moins douze mois avant la demande ;
– justifier soit d'un montant de cotisation sur rémunérations perçues au cours des douze mois précédant l'interruption de travail ou avoir effectué au moins 800 heures de travail au cours des douze mois de travail précédant cette interruption.

L'état d'invalidité est constaté en tenant compte de la capacité de travail restante, de l'état général de la personne, de l'âge, des facultés mentales et physiques, des aptitudes et de la formation professionnelle.

Il est prononcé par la caisse primaire d'assurance maladie après avis du médecin du service de contrôle médical.

La constatation se fait :
– soit après consolidation de la blessure ou de la maladie, l'état de santé de l'assuré n'étant pas susceptible d'évolution ;
– soit après épuisement des droits à l'assurance maladie ;
– soit avant la fin de l'indemnisation de l'assurance maladie si l'état de santé est considéré comme stabilisé ;
– soit à tout moment, en cas d'usure prématurée de l'organisme, médicalement constatée.

Le montant de la pension d'invalidité

Le montant de la pension est fixé en fonction d'une classification des invalides en trois catégories :
– *1re catégorie :* invalides capables d'exercer une activité rémunérée réduite. Le montant de la pension est égal à 30 % du salaire annuel moyen (correspondant aux cotisations versées au cours des dix meilleures années civiles de cotisations) ;
– *2e catégorie :* invalides incapables d'exercer une activité professionnelle. Le montant est égal à 50 % du salaire annuel moyen ;
– *3e catégorie :* invalides incapables d'exercer une activité professionnelle et obligés de recourir à l'assistance d'une tierce personne. La pension est égale au montant de celle des invalides de 2e catégorie ; s'y ajoute une majoration pour tierce personne (MTP), égale à 40 % de ce montant ou, si cela est plus favorable (ce qui est le plus souvent le cas), un montant minimum fixé par décret.

Bien que calculés proportionnellement aux salaires perçus pendant les dix meilleures années de travail, les montants des pensions d'invalidité ne peuvent s'écarter des minima et maxima fixés annuellement :

– montant de la pension d'invalidité au 1er janvier 2003 : invalide pouvant travailler : 30 % du salaire moyen (maximum : 729,60 euros par mois ; minimum : 237,48 euros par mois) ; invalide ne pouvant pas travailler : 50 % du salaire moyen (maximum : 1 216,00 euros par mois ; minimum : 237,48 euros par mois) ;
– montant de la majoration pour tierce personne au 1er janvier 2003 : 930,05 euros par mois.

Les titulaires de pension d'invalidité, dont les montants sont inférieurs à celui du minimum vieillesse, peuvent recevoir, en complément de leur pension, une allocation supplémentaire du Fonds spécial d'invalidité.

Le montant de cette allocation est calculé de façon à porter l'ensemble de leurs ressources au niveau du minimum vieillesse :
– montant du minimum vieillesse au 1er janvier 2003 : personne seule : 577,92 euros par mois ; ménage : 1 036,73 euros par mois ;
– plafond de ressources annuelles (personne seule : 7 102,71 euros) ; ménage : 12 440,87 euros.

À NOTER
L'ancien Fonds national de solidarité (FNS) a été scindé en 1994 en deux fonds distincts :
– le Fonds spécial invalidité (FSI) ;
– le Fonds de solidarité vieillesse (FSV).
Ces deux fonds versent aux intéressés (personnes valides ou âgées) des allocations visant à compléter des pensions d'invalidité ou de retraite de base très faibles.

Les pensions d'invalidité peuvent se cumuler avec :
– les pensions militaires d'invalidité ;
– les rentes d'accident du travail ;
– les pensions acquises au titre d'un régime spécial ;
– les pensions servies par une compagnie d'assurance privée.

Dans les trois premiers cas ci-dessus, le cumul est admis dans la limite du salaire perçu par un travailleur valide dans la même catégorie professionnelle. Dans le dernier cas, aucune limite n'est prévue.

Le caractère temporaire de la pension d'invalidité

La pension d'invalidité n'est jamais définitive : elle est réexaminée périodiquement et peut être révisée en cas d'amélioration ou d'aggravation de l'invalidité (changement de catégorie). Elle est suspendue lorsque la capacité de gain redevient supérieure à 50 % de ce qu'elle était auparavant, ou lorsque la somme des gains perçus et de la pension devient supérieure au salaire normal de la catégorie professionnelle d'origine. Dans ce cas, la suspension peut n'être que partielle.

■ LES AUTRES PRESTATIONS

La rente accident du travail et maladie professionnelle

Les maladies dites professionnelles sont prises en charge par la Sécurité sociale au même titre que les accidents du travail et dans des conditions similaires.

La personne handicapée, victime d'un accident du travail ou d'une maladie professionnelle, peut bénéficier, comme toute personne salariée, d'une indemnisation.

Si, à la suite de son accident du travail, la victime n'a qu'une incapacité temporaire de sa capacité de travail, elle a droit aux indemnités journalières destinées à compenser la perte de salaire due à l'accident. Elles sont calculées sur la base du salaire perçu avant l'accident. Le montant est égal à 60 % du salaire journalier de base pour les 28 premiers jours indemnisés et à 80 % à partir du 29e jour ; il est plafonné, au 1er janvier 2003, à 146,03 euros pour les 28 premiers jours et à 194,71 euros à partir du 29e jour.

Si la victime conserve des séquelles affectant sa capacité de travail antérieure et se trouve en situation d'incapacité permanente, elle peut obtenir :
– soit une indemnisation en capital lorsque le taux d'incapacité permanente est inférieur à 10 % ;
– soit une rente accident du travail lorsque le taux d'incapacité permanente est au moins égal à 10 %.

À NOTER
Le montant de la rente est calculé en fonction du taux d'incapacité et du salaire perçu au cours des douze mois précédant l'arrêt de travail. En cas de modification de l'état de santé, le taux d'incapacité peut être révisé. S'il devient inférieur à 10 %, la rente est remplacée par une indemnité en capital.

Si la personne est obligée de recourir à l'assistance d'une tierce personne, elle peut prétendre à la majoration pour tierce personne qui est égale à 40 % de la rente : elle est fixée, au 1er janvier 2003, à 930,05 euros par mois.

L'assurance vieillesse

Un minimum vieillesse est garanti à chaque personne âgée résidant en France selon les conditions générales de l'aide sociale. Ce minimum est composé :
– d'une allocation de base issue du régime vieillesse à laquelle la personne est affiliée, ou d'une allocation de base non contributive ;
– d'une allocation supplémentaire versée par le Fonds de solidarité vieillesse (FSV).

Le montant de ces deux allocations est fixé de façon à porter les ressources de l'intéressé au niveau du minimum vieillesse soit, au 1er janvier 2003, 577,92 euros par mois pour une personne seule et 1 036,73 euros par mois pour un ménage.

La demande du minimum vieillesse doit être adressée :
- soit auprès de la caisse de retraite si la personne est affiliée à un régime de retraite ;
- soit auprès de la mairie du lieu de résidence si la personne ne peut prétendre à la retraite.

Les personnes titulaires d'une AAH qui ne travaillent pas doivent demander le passage au minimum vieillesse à soixante ans. Ce passage ne modifie pas le montant des ressources de l'intéressé, une allocation différentielle étant versée par la caisse d'allocations familiales dans les cas où l'AAH était plus avantageuse que le minimum vieillesse. Ces cas sont rares, ces deux minima étant d'un même montant. Seules les ressources prises en compte sont susceptibles de varier légèrement.

Les personnes ayant travaillé en milieu ordinaire ou protégé ont droit à une retraite versée par le régime de Sécurité sociale auxquel elles appartiennent. Si cette retraite est insuffisante, elles peuvent bénéficier du minimum vieillesse.

Dans la plupart des régimes, il est possible, à partir de soixante ans, d'obtenir une retraite au titre de l'inaptitude au travail complétée, le cas échéant, d'une majoration pour tierce personne. Dans ce cas, les personnes bénéficient d'une retraite à taux plein, même si le nombre d'annuités habituellement requis pour la retraite à taux plein n'est pas atteint.

CHAPITRE 3
L'aide sociale

Principes

L'aide sociale est un droit personnel qui demeure l'ultime recours pour ceux qui ne peuvent faire face à une situation de besoin par eux-mêmes ou par leurs débiteurs alimentaires. Elle vient en complément de la protection sociale ; elle est destinée à couvrir des dépenses non supportées par la Sécurité sociale.

L'aide sociale aux personnes handicapées concerne principalement :
- l'aide ménagère (voir Partie 9) ;
- l'allocation compensatrice (voir Partie 5) ;
- les frais d'hébergement en établissement spécialisé et en foyer d'hébergement (voir Partie 9).

Les conditions d'admission à l'aide sociale

Pour prétendre au bénéfice de l'aide sociale, il faut :
- résider sur le territoire français ;
- être de nationalité française ou originaire d'un pays ayant passé avec la France une convention d'assistance réciproque ;
- avoir des ressources insuffisantes : il est tenu compte de tous les revenus, professionnels ou non, des avantages en nature et du capital, même s'il n'est pas productif de revenus. Il est tenu compte également des ressources de certains membres de la famille soumis à l'obligation alimentaire, sauf pour l'allocation compensatrice et la prise en charge des frais d'hébergement en établissements spécialisés (voir Partie 9). Les prestations familiales destinées à compenser des charges de famille ne sont pas considérées comme des ressources du demandeur et ne sont donc pas prises en compte.

Les demandes d'admission à l'aide sociale

Elles se font à la mairie du lieu de résidence accompagnées des justificatifs de situation de famille et de revenus.

À NOTER
La mairie devient le domicile de secours de la personne. Ainsi, en cas de placement en établissement spécialisé ou en famille d'accueil hors du département du lieu antérieur de résidence, il n'y a pas de rupture de prise en charge. La personne conserve le domicile de secours d'origine.

Le dossier est constitué par le CCAS qui le transmet au président du conseil général pour instruction. Ce dossier est ensuite soumis à la commission d'admission qui décide. Il est possible de contester la décision en faisant appel devant la commission départementale d'aide sociale ou la commission centrale d'aide sociale.

À NOTER
La loi de modernisation sociale comporte une modification de l'article L. 245-6 du Code de l'action sociale et des familles ainsi rédigée : « Les sommes versées au titre de l'allocation compensatrice ne font pas l'objet d'un recouvrement à l'encontre du bénéficiaire lorsque celui-ci est revenu à meilleure fortune. »
Source : Loi n° 2002-73 du 17 janvier 2002, *JO* du 18 janvier 2002, p. 1023.

CHAPITRE 4
La couverture sociale des aidants

L'assurance vieillesse des parents d'enfants ou d'adultes handicapés au foyer

La personne qui assume la charge d'un enfant ou d'un adulte handicapé peut bénéficier de l'affiliation gratuite à l'assurance vieillesse du régime général de la Sécurité sociale. Cette affiliation concerne la personne isolée ou, pour un couple, l'un ou l'autre de ses membres qui :
– a à charge un enfant, âgé de moins de vingt ans, présentant un taux d'incapacité d'au moins 80 % et qui n'est pas admis en établissement fonctionnant en internat ;
– ou assure au foyer familial la charge d'un adulte handicapé présentant un taux d'incapacité au moins égal à 80 %, dont le maintien à domicile a été expressément reconnu souhaitable par la COTOREP.

Cette affiliation gratuite est soumise à conditions de ressources.

Les cotisations sont à la charge des caisses d'allocations familiales.

La couverture sociale de la tierce personne

La personne handicapée résidant à domicile et nécessitant l'aide d'une tierce personne peut avoir recours :
– soit à l'aide d'un service d'aide ménagère ou d'un service d'auxiliaire de vie (voir Partie 9) ;
– soit à l'aide d'une tierce personne rémunérée ;
– soit à l'aide d'une tierce personne bénévole de sa famille.

La tierce personne rémunérée bénéficie de la protection sociale à laquelle a droit tout salarié régulièrement déclaré.

Les personnes handicapées employeurs peuvent bénéficier, sous certaines conditions, de l'exonération des cotisations patronales d'accident du travail, de Sécurité sociale et d'allocations familiales.

Si la tierce personne est bénévole, se pose alors le problème de sa couverture sociale. Elle peut s'affilier à l'assurance personnelle pour les risques maladie-maternité si elle n'en possède pas par ailleurs.

Elle peut également :
– soit adhérer à l'assurance volontaire invalidité-vieillesse pour être couverte contre le risque d'invalidité et cotiser en vue d'une retraite de base ;
– soit bénéficier de l'affiliation gratuite à l'assurance vieillesse sous certaines conditions.

CHAPITRE 5
Les assurances privées

Les produits des assurances

Afin de compléter les ressources versées au titre de la protection sociale, les parents d'enfants handicapés ou les personnes handicapées elles-mêmes peuvent souscrire à des assurances vie.

Les assurances proposent des produits financiers souscrits soit par la personne handicapée elle-même (contrat « épargne-handicap »), soit par les parents d'enfants handicapés (contrat « rente-survie »), qui garantissent à terme le versement d'un capital ou d'une rente viagère.

Les contrats « rente-survie »

Ces contrats permettent aux parents d'un enfant ou d'un adulte handicapé de lui faire verser, à leur décès, un capital ou une rente viagère. Ils donnent droit à une réduction d'impôt.

Ils sont souscrits individuellement auprès d'une compagnie d'assurance, d'une banque ou d'une association.

Les contrats « épargne-handicap »

Ces contrats sont souscrits par la personne handicapée elle-même. Ils garantissent le versement d'un capital ou d'une rente viagère. Pour ouvrir droit à une réduction d'impôt, leur durée doit être au minimum de six ans.

ADRESSES UTILES

Plusieurs associations proposent des contrats « épargne-handicap ».

Union nationale des associations de parents et amis d'enfants handicapés (UNAPEI)
15, rue Coysevox – 75018 Paris
Tél. : 01.44.85.50.50
Site internet : www.unapei.org

Association pour adultes et jeunes handicapés (APAJH)
26, rue du Chemin-Vert – 75541 Paris Cedex 11
Tél. : 01.48.07.25.88 / Fax : 01.43.38.37.44
Site internet : www.apajh.org

Vivre mieux - Association d'entraide des polios et handicapés (ADEP)
194, rue d'Alésia – 75014 Paris
Tél : 01.45.45.40.30 / Fax : 01.45.45.38.63
Site internet : http://orphanet.infobiogen.fr/associations/ADEP/

PARTIE 7
La protection juridique des personnes handicapées

Introduction

La personne handicapée majeure est civilement responsable de ses actes. Toutefois, elle peut être dans l'incapacité de s'assumer seule et avoir besoin d'être protégée contre ses propres agissements ou ceux de tiers malveillants.

Cette partie aborde les différentes mesures de protection ayant pour but de protéger la personne :
– une mesure à caractère éducatif d'utilisation de prestations sociales au profit exclusif des bénéficiaires (tutelle aux prestations sociales) ;
– les mesures de protection des incapables majeurs (sauvegarde de justice, tutelle, curatelle) ;
– la protection des personnes contre les discriminations en raison de leur état de santé ou de leur handicap.

SOMMAIRE

CHAPITRE 1
La responsabilité civile des personnes handicapées

La responsabilité civile

À dix-huit ans, la personne handicapée majeure, comme toute personne majeure, est responsable de ses actes. Elle est personnellement tenue à réparation pour tous les dommages qu'elle pourrait occasionner à des tiers. Il est donc indispensable d'assurer la responsabilité civile du majeur handicapé, protégé ou non, vivant dans sa famille, dans un établissement spécialisé, dans une famille d'accueil ou dans un logement personnel.

Le contrat d'assurance à prévoir

Si la personne handicapée vit au foyer parental, elle peut être garantie au titre de la responsabilité civile chef de famille d'un contrat multirisques habitation. Il est toutefois recommandé de vérifier si le contrat n'exclut pas les descendants au-dessus d'un âge limite.

Les mineurs handicapés résidant chez leurs parents sont couverts par la responsabilité civile des parents sans restriction. Lorsqu'ils sont placés hors du domicile familial, la législation prévoit une obligation d'assurance, que ce soit pour les assistantes maternelles, les établissements scolaires, les établissements spécialisés ou autres.

À NOTER
L'assurance responsabilité civile familiale peut couvrir les dommages d'un fauteuil roulant qui ne comporte pas de moteur, celui-ci étant assimilé à un piéton (Code de la route, art. R. 217).
Le fauteuil roulant comportant un moteur est considéré comme un véhicule pour lequel une responsabilité civile automobile est obligatoire.

Si la personne réside en foyer d'hébergement ou en maison d'accueil spécialisée (MAS), les dommages occasionnés par elle-même à des tiers ne sont garantis par l'assurance de l'établissement que si l'accident se produit pendant une activité dirigée par le foyer d'hébergement. Pendant les trajets et les vacances, l'adulte handicapé est très rarement garanti.

La personne handicapée qui est hébergée dans une famille d'accueil a une obligation d'assurance (décret 91-08 du 23 janvier 1991) qui n'est pas remplie par un contrat de responsabilité civile simple.

Si la personne vit dans son logement personnel, il est indispensable de prendre une assurance multirisques habitation.

ADRESSE UTILE

Pour tout renseignement complémentaire, consulter le Centre de documentation et d'information sur l'assurance.

Centre de documentation et d'information sur l'assurance (CDIA)
26, boulevard Hausman
75311 Paris Cedex 09
Tél. : 01.42.46.13.13
(renseignements uniquement par écrit)
Site Internet : www.ffsa.fr

CHAPITRE 2
Les mesures de protection de la personne handicapée

■ LA TUTELLE AUX PRESTATIONS SOCIALES

Définition

À l'origine créée en faveur des mineurs, la tutelle aux prestations sociales prévoyait que le montant des allocations familiales ne serait pas versé au chef de famille mais à une personne physique ou morale, appelée tuteur aux allocations familiales, lorsque le juge des enfants estimait que ces allocations familiales n'étaient pas utilisées dans l'intérêt de l'enfant qui était élevé dans des conditions défectueuses.

L'extension de la tutelle

La loi du 18 octobre 1966 (*JO* du 19 octobre 1966) a étendu cette tutelle aux adultes lorsque les prestations sociales (allocation d'aide sociale, AAH) ne sont pas utilisées dans l'intérêt du bénéficiaire ou lorsque, en raison de son état mental ou physique, celui-ci vit dans des conditions de logement, d'hygiène et d'alimentation défectueuses. Dans ce cas, le juge des tutelles nomme un tuteur aux prestations sociales chargé de gérer tout ou partie des prestations au profit du bénéficiaire.

À NOTER
Le tuteur aux prestations sociales peut être une personne physique ou une personne morale (DDASS, CCAS, association, etc.) et, dans ce cas, c'est un délégué à la tutelle qui gère les prestations et aide la personne.

■ LES MESURES DE PROTECTION DES INCAPABLES MAJEURS

Le cadre législatif

« Est considérée comme incapable majeur toute personne majeure par son état civil, mais mineure de fait, en raison d'une altération grave de ses facultés mentales ou corporelles, la mettant dans l'impossibilité de veiller à ses intérêts et d'assumer sa vie quotidienne. Il existe trois mesures de protection : la sauvegarde de justice, la curatelle et la tutelle » (loi n° 68-5 du 3 janvier 1968, *JO* du 4 janvier 1968).

La sauvegarde de justice

Cette mesure (Code civil, art. 491 et suivants) est en principe provisoire (deux à six mois) et vise, soit à protéger momentanément une personne handicapée, soit à attendre une mesure plus protectrice comme la curatelle ou la tutelle.

La sauvegarde de justice intervient à la demande du médecin ou par décision du juge des tutelles. La mesure est légère puisque la personne majeure conserve ses droits et reste libre d'administrer ses biens comme elle l'entend. Cette mesure ne réduit pas sa capacité mais la met à l'abri des actes qu'elle pourrait passer ou des engagements qu'elle pourrait contracter qui seraient contraires à ses intérêts. Elle la met également à l'abri des conséquences d'un état provisoire d'inaction (hospitalisation notamment).

Ces actes peuvent être dénoncés à la demande du majeur lui-même, de ceux ayant qualité pour demander l'ouverture d'un tutelle et, après sa mort, de ses héritiers. Si ces actes sont défavorables, il est possible d'obtenir leur réduction ou leur annulation.

La mesure de sauvegarde prend fin :
- par une déclaration du médecin ou par une décision du juge des tutelles attestant que la mesure n'est plus nécessaire ;
- par une décision du procureur de la République ;
- par un passage à la mesure de curatelle ou de tutelle.

La curatelle

Il s'agit d'une mesure intermédiaire entre la sauvegarde de justice et la mise sous tutelle (Code civil, art. 508, 512 et suivants).

La mise sous curatelle est utilisée lorsqu'un majeur, sans être hors d'état d'agir par lui-même, a besoin d'être conseillé ou contrôlé dans les actes ordinaires de la vie civile. Elle peut être demandée par l'intéressé lui-même, son conjoint ou sa famille. La requête est présentée au juge des tutelles qui nomme un curateur.

Le juge peut énumérer les actes que la personne sous curatelle aura la capacité de faire seule, ou ceux pour lesquels l'assistance d'un curateur est requise.

L'étendue de la curatelle varie en fonction du type choisi :
– *la curatelle simple :* la personne protégée peut accomplir elle-même des actes d'administration tels que la perception des revenus ou le paiement des dépenses. En revanche, elle ne peut accomplir des actes qui engagent le patrimoine (acheter ou vendre un bien immobilier), ou des actes importants tels que le mariage ou le divorce, sans que ceux-ci soient contresignés par le curateur ;

– *la curatelle renforcée :* la personne conserve encore une capacité partielle ainsi que son droit de vote. En revanche, seul le curateur est habilité à gérer son patrimoine et ses ressources. La personne sous curatelle ne peut se marier sans l'autorisation de son curateur.

La protection offerte par la curatelle permet d'obtenir, comme pour la sauvegarde de justice, l'annulation des actes de la vie civile.

La tutelle

La tutelle est la forme de protection la plus complète (Code civil, art. 492 et suivants). Elle est destinée aux personnes totalement incapables d'exprimer leur volonté en raison de leurs facultés amoindries.

Son ouverture peut être demandée par la personne elle-même ou sa famille proche (conjoint, ascendant, descendant, collatéraux), le procureur de la République ou toute autre personne qui constate la nécessité de mettre le majeur sous tutelle (ex. : voisin, ami, directeur d'établissement). La décision appartient au juge des tutelles qui prend sa décision en coopération avec l'intéressé, sa famille, le médecin et le procureur de la République. Auparavant, il peut faire procéder à une enquête sociale ou organiser une réunion de famille.

Le majeur sous tutelle est juridiquement considéré comme « incapable ». Il est déchargé de la gestion de la totalité de ses biens, n'a plus aucun droit civique et ne peut plus passer aucun acte personnellement. Seul le tuteur, nommé par le juge des tutelles, est habilité à accomplir pour lui tous les actes de la vie civile. Tous les actes passés seuls par le majeur sous tutelle sont considérés comme nuls.

Le tuteur a pour mission de prendre totalement en charge le majeur protégé : administrer ses biens en « bon père de famille », faire valoir ses droits, défendre ses intérêts et assurer sa sécurité. Il exerce ses fonctions sous le contrôle :
– du conseil de famille, composé de quatre à six membres désignés par le juge des tutelles pendant toute la durée de celle-ci ;
– du subrogé tuteur, nommé par le conseil de famille et chargé de contrôler la gestion tutélaire.

Le mode d'organisation de la tutelle peut prendre différentes formes :
– la tutelle ordinaire ; dans ce cas, tous les organes de la tutelle interviennent : tuteur, subrogé tuteur, conseil de famille ;
– la tutelle sous forme d'administration légale ; dans ce cas, la tutelle peut être confiée à un membre de la famille proche qui gère les biens de la personne protégée sous le contrôle du juge des tutelles. Il n'y a pas de subrogé tuteur ;

– la gérance de tutelle ; ce régime ne comporte ni subrogé tuteur, ni conseil de famille, mais seulement un gérant de tutelle qui peut être un administrateur d'association reconnue d'utilité publique ou d'établissement hospitalier. Il est proposé dans les cas où le peu d'importance de biens à gérer ne justifie pas une tutelle complète ;
– la gérance d'État ; si la tutelle reste vacante, elle peut être confiée à l'autorité publique. Elle est alors déférée au préfet qui la délègue à une personne qualifiée. Cette tutelle fonctionne de façon simplifiée comme l'administration légale, sans conseil de famille ni subrogé tuteur.

À NOTER
L'arrêté du 22 novembre 2002 porte la rémunération mensuelle maximale allouée par l'État aux personnes physiques ou morales exerçant les mesures de tutelle et de curatelle d'État à :
– 119,71 euros pour les mesures confiées aux unions départementales d'associations familiales et aux organismes dont la convention collective est indexée sur celle de l'Union des caisses nationales de Sécurité sociale ;
– 113,41 euros pour les mesures confiées aux autres organismes.
(*JO* Lois et Décrets du 27 novembre 2002.)

CHAPITRE 3
La protection contre les discriminations

Le cadre législatif

Depuis 1972, la législation a successivement réprimé les agissements discriminatoires fondés sur la race, le sexe, la situation de famille et les mœurs. Ce n'est qu'en 1989 (loi n° 89-18 du 13 janvier 1989, *JO* du 14 janvier 1989) qu'elle a commencé à sanctionner le refus de fourniture d'un bien ou d'un service fondé sur le handicap.

En 1990, la loi n° 90-602 du 12 juillet 1990, relative à la protection contre les discriminations envers les personnes malades ou handicapées, a complété la réglementation en précisant les cas d'infractions passibles de peine de prison ou d'emprisonnement.

Le refus du bénéfice d'un droit

Toute personne dépositaire de l'autorité publique ou chargée de mission de service public, ayant refusé dans l'exercice de ses fonctions le bénéfice d'un droit accordé à une personne en raison de son handicap, est passible d'un emprisonnement de deux mois à un an et/ou d'une amende de 457,35 à 6 097,96 euros (art. 187-1 du Code pénal).

L'auteur du refus doit être un fonctionnaire d'autorité ou une personne investie des prérogatives d'autorité publique (ex. : agent assermenté de la SNCF, expert judiciaire).

La victime du refus peut être aussi bien une personne physique qu'une personne morale.

Le refus doit être opposé sciemment, et ce peut être, par exemple, le refus de délivrance d'un titre, le refus d'une promotion ou d'une nomination, le refus d'accès à la fonction publique.

Le refus de fourniture d'un bien ou d'un service

Le fait de refuser ou de subordonner un bien ou un service à une personne en raison de son handicap est passible d'un emprisonnement de deux mois à un an et/ou d'une amende de 304,90 à 3 048,99 euros (art. 416 1° et 416 2° du Code pénal).

L'auteur du refus peut être un particulier, un commerçant, un artisan, un industriel ou un prestataire de service.

EXEMPLE
Est considéré comme une discrimination le fait pour un restaurateur de ne pas servir un client handicapé au motif de son handicap.

La victime du refus peut être un particulier ou une personne morale. La loi incrimine le refus de fournir ou d'offrir un bien ou un service, mais également de soumettre son offre à une condition fondée sur l'état de santé ou le handicap.

EXEMPLE
Est considéré comme discriminatoire le fait pour une compagnie aérienne de refuser à une personne handicapée l'accès à certains avions, au motif qu'une note interne interdit l'accès à ces avions aux personnes sans mobilité, ainsi que celui de faire embarquer la personne handicapée à bord de l'avion moyennant la signature d'une décharge.

Mais la prestation peut toujours être refusée pour motif légitime.

EXEMPLE
Un loueur de voiture peut refuser de louer un véhicule à une personne dont l'état physique s'oppose à une conduite en toute sécurité.

L'entrave à l'exercice d'une activité économique

Est passible des mêmes peines toute personne dépositaire de l'autorité publique qui contribue par son action ou son omission à rendre plus difficile l'exercice d'une activité économique à une personne en raison de son handicap. S'il s'agit d'une personne privée, la peine encourue est de deux mois à un an d'emprisonnement et/ou 304,90 à 3 048,99 euros d'amende (art. 187-2 et 416-1 du Code pénal).

Le refus d'embauche et le licenciement

Un employeur peut être poursuivi pour discrimination s'il refuse d'embaucher un candidat ou s'il sanctionne ou licencie un salarié du seul fait de son handicap (art. 416-3 du Code pénal).

Cependant, cette disposition n'est pas applicable lorsque le refus d'embauche ou le licenciement sont fondés sur une inaptitude au travail constatée par le médecin du travail. Si ce dernier émet un avis d'aptitude, l'employeur ne peut se fonder sur l'état de santé ou le handicap du candidat pour refuser l'embauche (art. 122-45 du Code du travail).

Le licenciement fondé sur de telles discriminations est nul et permet la réintégration du salarié concerné.

Le refus de location d'un logement

La loi n° 2002-73 du 17 janvier 2002 de modernisation sociale (*JO* Lois et Décrets du 18 janvier 2002) modifie l'article 1er de la loi n° 89-462 du 6 juillet 1989 tendant à améliorer les rapports locatifs.

Des dispositions relatives à la lutte contre les discriminations dans la location des logements sont insérées :
« Aucune personne ne peut se voir refuser la location d'un logement en raison de son origine, son patronyme, son apparence physique, son sexe, sa situation de famille, son état de santé, son handicap, ses mœurs, son orientation sexuelle, ses opinions politiques, son appartenance ou sa non-appartenance vraie ou supposée à une ethnie, une nation, une race ou une religion déterminée. »

Exclusion de certains contrats d'assurance

La loi permet à un assureur de refuser de souscrire un contrat d'assurance ou de prévoyance ayant pour objet la couverture du risque décès, des risques portant atteinte à l'intégrité physique ou des risques d'invalidité et d'incapacité de travail, à une personne handicapée, sous prétexte de son état de santé (Code pénal, art. 416, paragraphes 1 et 2).

Le rôle des associations

Les associations de défense des malades et des handicapés pourront, avec l'accord de la victime ou de son représentant légal, exercer les droits reconnus à la partie civile pour les délits de discriminations, à condition d'avoir cinq ans d'existence au moment des faits (art. 187-1, 187-2, 416 et 415-1 du Code pénal).

Les sanctions complémentaires

Les tribunaux pourront prononcer, en plus des peines d'amende et d'emprisonnement, des peines complémentaires :
- privation temporaire, pour cinq ans maximum, des droits d'éligibilité, d'accès aux fonctions de juré, d'accès à la fonction publique ou d'exercice de ces fonctions ;
- affichage de la décision du tribunal ;
- publication intégrale ou partielle de cette décision ou d'un communiqué, au *Journal officiel* ou dans plusieurs journaux ou périodiques désignés par le tribunal.

PARTIE 8

La fiscalité

Introduction

La fiscalité est présente dans tous les domaines qui constituent la vie sociale du citoyen. Elle s'applique aussi bien aux revenus qu'au logement, au véhicule automobile, à l'achat de matériel, aux donations et aux legs.

Des dispositions particulières existent en faveur des personnes handicapées.

Cette partie traite des différents allégements fiscaux dont peuvent bénéficier les personnes handicapées ou leur famille, qu'ils concernent :
- l'impôt sur le revenu ;
- les droits de succession ;
- la taxe d'habitation ;
- la taxe foncière ;
- la taxe différentielle sur les véhicules à moteur (vignette automobile) ;
- la TVA ;
- la redevance télévision ;
- la taxe sur les salaires ;
- la CSG ;
- la CRDS.

SOMMAIRE

CHAPITRE 1
L'impôt sur le revenu

L'impôt sur le revenu est établi chaque année par foyer fiscal, en fonction des revenus qui le composent. Le foyer fiscal se compose du déclarant, de son conjoint, de la personne liée par un pacte civil de solidarité – PACS – (pour les revenus de l'année du troisième anniversaire de l'enregistrement du PACS), et de toutes les personnes à charge (enfants mineurs ou majeurs, personnes invalides vivant au foyer).

Le quotient familial

Le quotient familial est le nombre de parts auquel a droit le contribuable au regard de sa situation et de ses charges de famille. Il est tenu compte de sa situation familiale au 1er janvier de l'année considérée. En cas d'augmentation des charges de famille en cours d'année, il est fait état de la situation au 31 décembre.

Sont considérés comme à charge dans le calcul de l'impôt sur le revenu :
– les enfants de moins de dix-huit ans ou les enfants infirmes, quel que soit leur âge, à condition de n'avoir pas de revenus distincts de ceux qui servent de base à l'imposition du contribuable ;
– les personnes infirmes titulaires de la carte d'invalidité, quels que soient leur âge et leurs ressources, à condition qu'elles vivent sous le toit du contribuable et que leurs revenus figurent sur la déclaration du contribuable.

À NOTER
Chaque enfant à charge ouvre droit à une demi-part de quotient familial : toutefois, chaque enfant à partir du troisième ouvre droit à une part entière de quotient familial. Les enfants titulaires de la carte d'invalidité, placés en établissement, sont considérés comme étant à la charge de leurs parents.

Le quotient familial de base est augmenté d'une demi-part dès lors que le contribuable ou une personne à sa charge est :
– titulaire d'une pension militaire et avec un taux d'incapacité reconnu d'au moins 40 % ;
– titulaire d'une rente d'accident du travail et avec un taux d'incapacité reconnu d'au moins 40 % ;
– titulaire de la carte d'invalidité ;
– titulaire d'une pension de veuve ou victime civile de la guerre.

À NOTER
Lorsqu'une même personne ouvre droit à plusieurs demi-parts supplémentaires (ex. : titulaire d'une rente pour accident du travail et d'une carte d'invalidité), elle ne peut prétendre qu'à une seule demi-part supplémentaire. Lorsque plusieurs personnes au foyer remplissent chacune les conditions pour ouvrir droit à une demi-part supplémentaire, ces demi-parts se cumulent (ex. : un adulte titulaire d'une rente d'invalidité et un enfant titulaire de la carte d'invalidité peuvent prétendre à une part supplémentaire).
Pour l'imposition des revenus 2002, cet avantage est limité à 2 051 euros par demi-part additionnelle. Pour les contribuables célibataires, divorcés ou soumis à une imposition distincte, la limite de cet avantage est portée à 3 549 euros pour la part accordée au titre du premier enfant à charge. Ce plafond est majoré de 2 051 euros pour toute demi-part supplémentaire.

À NOTER
Pour les contribuables bénéficiant d'une demi-part supplémentaire de quotient familial en raison de leur situation d'invalidité, de leur qualité d'ancien combattant ou de leur situation de famille, l'avantage en impôt est plafonné à 2 631 euros. La réduction d'impôt est au maximum de 580 euros pour chacune des demi-parts supplémentaires.

Abattements spécifiques

Lorsque leurs revenus imposables sont inférieurs à un certain plafond (revalorisé tous les ans), les personnes âgées de plus de soixante-cinq ans ou les personnes handicapées, titulaires de la carte d'invalidité, peuvent appliquer un abattement sur ce même revenu.

EXEMPLE
Pour l'imposition des revenus 2002, cet abattement est de 1 618 euros lorsque le revenu net global est inférieur ou égal à 9 960 euros et de 809 euros lorsque le revenu net global est compris entre 9 960 euros et 16 090 euros).

Lorsque, dans un ménage, les deux conjoints remplissent les conditions, deux abattements sont pratiqués.

À NOTER
L'abattement spécial se cumule avec les majorations du quotient familial pour invalidité.

Les revenus non imposables

Certaines prestations ou allocations perçues par les personnes handicapées ne sont pas à déclarer dans les revenus soumis à l'impôt. Il s'agit notamment de :
- l'allocation aux adultes handicapés (AAH) et son complément ;
- l'allocation de logement ;
- l'allocation d'éducation spéciale et ses compléments ;
- l'allocation compensatrice, pour tierce personne ou pour frais professionnels ;
- l'allocation différentielle ;
- les pensions civiles ou militaires de guerre ;
- les pensions d'invalidité ;
- les rentes viagères et allocations temporaires versées aux accidentés du travail ;
- la majoration pour tierce personne servie par la Sécurité sociale ;
- l'allocation spéciale vieillesse ;
- l'allocation supplémentaire du Fonds solidarité vieillesse ;
- l'allocation aux vieux travailleurs salariés ;
- l'allocation temporaire d'invalidité des fonctionnaires ;
- les pensions temporaires d'orphelin lorsqu'elles remplacent en tout ou partie l'AAH ;
- les rentes viagères servies en représentations de dommages et intérêts, en vertu d'une condamnation prononcée judiciairement pour la réparation d'un préjudice corporel ayant entraîné chez la victime une incapacité permanente totale, l'obligeant à avoir recours à une tierce personne ; cette exonération s'applique également dans le cas d'une rente versée à la victime d'un accident de la circulation, en exécution d'une transaction intervenue entre la victime et la compagnie d'assurance, en application de la loi n° 85-677 du 5 juillet 1985. Les rentes viagères servies en dommages et intérêts (sans rente viagère pour l'aide d'une tierce personne) sont passibles de l'impôt (document de base, CGI, art. 81-9° *bis*) ;
- la prestation spécifique de dépense (PSD) et l'allocation personnalisée d'autonomie (APA) ;
- les indemnités journalières d'assurance maladie versées au titre des accidents du travail ou aux personnes atteintes d'une affection de longue durée ;
- les pensions de vieillesse ou d'invalidité d'un montant inférieur ou égal à l'allocation aux vieux travailleurs salariés, à condition que les ressources ne dépassent pas le plafond d'attribution de cette prestation. Pour 2002, le montant annuel des pensions doit être inférieur ou égal à :
  - 2 807,64 euros pour une personne seule,
  - 5 615,54 euros pour un ménage.

  Le plafond annuel des ressources est de :
  - 6 997,74 euros pour une personne seule,
  - 12 257,01 euros pour un ménage ;
- l'allocation parentale d'éducation ;
- l'allocation de présence parentale.

Les revenus imposables

Les compléments de rémunération versés dans le cadre de la garantie de ressources des travailleurs handicapés (voir Partie 5) sont imposables au même titre que les salaires, ainsi que les indemnités journalières de maternité, de parternité ou celles versées en cas de congé d'adoption et les indemnités journalières de maladie.

Sont également imposables :
– les pensions de vieillesse et d'invalidité, si leur montant dépasse celui de l'allocation aux travailleurs salariés ou si les ressources du bénéficiaire dépassent le plafond d'attribution de cette prestation ;
– les arriérages des rentes viagères servies au titre d'un contrat de rente-survie ou d'un contrat épargne-handicap pour une fraction de leur montant compte tenu de l'âge du bénéficiaire.

Les charges déductibles du revenu

Les charges suivantes peuvent être déduites du revenu global pris en compte pour le calcul de l'impôt :
– les sommes versées à titre de pension alimentaire à un enfant majeur handicapé, dans la limite de 4 137 euros en 2002 et de 8 274 euros pour un couple ;
– les sommes versées pour l'entretien d'un ascendant invalide, dans la limite de 2 862 euros pour 2002 ; dans ce cas, les sommes déduites doivent être déclarées par le bénéficiaire, sauf lorsqu'il s'agit d'une participation aux frais d'hospitalisation ;
– les versements pour rachat des cotisations au titre de l'assurance vieillesse obligatoire effectués par des personnes qui ne disposent plus de salaire ;
– les cotisations de Sécurité sociale versées au titre d'une assurance volontaire, que l'assuré soit le chef de famille, son conjoint ou ses enfants à charge ;
– les cotisations versées au titre de l'assurance volontaire pour le risque vieillesse pour un parent chargé de famille ne disposant pas de ressources propres.

Les réductions d'impôts

Les personnes handicapées peuvent bénéficier de réductions d'impôts. Celles-ci sont établies sur le montant de l'impôt calculé à partir du revenu imposable (après les déductions et abattements légaux).

Les réductions concernent les charges suivantes *: la souscription de contrats d'assurance « rente-survie » ou « épargne handicap »* garantissant le versement d'un capital ou d'une rente viagère à l'enfant handicapé. La réduction s'élève à 25 % du montant des primes versées pour les contrats « rente survie » ou à 25 % de la fraction de la prime représentative de l'opération d'épargne pour les contrats « épargne handicap ».

À NOTER
Dans la limite de 1 070 euros, soit au maximum 267,50 euros. La limite de 1 070 euros est majorée de 230 euros par enfant à charge.

Les frais de long séjour en établissement ou en section de cure médicale. La réduction d'impôt représente 25 % des sommes déboursées à l'exclusion des dépenses de soins, dans la limite de 2 300 euros.

À NOTER
Les dépenses d'hébergement des deux conjoints sont prises en compte, soit 25 % de 4 600 euros.
Lorsque l'un des époux seulement est hébergé en établissement de long séjour, cette réduction d'impôt peut se cumuler avec celle prévue pour l'emploi d'un salarié à domicile.

La rémunération d'un salarié à domicile ou les sommes versées aux mêmes fins, soit à une association agréée par l'État ayant pour objet la fourniture de services aux personnes à leur domicile, soit à un organisme à but non lucratif ayant pour objet l'aide à domicile et habilité au titre de l'aide sociale ou conventionné par un organisme de Sécurité sociale (ex. : les services d'auxiliaires de vie). La réduction représente 50 % des dépenses versées pour un employé de maison (salaires et charges sociales) dans la limite d'un montant plafonné.

À NOTER
Pour 2002, le montant plafonné est 7 400 euros soit une réduction d'impôt maximale de 3 700 euros. Pour les contribuables invalides ou ayant à charge un enfant handicapé, ce plafond est porté à 13 800 euros. Ce plafond est également admis l'année au cours de laquelle le contribuable demande la carte d'invalidité à 80 %.

Les crédits d'impôt

Le crédit d'impôt est un avoir fiscal.

Lorsque le montant du crédit d'impôt est supérieur au montant de l'impôt à payer, il donne lieu à un remboursement.

Les dépenses liées à la réalisation de travaux

Ce sont les dépenses destinées à faciliter l'accès de l'immeuble ou à adapter les logements des personnes handicapées à condition que les travaux concernent la résidence principale.

L'avoir fiscal s'applique sans distinction aux contribuables propriétaires, locataires ou occupants à titre gratuit de leur habitation principale.

À NOTER

Pour un même contribuable et une même résidence, le montant des dépenses payées entre le 15 septembre 1999 et le 30 septembre 2001 ouvrant droit à une réduction d'impôt est limité à 3 050 euros pour une personne seule et à 6 100 euros pour un couple marié soumis à une imposition commune. Ces montants sont majorés de 305 euros par personne à charge, 380 euros pour le second enfant et 460 euros par enfant à compter du troisième, le taux du crédit d'impôt est de 15 %.

Ces plafonds sont augmentés pour l'ensemble des équipements acquis entre le 1er octobre 2001 et le 31 décembre 2002. Le plafond global pluriannuel ouvrant au crédit d'impôt est fixé à 4 000 euros pour une personne seule, 8 000 euros pour un couple. Ces plafonds sont majorés de 400 euros pour le premier enfant, 500 euros pour le deuxième et 600 euros à partir du troisième. Le taux du crédit d'impôt est de 15 % des dépenses prises dans les limites du plafond global.

Des dépliants donnant des précisions sur les travaux sont à la disposition de tous les contribuables dans les centres des impôts.

EXEMPLES DE TRAVAUX D'ACCESSIBILITÉ

Pour l'immeuble :

– cheminement extérieur : élargissement du cheminement et du portail d'entrée, construction d'une rampe, aménagement de bateaux pour franchir des trottoirs, amélioration du sol ou du revêtement de sol, installation de mains courantes ;

– élargissement ou amélioration de places de stationnement ;

– parties communes à l'intérieur de l'immeuble : élargissement des portes et des couloirs, installation de mains courantes, d'appareils permettant le transport de personnes handicapées, d'un ascenseur, remplacement dans les ascenseurs des portes palières manuelles par des portes coulissantes à commande automatique, installation de minuteries d'éclairage avec système annonçant l'arrêt de l'éclairage, ou avec système de détection de la présence des personnes, modification des boîtes aux lettres.

Pour les logements :

– élargissement des portes, installation de portes automatiques ;

– suppression de marches, de seuils, de ressauts ;

– installation de commandes des installations électriques d'eau, de gaz, de chauffage ;
– commandes à distance des volets, des fenêtres ;
– alerte à distance.

La prime pour l'emploi (PPE)

La PPE est accordée aux personnes domiciliées en France qui exercent une activité professionnelle, sous certaines conditions :
– le revenu fiscal de référence du foyer fiscal ne doit pas dépasser pour les revenus de 2002, pour les personnes célibataires, divorcées, séparées, veuves, 11 972 euros, 23 944 euros pour les personnes mariées, ou liées par PACS. Ces plafonds sont majorés de 3 308 euros pour chaque demi-part supplémentaire de quotient familial ;
– une ou plusieurs personnes du foyer fiscal doivent exercer une activité professionnelle à temps plein ou à temps partiel ;
– les revenus de l'activité professionnelle de chaque personne du foyer fiscal susceptible d'avoir droit à la PPE doivent être compris, pour activité à temps plein :
• pour les célibataires, divorcés, veufs entre 3 265 euros et 15 235 euros,
• pour les couples, ou la personne qui élève seule un ou plusieurs enfants entre 3 265 euros et 23 207 euros.

Le montant de la PPE est égal à 4,4 % du montant des revenus inférieurs à 10 882 euros ; si les revenus sont supérieurs à 10 882 euros et inférieurs à 15 235 euros, le montant de la PPE est égal à 11 % de la différence entre 15 235 euros et le montant des revenus déclarés. Il peut être majoré de 32 euros par personne à charge, 4 euros pour la première personne à charge puis 32 euros à compter de la deuxième pour les personnes célibataires, divorcées ou veuves.

À NOTER
La prime pour l'emploi prend la forme d'un crédit d'impôt. Elle vient en déduction de l'impôt sur le revenu 2002. Si le foyer fiscal est non imposable, la prime est versée par chèque du Trésor public. Le montant de PPE pour 2002 ne peut être inférieur à 25 euros.

L'exonération d'impôt s'applique pour les contribuables de faibles revenus. Elle varie selon l'âge du bénéficiaire :
– les personnes âgées de moins de 65 ans dont le revenu annuel n'excède pas 7 380 euros ;
– les personnes âgées de plus de 65 ans dont le revenu annuel n'excède pas 8 060 euros.

Le contribuable sera exonéré du paiement de l'impôt si le montant de celui-ci est inférieur à 61 euros.

CHAPITRE 2
Les droits de succession

Les bénéficiaires de l'abattement

Pour la perception des droits de mutation à titre gratuit, il est effectué un abattement de 46 000 euros. Cet abattement est opéré sur la part de tout héritier, légataire ou donataire incapable de travailler dans des conditions normales de rentabilité en raison d'une infirmité physique ou mentale, congénitale ou acquise (Code général des impôts, art. 779 II).

L'abattement s'applique quel que soit le lien de parenté entre la personne handicapée et le défunt ou le donateur.

Il est tenu compte de toutes les infirmités, congénitales ou acquises, existant au jour de la donation ou de l'ouverture de la succession (Code général des impôts, art. 293, ann. II).

L'héritier qui invoque son handicap doit justifier que celui-ci l'empêche de se livrer, dans des conditions normales de rentabilité, à toute activité professionnelle ou, s'il est âgé de moins de dix-huit ans, d'acquérir une instruction ou une formation professionnelle d'un niveau normal (Code général des impôts, ann. II, art. 294, al. 1).

Il peut justifier de son état par tous les moyens et, notamment, par la décision de la COTOREP le classant dans la catégorie C ou le déclarant relever soit d'un atelier protégé, soit d'un centre d'aide par le travail (Code général des impôts, ann. II, art. 294, al. 2).

En ce qui concerne les enfants et adolescents, la justification de l'état peut être apportée par un certificat médical, une notification d'orientation de la CDES, une notification d'attribution d'un complément d'allocation d'éducation spéciale.

Sont exclues de cet abattement les personnes dont le handicap survient pendant leur retraite et celles dont le handicap, bien qu'existant pendant la période de la vie active, n'a pas eu de conséquences sur leurs capacités de travail et de gain. En revanche, peuvent prétendre à l'abattement les personnes qui, bien qu'étant à la retraite au moment de la perception de la donation, de l'héritage ou du legs, peuvent justifier que leur handicap ne leur a pas permis de se livrer à une activité professionnelle dans des conditions normales de rentabilité pendant la période correspondant à la vie active.

Autres abattements

Cet abattement spécifique se cumule avec les autres abattements auxquels peut prétendre la personne handicapée à un autre titre :

– 76 000 euros pour le conjoint survivant ;
– 46 000 euros sur la part de chacun des ascendants et sur celle de chacun des enfants vivants ou représentés ;
– 15 000 euros pour les frères et sœurs, célibataires, veufs ou divorcés ou séparés de corps, âgés de plus de cinquante ans ou atteints d'une infirmité, qui ont été domiciliés avec le défunt pendant les cinq ans précédant le décès.
– 57 000 euros sur la part de la personne liée au défunt par PACS.

À NOTER
En cas de donation provenant d'un même donateur, l'abattement ne pourra s'appliquer qu'une fois par période de dix ans.

CHAPITRE 3
La taxe d'habitation et la taxe foncière

■ LA TAXE D'HABITATION

L'abattement obligatoire pour charge de famille

Les personnes redevables de la taxe d'habitation peuvent bénéficier d'un abattement obligatoire pour charge de famille, si elles ont à leur charge :
– leurs ascendants (ou ceux de leur conjoint) quel que soit leur âge, qui habitent avec elles et dont les revenus 2002 n'excèdent pas 7 046 euros pour la première part du quotient familial, majorée de 1 851 euros pour chaque demi-part supplémentaire ;
– leurs enfants, ceux de leur conjoint ou ceux qu'elles ont recueillis, pris en compte pour le calcul de l'impôt sur le revenu, s'ils sont célibataires âgés de moins de vingt et un ans (moins de vingt-cinq ans s'ils sont étudiants) ou quel que soit leur âge s'ils sont invalides.

L'abattement minimal est de 10 % de la valeur locative moyenne des habitations de la commune pour chacune des deux premières personnes à charge, et de 15 % à partir de la troisième. Le conseil municipal peut majorer chacun de ces taux de 5 ou 10 points.

Le dégrèvement total

À NOTER
La pratique de l'exonération de la taxe d'habitation aux titulaires de l'allocation aux adultes handicapés est légalisée par la loi de finances rectificative pour 2002 (n° 2002-1576 du 31 décembre 2002) qui l'intègre au Code général des impôts (art. 1414-I-1°).

Quel que soit son âge, une personne handicapée peut bénéficier d'un dégrèvement d'office de la taxe d'habitation pour sa résidence principale si elle remplit au 1er janvier de l'année de l'imposition, les conditions suivantes :
– Les revenus pour l'année 2002 ne doivent pas excéder :
  • pour la métropole, 7 046 euros pour la première part du quotient familial, majorée de 1 182 euros pour chaque demi-part supplémentaire,
  • pour la Martinique, la Guadeloupe et la Réunion, 8 337 euros pour la première part de quotient familial, majorée de 1 991 euros pour la première demi-part et 1 882 euros pour chaque demi-part supplémentaire,

• pour la Guyane, 8 716 euros pour la première part de quotient familial, majorée de 2 399 euros pour la première demi-part et 1 882 euros pour chaque demi-part supplémentaire ;

– occuper sa résidence principale :
• soit seule ou avec son conjoint,
• soit avec des personnes considérées à charge pour le calcul de l'impôt, ou non passibles de cet impôt, ou titulaires de l'allocation supplémentaire (l'ex-Fonds national de solidarité),
• soit avec une tierce personne pour un invalide ayant droit à son assistance ;

– être titulaire de l'allocation aux adultes handicapés (AAH), de l'allocation supplémentaire de l'ex-FNS, du revenu minimum d'insertion (RMI), ou être invalide ou infirme ne pouvant subvenir à ses besoins et ce, quel que soit son âge, ou être âgée de plus de soixante ans ou veuf ou veuve, quel que soit son âge.

À NOTER
Lorsque ce n'est pas le contribuable mais son conjoint ou son concubin notoire qui remplit la condition d'invalidité fixée pour bénéficier du dégrèvement total, ce dernier peut être accordé sur réclamation des intéressés dès lors que les autres conditions liées à l'occupation du logement et aux ressources sont remplies.

Les dégrèvements partiels

Si le revenu fiscal de référence de l'année précédente n'excède pas certaines limites, les contribuables modestes, qui ne bénéficient pas de l'exonération totale, peuvent avoir droit à un dégrèvement d'office de tout ou partie de la taxe afférente à leur habitation principale. Le dégrèvement est égal à la fraction de la cotisation de taxe d'habitation qui excède 4,3 % du revenu fiscal de référence, diminué d'un abattement dont le montant varie selon la taille du foyer fiscal.

À NOTER
Pour les impositions établies en 2003, le revenu fiscal de référence est fixé comme suit :
– pour la métropole, 16 567 euros pour la première part de quotient familial, majorée de 3 871 euros pour la première demi-part et 3 045 euros pour chaque demi-part supplémentaire ;
– pour la Martinique, la Guadeloupe et la Réunion, 20 022 euros pour la première part de quotient familial, majorée de 4 248 euros pour la première demi-part, 4 049 euros pour la deuxième demi-part et 3 045 euros pour chaque demi-part supplémentaire ;

– pour la Guyane, 21 942 euros pour la première part de quotient familial, majorée de 4 248 euros pour chacune des deux premières demi-parts, 3 618 euros pour la troisième demi-part et 3 045 euros pour chaque demi-part supplémentaire.

Le montant de l'abattement est fixé à :
– pour la métropole, 3 593 euros pour la première part de quotient familial, majorée de 1 038 euros pour les quatre premières demi-parts et 1 837 euros pour chaque demi-part supplémentaire ;
– pour la Martinique, la Guadeloupe et la Réunion, 4 313 euros pour la première part de quotient familial, majorée de 1 038 euros pour les deux premières demi-parts et 1 837 euros pour chaque demi-part supplémentaire ;
– pour la Guyane, 4 792 euros pour la première part de quotient familial, majorée de 798 euros pour les deux premières demi-parts et 1 915 euros pour chaque demi-part supplémentaire.

Source : arrêté du 8 janvier 2003, *JO* du 25 janvier 2003.

■ LA TAXE FONCIÈRE

Les dégrèvements

Tout propriétaire d'un logement est redevable de la taxe foncière sur les propriétés bâties.

Une personne handicapée peut bénéficier d'un dégrèvement total de cette taxe si, au 1er janvier de l'année d'imposition, elle remplit les conditions suivantes :
– être titulaire de l'allocation supplémentaire de l'ex-Fonds national de solidarité ;
– être titulaire de l'allocation aux adultes handicapés ;
– occuper le logement soumis à la taxe foncière seul ou avec son conjoint, ou avec des personnes fiscalement à sa charge ou non imposables sur le revenu, ou avec la tierce personne pour un invalide qui a droit à son assistance ;
– les revenus pour l'année 2002 ne doivent pas excéder 7 046 euros pour la première part du quotient familial, majorée de 1 882 euros pour chaque demi-part supplémentaire (voir ci-dessus, les plafonds de revenus sont les mêmes que ceux de la taxe d'habitation).

À NOTER
Les personnes accueillies de façon permanente en établissement d'hébergement et qui conservent la jouissance de leur ancien logement peuvent, bien qu'il ne constitue plus leur résidence principale, obtenir, sur réclamation adressée au service des impôts, une remise gracieuse de l'imposition due au titre de ce logement. Toutefois, la remise n'est pas possible si ce logement s'avère être une résidence secondaire pour les membres de la famille, en particulier les enfants.

CHAPITRE 4
Les autres taxes

La vignette automobile

À compter de la campagne 2001, la vignette automobile n'est exigée que pour les véhicules détenus par des personnes morales. Les associations et établissements publics, dont l'unique activité est l'aide aux personnes handicapées sont exonérés de vignette pour tous les véhicules affectés spécialement au transport des personnes handicapées.

(Loi de finances, n° 2000-1352 du 30 décembre 2000, *JO* Lois et Décrets, 31 décembre 2000.)

La TVA sur les appareillages pour personnes handicapées

La TVA est perçue au taux réduit de 5,5 % sur les opérations d'achat, d'importation, de vente, de livraison, de courtage ou de façon portant sur certains appareillages pour personnes handicapées donnant lieu à un remboursement par l'assurance maladie.

Il s'agit notamment :
- des chaussures orthopédiques, des objets de petits appareillages (ex. : semelles orthopédiques, appareils divers de correction) ;
- des objets de gros appareillage, appareils de prothèse et d'orthopédie et accessoires (ex. : béquilles, cannes, déambulateurs) ;
- des véhicules pour handicapés physiques (ex. : fauteuils roulants manuels ou électriques) ;
- de certains appareillages spécifiques aux personnes diabétiques (ex. : autopiqueurs, appareils pour lecture automatique chiffrée de la glycémie, seringues pour insuline, stylos injecteurs d'insuline, bandelettes et comprimés pour l'autocontrôle du diabète) ;
- de certains appareillages spécifiques aux personnes stomisées (ex. : appareillages de recueil pour incontinents et stomisés digestifs ou urinaires, appareillages d'irrigation pour colostomisés, sondes d'urétérostomie cutanées pour stomisés urinaires) ;
- appareils modulaires de verticalisation ;
- appareils de soutien partiel de la tête ;
- casques de protection pour enfants handicapés ;
- filtres respiratoires et protections trachéales pour laryngectomisés ;
- appareils de photothérapie ;
- appareils de recueil de saignées.

Le taux réduit de TVA s'applique à l'ensemble des fauteuils roulants, y compris les fauteuils roulants spéciaux pour le transport des personnes handicapées dans un véhicule automobile, qu'ils soient ou non inscrits au tarif interministériel des prestations sanitaires (TIPS).

À NOTER
Le taux réduit de TVA ne s'applique pas aux véhicules à moteur utilisables par les personnes handicapées et considérés comme cyclomoteurs, tricycles ou quadricycles à moteur au sens du Code de la route (fauteuils électriques). Ces véhicules sont soumis au taux normal de 19,6 %.

La TVA sur les équipements spéciaux conçus pour les personnes handicapées

La TVA est perçue au taux réduit de 5,5 % sur les équipements spéciaux dénommés aides techniques et qui sont conçus exclusivement pour les personnes handicapées pour compenser des incapacités graves (arrêté du 5 février 1991, *JO* du 13 février 1991, et arrêté du 16 avril 1996, *JO* du 23 avril 1996).

LES ÉQUIPEMENTS SPÉCIAUX SOUMIS AU TAUX RÉDUIT DE TVA
Pour les handicapés moteurs : commandes adaptées pour le contrôle de l'environnement et la communication : au souffle, linguale, joysticks, défilement, contacteurs, casques et licornes ; appareils de communication à synthèse vocale et désigneurs ; cartes électroniques et logiciels spéciaux de communication ; claviers spéciaux pour ordinateurs et machines à écrire ; aides mécaniques ou électriques aux mouvements des bras, tourne-pages automatiques ; matériels de transfert : élévateur et releveurs hydrauliques ou électriques, lève-personnes ; fauteuils roulants. *Pour les aveugles et malvoyants :* appareils ou objets de lecture, écriture ou reproduction de caractères ou signes en reliefs (braille) ; téléagrandisseurs et systèmes optiques télescopiques, cartes électroniques et logiciels spécialisés. *Pour les sourds et malentendants :* vibrateurs tactiles ; orthèses vibratoires (amplificateurs de voix) ; implants cochléaires ; logiciels spécifiques. *Pour l'ensemble des personnes handicapées afin de faciliter la conduite automobile :* siège orthopédique (ex. : siège pivotant, surélevé) ; treuils pour l'accès des fauteuils pour personnes handicapées ; commande d'accélérateur à main (ex. : cercle, arc de cercle, secteur, manette, poignée tournante) ; modification du frein principal ou du frein de secours ; modification de la position ou de la commande des commutateurs de feux, de clignotants, d'avertisseur sonore, d'essuie-glace ; dispositif de commande groupée (frein principal, accélérateur) ; permutation ou modification de la position des pédales : pédales d'embrayage et de frein rapprochées ou communes,

pédales surélevées, faux plancher ; modification de la colonne de direction ; dispositif de maintien du tronc par sangle ou par harnais.

Les équipements spéciaux pour faciliter la conduite des véhicules sont soumis au même taux réduit de 5,5 %, même lorsqu'ils sont livrés avec un véhicule automobile et quel que soit le taux applicable à ce dernier. Le taux réduit s'applique à l'ensemble des éléments constitutifs qui participent au fonctionnement direct de l'appareil et qui ne peuvent être dissociés de l'appareil lui-même. Il est admis que le taux réduit s'applique également aux frais d'installation de ces équipements dans le véhicule.

À NOTER
Les équipements soumis au taux réduit doivent être mentionnés distinctement sur la facture délivrée à l'acheteur.

Les ascenseurs spécialement conçus pour les personnes handicapées et répondant à certaines caractéristiques techniques bénéficient également du taux réduit de TVA de 5,5 % (loi de finances pour 1996, n° 95-1346 du 30 décembre 1995, *JO* du 31 décembre 1995, arrêté du 16 avril 1996, *JO* du 23 avril 1996). Ils doivent être conformes :
– à la norme NF P 82-222 de juillet 1988, relative aux appareils élévateurs verticaux comportant une plate-forme aménagée en vue du transport des personnes à mobilité réduite ;
– ou à la norme P 82-261 du juillet 1991, relative aux élévateurs spécialement conçus pour le transport des personnes à mobilité réduite, se déplaçant le long de guides inclinés et comportant un plateau accessible en fauteuil roulant. Dans ce cas, la charge nominale des appareils ne doit pas excéder 200 kilos.

À NOTER
Les appareils qui n'entrent pas dans le champ d'application de ces normes peuvent cependant bénéficier d'un taux réduit s'ils comportent un frein de sécurité et, pour les appareils se déplaçant verticalement, un dispositif protégeant l'accès de la gaine à chaque palier. La charge nominale et la vitesse de ces appareils ne doivent pas excéder respectivement 200 kilos et 0,15 mètre par seconde.

Le taux réduit de TVA s'applique, en ce qui concerne les ascenseurs et matériels assimilés spécialement conçus pour les personnes handicapées, aux opérations d'importation, d'acquisition intracommunautaire ou de livraison.

La redevance de télévision

Les mutilés et les invalides civils et militaires atteints d'une infirmité ou d'une invalidité d'au moins 80 % sont exonérés de la redevance télévision s'ils remplissent simultanément les conditions suivantes :
- le montant des revenus 2002 ne doit pas excéder 7 046 euros pour la première part de quotient familial, majorée de 1 182 euros pour chaque demi-part supplémentaire ;
- ne pas être passible de l'impôt de solidarité sur la fortune ;
- vivre seul ou avec leur conjoint ou le cas échéant avec de personnes à charge ou des personnes dont les revenus n'excèdent pas les montants ci-dessus, ou avec une tierce personne.

L'exonération peut être accordée à un enfant mineur handicapé, dont l'incapacité est au moins de 80 %, détenteur d'un téléviseur, dès lors qu'il n'a pas de ressources propres et qu'il vit avec ses parents ou d'autres personnes non imposables.

Sont également exonérés les établissement habilités à recevoir les bénéficiaires de l'aide sociale et les établissements hospitaliers ou de soins sous réserve qu'ils ne soient pas assujettis à la taxe sur la valeur ajoutée (TVA), sauf pour les appareils destinés à l'usage privatif des personnels de ces établissements.

Peuvent être assimilées à ces établissements les associations qui reçoivent, à titre d'hébergement, des personnes en situation d'exclusion. La demande doit être faite au centre régional de redevance.

À NOTER
La demande d'exonération, qui figure au verso de l'avis d'échéance, doit être renvoyée dûment remplie et accompagnée des pièces justificatives au centre de la redevance, dans les quatre mois qui suivent la mise en recouvrement de la redevance.
À compter du 1er janvier 2002, les taux de la redevance applicables sont fixés à 74,31 euros pour un téléviseur noir et blanc et 116,50 euros pour un téléviseur couleur.

La taxe sur les salaires

Le paiement de la taxe sur les salaires incombe, en principe, à toutes les personnes physiques ou morales qui paient des traitements, salaires, indemnités et émoluments. Toutefois, la taxe sur les salaires a un champ d'application effectif réduit, en raison, notamment, de l'existence de certaines exemptions ou exonérations prévues au profit de certains employeurs.

Sont ainsi exonérées de la taxe sur les salaires les rémunérations versées par un particulier pour l'emploi d'un seul salarié à domicile.

Cette exonération s'applique également pour l'emploi de plusieurs salariés, dans la mesure où leur présence au domicile de l'employeur est nécessitée par l'obligation pour ce dernier, ou pour toute autre personne vivant au foyer, de recourir à l'aide d'une tierce personne pour accomplir les actes ordinaires de la vie.

À NOTER
Par personne vivant au foyer de l'employeur, il faut entendre un membre de sa famille ou une personne hébergée.
Les salariés doivent être occupés directement au service des personnes dont l'état de santé nécessite le recours à l'assistance d'une tierce personne pour accomplir les actes de vie.
La preuve de l'état de santé est considérée comme apportée par la présentation d'un certificat médical attestant cet état, ou par la production d'un document justifiant la perception d'une allocation compensatrice pour tierce personne versée par l'aide sociale ou d'une majoration pour tierce personne.
(Instructions DGI du 6 février 1995, *BOI* 5 L-1-95, n° 33, 17 février 1995.)

La CSG (contribution sociale généralisée)

Créée par la loi de finances pour 1991, elle est due par toutes les personnes physiques, domiciliées fiscalement en France, afin de faire participer l'ensemble des revenus, qu'ils soient revenus d'activité, de remplacement, de patrimoine, de produits de placement, au financement de la protection sociale.

Les revenus exonérés de la CSG :
– les prestations familiales (dont l'allocation d'éducation spéciale et ses compléments) ;
– l'allocation de présence parentale ;
– l'allocation aux adultes handicapés (AAH) ;
– les rentes viagères servies en représentation de dommages et intérêts en vertu d'une condamnation prononcée judiciairement pour la réparation d'un préjudice corporel ayant entraîné pour la victime une incapacité permanente totale l'obligeant à avoir recours à l'assistance d'une tierce personne pour effectuer les actes ordinaires de la vie ;
– les pensions d'invalidité sous certaines conditions :
  - elles sont perçues par les titulaires de l'allocation aux vieux travailleurs salariés, de l'allocation supplémentaire du fonds de solidarité vieillesse, de l'allocation du fonds de spécial invalidité, l'exonération porte sur l'ensemble des pensions versées,
  - elles sont perçues par des personnes dont la cotisation d'impôt sur le revenu est inférieure au montant recouvrable – 61 euros – et dont le montant des revenus de l'avant-dernière année (2001) n'excède pas 6 928 euros pour

la première part de quotient familial, majorée de 1 851 euros pour chaque demi-part supplémentaire ;
– les pensions temporaires d'orphelins, à concurrence du montant de l'allocation aux adultes handicapés lorsqu'elles remplacent cette allocation ;
– les prestations d'aide sociale, dont l'allocation compensatrice ;
– la majoration pour tierce personne versée par la Sécurité sociale ;
– les pensions militaires d'invalidité ;
– l'allocation aux vieux travailleurs salariés ;
– les rentes viagères et indemnités en capital servies aux victimes d'accident du travail ou de maladies professionnelles ou leurs ayants droit ;
– l'allocation supplémentaire du fonds de solidarité vieillesse ;
– l'allocation supplémentaire du fonds spécial invalidité ;
– les produits attachés aux contrats d'assurance vie pour les personnes handicapées (contrat épargne-handicap, contrat rente-survie). Toutefois, lorsque ces produits font l'objet de prélèvements libératoires, les prélèvements sociaux sont dus.

À NOTER
Les titulaires d'une pension d'invalidité, dont la cotisation d'impôt sur le revenu de l'année précédente est inférieure au montant recouvrable (61 euros) et dont les revenus de l'avant-dernière année sont supérieurs à 6 928 euros pour la première part du quotient familial, majorée de 1 851 euros pour chaque demi-par supplémentaire, bénéficient d'un taux CSG réduit à 3,8 %. Les titulaires de pensions d'invalidité qui ne remplissent pas ces conditions sont soumis au taux de 6,2 %, applicable aux revenus de remplacement.

La CRDS (contribution au remboursement de la dette sociale)

La CRDS a été instituée par la loi de financement de la Sécurité sociale du 30 décembre 1995, pour une durée provisoire jusqu'au 31 janvier 2014, afin d'assurer la gestion et l'amortissement de dette de Sécurité sociale. Le produit de la CRDS est versé à la caisse d'amortissement de la dette sociale

Elle est due par toutes les personnes physiques, domiciliées fiscalement en France, pour l'ensemble des revenus, qu'ils soient revenus d'activité ou de remplacement, comme pour la CSG.

Les revenus exonérés de la CRDS : ce sont les mêmes que ceux exonérés de la CSG, à l'exception de l'allocation de logement, l'aide personnalisée au logement, des prestations familiales (à l'exception de l'allocation d'éducation spéciale et ses compléments).

Toutefois, sont exonérées de la CRDS les personnes titulaires de pensions de retraite ou d'invalidité et des indemnités journalières versées par les organismes de Sécurité sociale, à condition que leur cotisation d'impôt soit inférieure à 61 euros et que leurs revenus retenus pour le calcul de l'impôt au titre 2001 n'excèdent pas 6 928 euros pour la première part de quotient familial, majorée de 1 851 euros pour chaque demi-part supplémentaire.

BIBLIOGRAPHIE

Dictionnaire permanent action sociale, Paris, Éditions législatives, notamment l'étude « Handicapés ».

Loi de finances pour 2003, n° 2002-1575 du 30 décembre 2002, *JO* du 31 décembre 2002.

« Guide la déclaration de revenus, Impôts 2003 », *Le Particulier*, n° hors série, janvier 2003, 322 p.

« Guide fiscal 2003 », *Faire Face*, n° 606, février 2003, p. 33-48.

« La loi de finances pour 2003, La fiscalité des ménages », *Actualités sociales hebdomadaires*, n° 2296, 31 janvier 2003, p. 19-28.

Site Internet à consulter : http://www.impot.gouv.fr

PARTIE 9
Le logement et l'hébergement

Mesures d'aides au logement et hébergement des personnes handicapées

Les personnes handicapées peuvent bénéficier d'aides particulières leur permettant de vivre dans leur propre logement. Les mesures d'aide se développent et favorisent le « maintien à domicile ».

Lorsque le handicap est trop important ou lorsque le maintien à domicile s'avère impossible, il existe des lieux et des modes d'hébergement spécifiques qui seront détaillés dans les chapitres 2 et 3.

SOMMAIRE

CHAPITRE 1
Le maintien à domicile

Les types d'aides

Le maintien à domicile suppose quatre types d'aides :
– des aides visant l'adaptation et l'accessibilité du logement (ex. : cuisine adaptée pour une personne en fauteuil roulant, étagères à la bonne hauteur, domotique permettant d'actionner à distance les portes et les fenêtres, les appareils ménagers, espace de rotation, etc.) ;
– des aides financières (aides à l'amélioration de l'habitat, attribution prioritaire de logement, etc.) ;
– des allocations d'aide au logement (APL, etc.) ;
– des aides en personnel d'assistance (aide-ménagère, auxiliaire de vie, aide d'une tierce personne, etc.).

À NOTER : Les sites pour la vie autonome

Les sites pour la vie autonome proposés par la circulaire GAS-PHAN-3A n° 2001-275 du 19 juin 2001 (*BOMES* n° 2001-32, p. 179-221) ont pour objectif de favoriser l'accès des personnes handicapées aux aides techniques et aux aménagements du cadre de vie ordinaire.
Ce nouveau dispositif se caractérise par la mise en place d'un Comité départemental, présidé par le DDASS assisté d'un chargé de mission, d'une commission des financeurs, si possible d'une caisse pivot, et la labellisation d'équipes d'évaluation pluridisciplinaire (ETEL) qui travaillent en réseau avec l'ensemble des partenaires relais : associations, établissements spécialisés et services, CDES, COTOREP, collectivités locales...
Expérimenté de 1997 à 1999 sur quatre sites, puis étendu à quinze sites en 2000, à vingt-huit autres sites en 2001, et 27 nouveaux en 2002, le dispositif des sites pour la vie autonome propose un ensemble de prestations coordonnées :
– possibilité d'information, de conseil, d'évaluation pluridisciplinaire des besoins de compensation et préconisation des aides techniques, des aménagements et des aides humaines ;
– simplification et coordination des financements des aides techniques et aménagements et réduction des délais.
Ce dispositif, qui fait actuellement l'objet d'une évaluation par le CTNERHI, devrait s'étendre en 2003 à l'ensemble du territoire français.
SANCHEZ (J.) et BOUNOT (A.), « L'accès des personnes handicapées aux solutions de compensation fonctionnelle, évaluation d'une expérimentation nationale », *in Prévenir*, 2000, n° 39, p. 149-159.

SANCHEZ (J.) et BOUNOT (A.), « Acquis de la seconde phase de l'expérimentation nationale sur l'accès des personnes en situation de handicap aux solutions de compensation fonctionnelle (avril-décembre 1999) », *in Réadaptation*, 2000 , n° 471, p. 42-44.

Accessibilité des bâtiments d'habitation collectifs

Elle est régie par les articles L. 111-7, R. 111-8 et suivants du Code de la construction et de l'habitation et par la loi n° 75-534 du 30 juin 1975 (*JO* du 1er juillet 1975), articles 49 et 52. Les constructeurs doivent s'engager à respecter des dispositions réglementaires pour les constructions de logements qui ont fait l'objet d'une demande de permis de construire.

En particulier, en ce qui concerne les constructions neuves, tous les logements doivent être accessibles et adaptables aux besoins des personnes handicapées physiques circulant en fauteuil roulant. Les bâtiments doivent être accessibles par un cheminement praticable sans discontinuité aux personnes à mobilité réduite. Les circulations et les portes des logements doivent permettre leur passage. Les bâtiments comportant plus de trois niveaux habitables doivent être équipés d'un ascenseur accessible.

Le pourcentage de places de stationnement accessibles est fixé à 5 %. Ces places doivent en outre être bien situées.

À NOTER
La référence en matière de construction de bâtiment d'habitation est celle de la circulation d'un fauteuil roulant (0,75 m x 1,25 m).
En ce qui concerne la construction d'une maison individuelle, les normes d'accessibilité et d'adaptabilité ne sont pas une obligation pour le constructeur mais une recommandation. (Pour plus de détails, voir Partie 10.)

La loi Solidarité et Renouvellement Urbains du 13 décembre 2000 a fixé clairement comme objectif de la politique du logement l'accessibilité de ceux-ci aux personnes handicapées :
– Elle fait figurer parmi les objectifs de la politique d'aide au logement l'accessibilité aux personnes handicapées en précisant que la politique d'aide au logement doit favoriser la satisfaction des besoins de logements, promouvoir la décence du logement, la qualité de l'habitat, l'habitat durable et l'accessibilité aux personnes handicapées.
– Elle précise que « les logements ou les lits des logements-foyers de personnes âgées, personnes handicapées » doivent être pris en compte au titre de la mixité sociale.

– Elle ouvre la possibilité pour les associations de sous-louer, à titre temporaire, des logements sociaux à des personnes handicapées.
– Elle prévoit des dispositions plus particulières en matière d'aides financières nécessaires à l'adaptation. C'est ainsi que son article 50 indique que le décret fixant la surface hors nette des constructions précisera « les conditions dans lesquelles sont déduites les surfaces de planchers supplémentaires nécessaires à l'aménagement et à l'amélioration de l'habitabilité des logements destinés à l'hébergement des personnes handicapées ».
– Les missions de la nouvelle ANAH (Agence Nationale pour l'Amélioration de l'Habitat) sont explicitées, il est ajouté à ses missions traditionnelles (réparation, assainissement, amélioration) une mission d'« adaptation » des logements aux besoins des personnes handicapées qui les occupent.

Source : Loi n° 2000-1208 du 13 décembre relative à la solidarité et au renouvellement urbains, *JO* Lois et Décrets n° 289 du 14 décembre 2000, p. 19777-19829.

■ LES AIDES FINANCIÈRES AU LOGEMENT

Principe

Il existe différentes aides financières au logement. Ces aides peuvent aider à financer des travaux d'adaptation du logement. À noter qu'il ne faut pas commencer les travaux avant d'avoir eu un accord officiel concernant l'attribution des aides.

Les personnes handicapées peuvent aussi bénéficier de réductions d'impôts pour la réalisation de travaux d'accessibilité et d'adaptation (voir Partie 8) (s'adresser au centre des impôts).

Pour un locataire d'un logement HLM

Les personnes en situation de handicap ou les familles ayant à leur charge une personne en situation de handicap sont prioritaires pour l'attribution d'un logement social. Les dépenses engagées par les organismes d'habitation à loyer modéré pour l'accessibilité et l'adaptation des logements sont déductibles de la taxe foncière sur les propriétés bâties versée aux collectivités territoriales (Loi n° 2001-1247 du 21 décembre 2001, *JO* Lois et Décrets du 26 décembre 2001).

En outre, une prime à l'amélioration des logements à usage locatif et à occupation sociale (PALULOS) peut être versée au bailleur social pour favoriser l'adaptation du logement. Cette prime représente 10 % du montant des travaux plafonnés à 12 958,17 euros par logement, avec possibilité de dérogation du préfet au plafond des travaux.

Prêt de la caisse des dépôts et consignations

Durée : de 10 à 15 ans

Taux de 3,55 % révisable

Quotité de prêt : environ 50 %

Aide fiscale : application d'un taux de TVA réduit à 5,5 %

S'adresser à l'organisme propriétaire ou gestionnaire du logement.

Source : « L'adaptation du logement aux personnes handicapées », Ministère de l'Équipement, des Transports et du Logement, Direction générale de l'Urbanisme, de l'Habitat et de la Construction, Paris, Dépliant, décembre 2000.

Si la réalisation des travaux entraîne une augmentation de loyer, le locataire pourra bénéficier de l'aide personnalisée au logement (APL).

Pour les aides au titre du 1 %

L'employeur peut verser sa contribution 1 % logement dans les travaux d'adaptation du logement occupé par une personne handicapée. Cette contribution peut venir compléter d'autres aides financières déjà acquises. Ce financement peut être réalisé sous forme de subvention (sous certaines conditions) ou sous forme de prêt. Son montant ne doit pas dépasser 50 % du prix de revient final de l'opération réalisée.

Toutefois, cette limite est portée à 60 % du coût de l'opération pour les propriétaires occupants dont les revenus sont inférieurs aux plafonds de ressources du PAS.

À NOTER
Une personne handicapée propriétaire peut également bénéficier du 1 % logement. La demande est alors à adresser directement à l'employeur.

BÉNÉFICIAIRES				
Aides du 1 % logement	*Salariés des entreprises assujetties*	*Autres salariés*	*Dépôt de la demande*	*Autres aides cumulables*
Aide Mobili-pass	Oui	Non	CIL, CCI, ou employeur	Aides loca-pass, prêt 1 %, prêt pass-travaux
Avance loca-pass	Oui	Oui	CIL ou CCI	Garanti loca-pass

BÉNÉFICIAIRES				
Aides du 1 % logement	*Salariés des entreprises assujetties*	*Autres salariés*	*Dépôt de la demande*	*Autres aides cumulables*
Garanti loca-pass	Oui	Oui	CIL ou CCI	Avance loca-pass
Prêt 1 %	Oui	Non	Employeur	Aide mobili-pass, prêt pass-tavaux
Prêt pass-travaux	Oui	Non	CIL ou CCI	Aide mobili-pass, prêt 1 %
Prêt sécuri-pass	Oui	Non	CIL ou CCI	Pas de cumul avec le report d'échéance du pas
Report d'échéance du Pas	Oui	Oui	Établissement de crédit ayant octroyé le Pas	Pas de cumul avec le prêt sécuri-pass

Des renseignements complémentaires sur toutes ces aides et notamment la liste des CIL et CCI (comités interprofessionnels du logement et chambres de commerce et d'industrie) sont accessibles sur le site Internet de l'Union d'économie sociale pour le logement : www.uesl.fr

Source : *TSA*, n° 104, décembre 2002, p. 16.

Pour un locataire d'un logement appartenant à un particulier

Le bailleur peut avoir droit à une subvention de l'Agence nationale pour l'amélioration de l'habitat.

Pour cela, le logement doit, avant travaux et à la date de dépôt de la demande, être achevé depuis plus de quinze ans et assujetti à la taxe au droit de bail et à la taxe additionnelle au droit de bail, au taux de 2,5 %, chacune prélevée sur les loyers. Cette subvention correspond à 70 % d'un coût total de 6 097,96 euros de travaux, soit 4 268,57 euros. La liste des travaux subventionnables peut être consultée dans toutes les agences locales de l'ANAH, situées généralement dans les DDE (directions départementales de l'équipement). Le paiement de cette subvention se fait après achèvement des travaux sur présentation des factures. Cette subvention est ajoutée au revenu imposable.

Le délai de quinze ans peut ne pas être exigé lorsque les travaux envisagés tendent soit à réaliser l'adaptation des logements aux besoins spécifiques des personnes handicapées ou des personnes âgées, soit à améliorer les logements occupés.

Les compétences de l'ANAH sont désormais étendues à tous les propriétaires (occupants et bailleurs) et non plus au propriétaire bailleur uniquement (circulaire n° 2001-28 UHC-FB-10 du 3 mai 2001 relative à la mise en œuvre du décret n° 2001-351 du 20 avril 2001relatif à l'ANAH).

À NOTER
L'ANAH a mis en place une procédure simplifiée des dossiers de demandes de subvention portant sur un seul logement relatif à des travaux d'un montant inférieur ou égal à 11 000 euros TTC présentés par le propriétaire bailleur ne souscrivant pas d'engagement complémentaire vis-à-vis de l'ANAH. Les dossiers sont instruits de façon simple et rapide, et le propriétaire n'a plus que 15 jours d'attente pour obtenir une réponse.
L'ANAH renforce son dispositif d'accueil téléphonique avec le lancement d'un numéro national : **08 26 86 39 39** (0,15 euro la minute).

Les plafonds de ressources au 1er janvier 2003 pour l'octroi de subventions s'établissent comme suit :

Nombre de personnes composant le ménage	*Ile-de-France (en euros)*	*Province (en euros)*
1	11 611	8 039
2	17 042	11 757
3	20 466	14 140
4	23 898	16 520
5	27 340	18 909
Par personne supplémentaire	3 434	2 382

Lorsque la subvention est demandée en vue de réaliser des travaux :
– destinés à la mise en œuvre des prescriptions d'un arrêté préfectoral tendant à remédier à l'insalubrité des immeubles ou logements ;
– en application d'un plan de sauvetage visant à restaurer le cadre de vie des occupants et usagers d'un groupe d'immeubles bâtis ;
– d'adaptation du logement aux besoins des personnes handicapées,
les plafonds de ressources sont fixés comme suit :

Nombre de personnes composant le ménage	*Ile-de-France (en euros)*	*Provence (en euros)*
1	15 481	12 637
2	22 723	18 088
3	27 288	21 753
4	31 864	25 414
5	36 453	29 090
Par personne supplémentaire	4 580	3 664

Source : Circulaire n° 2002-79 C-2002-01 du 16 décembre 2002 (*BO* du ministère de l'Équipement et du Logement, n° 2003/1 du 25 janvier 2003, p. 75) ; Instruction n° 1-2002-03 du 8 novembre 2002 (*BO* du ministère de l'Équipement et du Logement, n° 2002/24 du 10 janvier 2003, p. 205) ; *TSA*, n° 912, février 2003, p. 8.

Pour un propriétaire occupant

Toute personne handicapée, propriétaire de son logement, peut avoir droit à la prime à l'amélioration de l'habitat (PAH), sur le budget de l'État du ministère de l'Équipement. Cette prime peut se cumuler avec d'autres aides. Elle est égale à 50 % du montant des travaux plafonné à 6 097,96 euros, soit 3 048,98 euros. À cette prime peut s'ajouter la prime de première nécessité (ex. : toiture, chauffage).

Pour l'acquisition ou la construction d'un logement adapté, la personne handicapée peut bénéficier d'un prêt conventionné, d'un prêt à l'accession sociale (PAS), d'un prêt à taux 0 et du 1 % logement.

LES DIFFÉRENTS PRÊTS

Le prêt conventionné est un prêt librement consenti par les banques ayant signé une convention avec l'État. Il n'est soumis à aucune condition de ressources. En revanche, le logement acheté avec un prêt conventionné doit répondre à certaines normes de surface et d'adaptabilité, et ne peut dépasser un prix maximum au mètre carré, qui diffère selon qu'il s'agit d'un logement neuf ou d'un logement ancien.

Le prêt conventionné peut financer toutes sortes d'opérations : acquisition ou construction de la résidence principale, travaux d'agrandissement ou d'amélioration, etc. Le montant des travaux doit être au moins égal à 3 811,22 euros.

Leurs taux d'intérêt ne sont plus aujourd'hui très attractifs ; ils sont à un coût identique à celui des prêts « libres ». En revanche, leur durée est intéressante. Elle est au maximum :

- de 5 à 15 ans pour les travaux d'amélioration ;
- de 10 à 25 ans pour l'achat ou la construction.

Le prêt à l'accession sociale (PAS) peut financer les mêmes opérations que le prêt conventionné, aux mêmes conditions de surface habitable minimale et de prix au mètre carré. Il est soumis à condition de ressources et bénéficie de taux d'intérêts préférentiels contrairement au prêt conventionné.
Le prêt à taux 0 est soumis à condition de ressources. Il ne peut dépasser 20 % du coût de l'opération. Il peut se cumuler avec les autres prêts sans qu'il puisse représenter plus de 50 % du montant total de ces derniers.

Le prêt à taux 0 % (ministère du Logement)

Le prêt à taux 0 % ne concerne que la résidence principale. Il peut aider à financer :
– la construction d'une maison (et si besoin l'achat du terrain) ;
– l'achat d'un logement neuf (appartement ou pavillon qui n'a pas fait l'objet d'une première vente et commercialisé par un constructeur) ;
– *l'achat d'un logement ancien* (construit depuis 20 ans au moins*) nécessitant des travaux* (représentant environ 54 % du prix d'acquisition) ;
– l'aménagement à usage de logement des locaux non destinés à l'habitation.

Pour bénéficier du prêt à taux 0 %, les revenus ne doivent pas dépasser un certain montant. Il s'agit des revenus nets imposables (pour les salariés après abattement des 10 et 20 %) de l'ensemble des personnes devant occuper le logement.

Le prêt à taux 0 % ne peut financer seul une opération.

Le montant de prêt à 0 % ne peut dépasser :
– 20 % du montant de l'opération,
– 50 % des autres crédits immobiliers (d'une durée supérieure à deux ans) finançant votre projet.

À NOTER
Le prêt à taux 0 % varie en fonction du nombre de personnes composant le ménage et du lieu de l'opération (Île-de-France ou province).
Il est soumis à un plafond de ressources :
En Ile-de-France :

– une personne :	22 105,25 euros
– deux personnes :	28 416,64 euros
– trois personnes :	31 572,34 euros
– quatre personnes :	34 728,03 euros
– cinq personnes et plus :	37 883,73 euros

En Province :
- une personne : 18 949,56 euros
- deux personnes : 25 260,95 euros
- trois personnes : 28 416,64 euros
- quatre personnes : 31 572,34 euros
- cinq personnes et plus : 34 728,03 euros

Source : Ministère de l'Équipement, des Transports et du Logement, Paris, janvier 2002.

À NOTER
Il est possible de compléter avantageusement un prêt à taux 0 % à l'aide d'un prêt à l'accession sociale (PAS) qui offre un taux d'intérêt réduit.
Pour plus d'informations, se renseigner dans les agences du Crédit foncier de France.

ADRESSES UTILES

Vous avez besoin de conseils, des formalités et de la réglementation pour la réalisation de travaux d'adaptation de votre domicile (nature, coût, faisabilité...).

Agence nationale pour l'amélioration de l'habitat (ANAH)
17, rue de la Paix
75002 Paris
Tél : 01.49.27.07.30 / 01.44.77.39.39
E-mail : info@anah.fr
Site Internet : http://www.anah.fr

Association pour le logement des grands infirmes (ALGI)
11, rue Saint-Florentin
75008 Paris
Tél : 01.42.96.45.42 – Fax : 01.42.96.45.96

Association française contre la myopathies (AFM)
1, rue de l'Internationale BP 59
91002 Évry Cedex
Tél : 01.69.47.28.28
Site Internet : http://www.afm-telethon.asso.fr

Agence départementale pour l'information sur le logement (ADIL), agréée par l'ANIL (Agence nationale pour l'information sur le logement)
Tél : 01.42.02.65.95
Site Internet : http://www.anil.org

Association des paralysés de France (APF)
17, boulevard Auguste-Blanqui 75013 Paris
Tél : 01.45.89.40.57
Site Internet : http://www.afp.asso.fr

Ministère de l'Équipement, des Transports, du Logement, du Tourisme et de la Mer
Site Internet : http://www.logement.equipement.gouv.fr

Mouvement Pact Arim pour l'amélioration de l'habitat
27, rue de la Rochefoucault 75009 Paris
Tél. : 01.42.81.97.70 – Fax : 01.40.23.93.06
Site Internet : http://www.pact-arim.org
Ce mouvement œuvre entre autres pour la restauration immobilière, le parcours d'insertion sociale...

■ Les allocations d'aide au logement

L'aide personnalisée au logement (APL)

L'APL est une aide de l'État versée directement à l'organisme qui a accordé le crédit et qui vient en déduction des échéances du prêt. Elle peut également venir en déduction du loyer. Elle est soumise à des conditions de ressources de l'emprunteur ou du locataire. Dans le cas d'une accession à la propriété, elle est versée uniquement si le logement est financé à titre principal, à l'aide d'un prêt conventionné ou d'un prêt à l'accession sociale.

L'allocation de logement à caractère familial

Elle est soumise à condition de logement et de ressources. Elle est versée aux personnes qui perçoivent des allocations familiales ou qui ont une personne à leur charge. Elle peut donc bénéficier aux personnes qui :
– perçoivent déjà une des prestations familiales suivantes : allocations familiales, complément familial, allocation au jeune enfant, allocation de soutien familial, allocation d'éducation spéciale ;
– ont un enfant à charge au sens des allocations familiales ;
– sont chefs de famille sans enfant à charge et mariées depuis moins de cinq ans ;
– ont à charge et vivant au foyer :
  • un ascendant âgé de plus de soixante-cinq ans,
  • un ascendant âgé de plus de soixante ans en cas d'inaptitude au travail ou situation assimilée,
  • un ascendant, un descendant, un frère, une sœur, un neveu ou une nièce, un oncle ou une tante, atteint d'une incapacité permanente au moins égale à 80 %, ou reconnu inapte par la COTOREP.

Le logement doit être la résidence principale et répondre à des normes de peuplement et de salubrité : poste d'eau, évacuation des eaux usées, W-C particulier, chauffage réglementaire et surface globale du logement au moins égale à 16 mètres carrés pour un ménage sans enfant ou deux personnes, plus 9 mètres carrés par personne supplémentaire.

L'allocation n'est versée que si la personne paie un loyer minimum. Elle est soumise à des conditions de ressources. Le montant de l'allocation est calculé selon une formule complexe qui prend en compte les ressources, le montant du loyer et le nombre de personnes à charge.

À NOTER
Pour demander l'allocation, s'adresser à la caisse d'allocations familiales (CAF) du lieu de résidence ou à la Mutualité sociale agricole (MSA).

L'allocation de logement à caractère social

Depuis 1993, elle est versée à toute personne qui n'a pas pu bénéficier de l'APL ou de l'allocation de logement à caractère familial sous les seules conditions de logement et de ressources. Elle est attribuée au titre de la résidence principale selon les mêmes modalités que l'allocation de logement à caractère familial.

Cette allocation est destinée à des personnes aux revenus modestes pour les aider à payer leur loyer ou à rembourser le prêt de leur résidence principale.

À NOTER
La personne handicapée hébergée à titre onéreux chez des particuliers peut obtenir l'allocation.

La personne handicapée peut en bénéficier sous certaines conditions :
– avoir un taux d'incapacité au moins égal à 80 % ou être reconnue travailleur handicapé par la COTOREP ;
– être titulaire d'une pension d'invalidité de 2e ou 3e catégorie du régime général de la Sécurité sociale ;
– avoir un taux d'incapacité au moins égal à 66,66 % pour les titulaires d'une pension d'invalidité liquidée par un régime spécial de retraite, rente accident du travail ou maladie professionnelle.

Le logement doit répondre à certaines normes de superficie, d'hygiène et de salubrité : poste d'eau, évacuation des eaux usées, W-C particulier, chauffage réglementaire et surface habitable de 9 mètres carrés pour une personne seule, 16 mètres carrés pour deux personnes, plus 9 mètres carrés par personne supplémentaire.

À NOTER
Peuvent bénéficier de cette allocation les personnes qui résident dans un logement foyer ou celles qui résident dans un établissement collectif pour personnes handicapées, même si les conditions de surface ne sont pas remplies.

Les conditions de versement de l'allocation ainsi que son montant sont déterminés selon des modalités quasi identiques à celle de l'allocation de logement à caractère familial.

Toute demande doit être adressée à la CAF ou à la MSA du lieu de résidence au moyen d'un imprimé accompagné des pièces justificatives. Ces pièces doivent être fournies tous les ans avant le 1er juillet. L'allocation est versée mensuellement.

■ LES AIDES EN PERSONNEL D'ASSISTANCE

La présence d'une tierce personne

La personne handicapée peut bénéficier de l'aide d'une tierce personne qui est, soit un membre de la famille qui reste au foyer pour s'occuper de façon permanente d'elle (enfant ou adulte handicapé), soit une personne rémunérée à cet effet. C'est la CDES ou la COTOREP (voir Partie 2 et Partie 3) qui décident si la personne handicapée a besoin de l'aide d'une tierce personne, et qui décident également du versement d'une allocation compensatrice pour aide d'une tierce personne (voir Partie 5).

Cette tierce personne peut être un auxiliaire de vie ou une aide ménagère.

Les auxiliaires de vie sociale

Ils interviennent pour aider la personne handicapée à effectuer les actes essentiels de l'existence. Les personnes qui peuvent en bénéficier sont celles qui ont un taux d'incapacité de plus de 80 %, et dont le handicap justifie l'aide d'un tiers, à savoir :
– les titulaires de l'allocation compensatrice ou d'une majoration pour tierce personne (voir Partie 5) ;
– les mineurs ouvrant droit au complément d'AES de première catégorie (voir Partie 2).

L'auxiliaire de vie intervient pour le lever, le coucher, la toilette, les soins d'hygiène (à l'exclusion des soins infirmiers), la prise des repas, les sorties, etc.

Les modalités d'intervention sont décidées au cas par cas : l'intervention peut avoir lieu tôt le matin (6 h 30), tard le soir (22 h), ainsi que les fins de semaine et les jours fériés. La durée de chaque intervention est fonction du degré de dépendance de la personne aidée.

La personne handicapée participe au coût financier du service, selon un taux horaire. Le montant des ressources du bénéficiaire et son besoin de tierce personne sont pris en compte dans le calcul de sa participation.

Ce peut être une association gestionnaire, comme l'Association des paralysés de France (APF) ou le Groupement pour l'insertion des personnes handicapées (GIHP), qui met à disposition un auxiliaire de vie.

L'aide ménagère

L'aide ménagère intervient pour effectuer les tâches domestiques. Le coût de ce service peut être pris en charge par l'aide sociale départementale ou, à défaut, par le fonds d'action sociale des caisses de retraite de base.

L'organisme qui fournit l'aide ménagère se charge des démarches auprès de l'aide sociale ou des caisses de retraite pour obtenir une prise en charge d'une partie des frais. La personne handicapée acquitte la part restant à sa charge directement à l'organisme qui rétribue l'aide ménagère.

Pour bénéficier de la prise en charge par l'aide sociale de son département, la personne handicapée doit être âgée de moins de soixante ans et avoir été reconnue par la COTOREP :
- soit avoir un taux d'incapacité d'au moins à 80 % (voir Partie 3) ;
- soit être dans l'impossibilité de se procurer un emploi.

De plus, les revenus ne doivent pas dépasser un certain plafond. L'aide est limitée à trente heures par mois. Une participation horaire est demandée à la personne handicapée. Si un service d'aide ménagère n'est pas organisé ou si la personne handicapée le préfère, une allocation représentative des services ménagers (ARSM) peut être versée. Cette allocation est cumulable avec l'allocation compensatrice pour tierce personne.

Le coût d'une aide ménagère peut être pris également en charge, pour les retraités dont les revenus excèdent le minimum vieillesse, par la caisse de retraite de base de la Sécurité sociale. Tous les régimes de retraite prévoient des prestations d'aide ménagère. Des régimes de retraites complémentaires (Arrco, Agirc, Ircantec, etc.) peuvent également intervenir.

À NOTER
Les personnes handicapées peuvent payer les personnes qui les aident dans les gestes de la vie quotidienne à l'aide du chèque emploi-service (loi n° 96-62 du 29 janvier 1996, *JO* du 30 janvier 1996). Ce mode de paiement simplifie les formalités administratives de déclaration des emplois à domicile qui sont assurées par le Centre national de traitement du chèque emploi-service à la place de l'intéressé.
Le chèque emploi-service ne peut être utilisé pour rémunérer une famille accueillant une personne handicapée ou une personne âgée (placement familial).

Comment trouver un employé familial ?

La personne handicapée peut faire sa demande auprès du centre communal d'action sociale (CCAS) de son domicile ou auprès d'une association privée habilitée.

Des associations spécialisées peuvent aider à trouver l'employé recherché et proposent des employés familiaux. Deux cas peuvent alors se présenter : soit la personne handicapée est l'employeur et paie des frais de gestion à l'association choisie, l'association effectuant toutes les formalités administratives, soit l'association est l'employeur direct de l'employé familial.

Les réductions d'impôt

Les personnes handicapées et les personnes âgées de plus de soixante-dix ans bénéficient d'une réduction d'impôt qui correspond à la moitié des dépenses affectées à tout emploi familial. Les personnes âgées de plus de soixante-dix ans, les parents d'un enfant handicapé et les invalides peuvent être dispensés des cotisations patronales de Sécurité sociale.

Restent dues les cotisations de retraite complémentaire, d'assurance-chômage, les cotisations salariales, la CSG (contribution sociale généralisée) et la CRDS (contribution au remboursement de la dette sociale) (voir Partie 8).

Les services d'aide pour les enfants et les adolescents

Les centres d'action médico-sociale précoce (CAMSP), les centres médico-psycho-pédagogiques (CMPP) et les services d'éducation spéciale et de soins à domicile (SESSAD) (voir Partie 2) peuvent intervenir, en cure ambulatoire ou à domicile, pour dispenser les soins, les rééducations et l'éducation dont ont besoin les enfants et les adolescents handicapés.

La prise en charge associe largement la famille et doit amener à un travail de guidance parentale (apprentissage de la relation avec l'enfant).

CHAPITRE 2
Les structures d'hébergement pour adultes

Les conditions d'ouverture

Pour les personnes sévèrement handicapées ou celles qui, pour une raison quelconque, ne peuvent avoir un logement individuel, il existe des structures d'hébergement, régies par la loi n° 2002-2 du 2 janvier 2002 de rénovation de l'action sociale et médico-sociale (*JO* Lois et Décrets du 3 janvier 2002).

Cette loi se substitue à la loi n° 75-535 du 30 juin 1975 relative aux institutions sociales et médico-sociales (voir : Partie 1, p. 13).

L'autorisation d'ouverture d'une structure d'hébergement est subordonnée à l'avis motivé des comités régionaux de l'organisation sanitaire et sociale (CROSS). Elle est décidée par le président du conseil général.

Elle est accordée si l'établissement répond aux besoins qualitatifs et quantitatifs de la population, tels qu'ils ont été appréciés par la collectivité publique compétente et par le CROSS. Un schéma départemental, arrêté par le président du conseil général, fixe, dans chaque département, la nature des besoins.

Elle est délivrée pour une durée de quinze ans. Le renouvellement, total ou partiel, est exclusivement subordonné aux résultats d'une évaluation externe. L'absence de réponse dans un délai de six mois vaut rejet.

L'autorisation de fonctionner entraîne automatiquement l'habilitation à recevoir des bénéficiaires de l'aide sociale. La tarification des prestations fournies par ces établissements est arrêtée chaque année par le président du conseil général.

PROGRAMME PLURIANNUEL DE CRÉATION DE PLACES
Au 1er janvier 1998, on comptait 2 616 structures d'hébergement pour 88 000 places (foyers d'hébergement, foyers de vie, foyers à double tarification, maisons d'accueil spécialisées). *Source* : ministère de l'Emploi et de la Solidarité, service des statistiques, des études et des systèmes d'information, *Données sur la situation sanitaire et sociale en France*, en 2001, Paris, La Documentation française, 2001.

Les frais d'hébergement

Les frais d'hébergement dans les établissements spécialisés et foyers sont à la charge de la personne handicapée elle-même, sans que ses ressources puissent descendre en dessous d'un minimum. Ce minimum varie en fonction du mode d'hébergement, de l'activité professionnelle et des allocations perçues (voir encadrés ci-après extraits de la revue *Le Particulier*, numéro spécial de n° 118-119 de juillet-août 1996). Vous pouvez lire également sur ce sujet le *Dictionnaire permanent d'action sociale*, Éditions législatives.

Si l'établissement est agréé au titre de l'aide sociale, le surplus éventuel des frais peut être assuré par l'aide sociale (à la charge du département). La participation pouvant être alors demandée aux personnes tenues à l'obligation alimentaire (parents, enfants, etc.) n'est pas prise en compte.

En cas de décès, il n'y a pas non plus de récupération des sommes versées par l'aide sociale sur la succession de la personne handicapée, si ses héritiers sont le conjoint, les enfants ou la personne ayant assumé effectivement la charge de la personne handicapée.

PARTIE 10
L'accessibilité

Introduction

L'accessibilité est une obligation nationale régie par la loi n° 75-534 du 30 juin 1975, dite loi d'orientation en faveur des personnes handicapées. En réalité, l'entrée en vigueur de cette obligation a nécessité un délai beaucoup plus important que prévu. Il a fallu attendre 1991 pour voir apparaître en France le premier texte législatif exclusivement consacré à l'accessibilité et fixant un cadre précis : la loi n° 91-663 du 13 juillet 1991, *JO* du 19 juillet 1991.

SOMMAIRE

CHAPITRE 1
Les dispositions générales

Le principe de l'accessibilité

Pouvoir se déplacer constitue, pour toute personne, une condition fondamentale de l'exercice de la liberté et de la citoyenneté.

Le principe d'égalité impose aussi de donner à tous les possibilités d'accès à l'éducation, à l'emploi, aux loisirs, aux services et aux commerces.

C'est pourquoi, rendre l'ensemble du cadre de vie, notamment les logements, les bâtiments publics, espaces publics et modes de transports, accessible à tous, en dépit des handicaps et des difficultés de mobilité, est un enjeu de justice sociale et d'amélioration de la qualité de vie. Le droit au transport concerne aussi la proportion importante et en croissance de la population qui vit avec des difficultés de mobilité, que ce soit du fait de handicaps de naissance, d'accidents de la vie ou des effets du vieillissement. Si l'on ajoute les personnes en situation de handicap, 40 % de la population est concernée.

Les bâtiments, les voiries, les infrastructures et matériels de transport doivent donc être conçus ou adaptés à partir de cette notion d'accessibilité pour tous, ce qui suppose que se développe une culture commune qui passe par la présence effective de personnes handicapées dans les équipes de projets.

Élément fondamental de la conception et de la réalisation des aménagements et des équipements, l'accessibilité doit être aussi une préoccupation permanente en matière de maintenance, de gestion des bâtiments et des systèmes de transport, de cohérence des services et des équipements proposés.

Généraliser l'accessibilité, c'est également développer des modes techniques et organisationnels innovants, donc l'emploi, mais aussi la convivialité et le confort pour tous, et l'accompagnement indispensable des personnes handicapées.

Les dispositions législatives sur l'accessibilité existent et forment dorénavant un arsenal complet de mesures (voir la liste des textes officiels à la fin de cette partie). Elles ne sont malheureusement pas toujours appliquées.

LE RÔLE DU GIHP
Certaines associations se mobilisent pour faire appliquer la législation existante. Par exemple, le Groupement pour l'insertion des personnes handicapées physiques qui, en accord avec des directions départementales de l'Équipement (DDE), reçoit les

plans de permis de construire des bâtiments destinés à recevoir du public et des bâtiments d'habitation. Le GIHP examine le dossier et rédige une note détaillée à l'intention des concepteurs, leur faisant part des remarques et solutions pour la mise en accessibilité ou l'adaptabilité.
Le GIHP siège à la commission consultative départementale pour la protection civile, sécurité et accessibilité. Il mène également des missions conseils auprès des municipalités, des promoteurs et des particuliers afin de mieux informer sur les règles d'accessibilité.
La « politique » du GIHP est d'intervenir au moment de la conception même du projet en partant du constat qu'il est difficile d'intervenir après (art. 2-8. proc. pén.).

GIHP
10, rue Georges-de-Porto-Riche
75014 Paris
Tél. : 01.43.95.66.36 – Fax : 01.45.40.40.26
Service de documentation : e-mail : documentation@gihpnational.org
Site Internet : www.gihpnational.org

Adoption d'une définition de l'accessibilité

Dans le cadre de la coopération mise en place par la déléguée ministérielle à l'accessibilité avec les différents ministères concernés par cette problématique, une définition commune de l'accessibilité a été adoptée. Cette définition « l'accessibilité au cadre bâti, à l'environnement, à la voirie et aux transports publics ou privés » permet leur usage sans dépendance par toute personne qui, à un moment ou à un autre, éprouve une gêne du fait d'une incapacité permanente (handicap sensoriel, moteur ou cognitif, vieillissement...) ou temporaire (grossesse, accident...) ou bien encore de circonstances extérieures (accompagnement d'enfants en bas-âge, poussettes...) » et met bien en lumière le caractère universel de l'accessibilité et la place bien au niveau d'un critère de confort pour l'ensemble de la population.

Source : Ministère de l'Équipement, des Transports et du Logement, *Évolution de l'accessibilité au cours de l'année 2001 : Bilan et perspectives*, Paris, novembre 2001, 38 p.

À NOTER
Les associations de défense et d'assistance des personnes handicapées peuvent se porter partie civile devant les tribunaux pour faire respecter la législation en matière d'accessibilité (art. 2-8 du Code de procédure pénale).

Domaine d'application

Les dispositions législatives sur l'accessibilité forment désormais un arsenal complet de mesures. Les installations neuves ouvertes au public doivent être accessibles aux personnes handicapées. Les installations existantes ouvertes au public doivent être aménagées progressivement pour devenir accessibles. Les locaux d'habitation appartenant à l'État, aux collectivités locales ou aux établissements publics doivent être accessibles.

Des dispositions et des normes techniques sont prévues pour les bâtiments d'habitation collectifs neufs, mais les textes réglementaires ne concernent pas la maison individuelle et le logement collectif ancien. Récemment, l'obligation d'accessibilité a été étendue aux lieux de travail. Pour ce qui est de l'accessibilité des transports, il faut noter que, très souvent, des aménagements ont été prévus pour accueillir les personnes handicapées, mais il reste beaucoup à faire encore pour rendre, par exemple, le métro ou le bus accessibles.

La commission consultative départementale de la protection civile, de la sécurité et de l'accessibilité

Dans chaque département, il existe, sous l'autorité du préfet, une commission consultative départementale de la protection civile, de la sécurité et de l'accessibilité dont la composition et les attributions ont été définies par le décret n° 95-260 du 8 mars 1995 (*JO* du 10 mars 1995).

Cette commission est composée :
- du préfet ;
- du représentant de l'administration ;
- de professionnels ;
- d'usagers (neuf membres représentatifs des personnes handicapées et personnes âgées) ;
- de conseillers généraux et de maires.

Elle donne son avis, en particulier, en matière d'accessibilité et de circulation des personnes à mobilité réduite. Elle se prononce sur :
- l'application de la réglementation ;
- la circulation des personnes handicapées et l'accès aux bâtiments de toute nature.

Elle est obligatoirement consultée dans les deux cas suivants :
- sécurité contre les risques d'incendie dans les établissements recevant du public (musées, cinémas, mairies, etc.) et les immeubles de grande hauteur ;
- accessibilité aux personnes handicapées.

Une sous-commission « accessibilité » contrôle l'application de la législation relative aux établissements recevant du public. Par exemple, le maire doit saisir la sous-commission un mois avant l'ouverture d'un établissement recevant du public.

CHAPITRE 2
L'accessibilité des établissements recevant du public et des installations ouvertes au public

Cadre légal

La législation existante définit une réglementation précise concernant les établissements et les installations ouverts au public. L'article 49 de la loi d'orientation du 30 juin 1975 précise que les dispositions architecturales et les aménagements des installations ouvertes au public doivent être tels que ces installations soient accessibles aux personnes handicapées.

Depuis 1975, des textes nouveaux ont permis de mettre en place un cadre légal plus précis et plus contraignant. Il s'agit en particulier de la loi du 13 juillet 1991 et du décret n° 94-86 du 26 janvier 1994.

Les mesures générales

En application du Code de la construction et de l'habitation, article R. 111-19, ajouté par le décret n° 94-86 du 26 janvier 1994 et l'article R. 111-19-1 ; du décret n° 94-86 du 26 janvier 1994 (*JO* du 28 janvier 1994) et de l'arrêté du 31 mai 1994 (*JO* du 22 juin 1994), les établissements recevant du public et les installations ouvertes au public doivent être accessibles aux personnes handicapées. Il s'agit :
– des bâtiments, locaux et enceintes, dans lesquels les personnes sont admises soit librement, soit moyennant une participation quelconque ou dans lesquels sont tenues des réunions ouvertes à tout venant, ou sur invitation payante ou non ;
– des locaux scolaires, universitaires et de formation ;
– des installations ouvertes au public, notamment les espaces publics ou privés qui desservent des établissements recevant du public ou qui sont aménagés en vue de leur utilisation par le public, ainsi que le mobilier urbain qui y est implanté.

Ainsi, les règles d'accessibilité s'appliquent à toutes les installations ouvertes au public, qu'elles soient privées comme les cinémas, les restaurants ou les hôtels, ou publiques comme les bureaux de poste, les mairies ou les commissariats de police.

Est réputé accessible aux personnes handicapées tout établissement ou installation offrant à ces personnes, notamment à celles qui se déplacent en fauteuil roulant, la possibilité, dans des conditions normales de fonctionnement, de pénétrer dans l'établissement ou l'installation, d'y circuler, d'en sortir ou de bénéficier de toutes les prestations offertes au public, en vue desquelles cet établissement ou cette installation a été conçu.

Les normes techniques

Les normes techniques applicables concernent notamment :
– les cheminements (nature du sol, profil, pente, largeur des portes, etc.) ;
– les ascenseurs (largeur des portes, dimensions intérieures, etc.) ; un ascenseur est obligatoire si l'installation peut recevoir cinquante personnes au plus, aux niveaux inférieurs et/ou supérieurs, ou si certains services ou prestations ne peuvent être offerts en rez-de-chaussée ;
– les escaliers, qui doivent, s'il n'y a pas d'ascenseur ou de plan incliné, répondre à certaines prescriptions techniques ;
– les parcs de stationnement automobile ; il est prévu au moins une place aménagée par tranche de cinquante places de stationnement ou fraction de cinquante places. Au-delà de cinq cents places, le nombre de places aménagées, qui ne peut être inférieur à six, est fixé par arrêté municipal ;
– les cabinets d'aisance ; il doit être prévu un cabinet d'aisance par niveau accessible ;
– le téléphone : un appareil au moins doit être accessible ;
– les guichets d'accueil : un au moins doit être à bonne hauteur ;
– la signalisation : le symbole international d'accessibilité doit être utilisé pour signaler les installations accessibles et les cheminements praticables.

La voirie publique est réputée accessible lorsqu'un cheminement pour les fauteuils roulants est aménagé sur tous les trottoirs et passages piétonniers, et permet d'avoir accès à toutes les installations ouvertes au public et aux immeubles d'habitation ainsi qu'à la voirie automobile.

Les procédures de contrôle

L'article 4 du décret de janvier 1994 précise les procédures de contrôle, *a priori* et *a posteriori* instaurées par la loi du 13 juillet 1991 :
– le contrôle *a priori* s'applique aux demandes d'autorisation préalable de travaux (justifiant ou non un permis de construire), déposées à partir du 1er août 1994. Toutes les demandes d'autorisation de travaux doivent être soumises, pour avis, à la commission consultative départementale de sécurité et d'accessibilité ;
– le contrôle *a posteriori* ne s'applique qu'aux établissement qui ont fait l'objet de travaux autorisés, c'est-à-dire dans les conditions précisées ci-dessus.

Il permet de subordonner l'autorisation d'ouverture au respect des règles d'accessibilité. Il est effectué lors d'une visite de réception par les commissions compétentes (commission consultative départementale de sécurité et d'accessibilité ; commissions d'arrondissement de sécurité ; commissions communales ou intercommunales).

Dispositions particulières à la voirie

À NOTER
La loi Solidarité et Renouvellement urbains (SRU) du 13 décembre 2000 comprend plusieurs dispositions concernant l'accessibilité et prévoit de manière générale dans son article 35 que « les aménagements d'espaces publics en milieu urbain doivent être tels que ces espaces soient accessibles aux personnes handicapées ».
Le cadre de l'accessibilité et de la voirie est donc ainsi clairement posé.

Dans les agglomérations de plus de 5 000 habitants, un plan d'adaptation de la voirie publique, notamment des trottoirs, doit être établi. Ce plan fixe les dispositions permettant de rendre accessible aux personnes handicapées l'ensemble des circulations piétonnières et des aires de stationnement automobile.

Dans les agglomérations de plus de 10 000 habitants, une partie de la voirie publique, notamment les trottoirs, doit être adaptée pour créer un ou plusieurs cheminements praticables desservant les principaux équipements publics ou privés.

Selon l'article 2 de la loi n° 91-663 du 13 juillet 1991, la voirie publique ou privée ouverte à la circulation publique doit être aménagée pour permettre l'accessibilité des personnes handicapées.

Le décret n° 99-756 du 31 août 1999 relatif aux prescriptions techniques (*JO* du 4 septembre 1999) définit les conditions et précise les caractéristiques techniques concernant :
- les feux de signalisation ;
- les bateaux (la largeur, la nature et la longueur du sol) ;
- les trottoirs (la nature) ;
- les cheminements (la nature) ;
- les escaliers (la nature et la largeur) ;
- les stationnements (la bande d'accès latérale prévue à côté des places de stationnement automobile aménagées doit avoir une largeur d'au moins 0,80 m) ;
- les emplacements réservés (ils doivent être signalés conformément à la réglementation en vigueur et prévoir un cheminement pour un fauteuil roulant au niveau du trottoir existant, d'une largeur au moins égale à 0,80 m) ;
- les postes d'appel d'urgence.

À NOTER
Un effort important a été réalisé ces dernières années pour rendre accessibles les lieux de culture aux personnes handicapées. Dans les musées, presque tous les programmes de construction ou de rénovation prennent en

compte les besoins des personnes à mobilité réduite. Ainsi, le Grand Louvre a tenu compte du paramètre « Accessibilité », rendu compatible avec l'esthétique et la muséologie.

CHAPITRE 3
L'accessibilité et l'adaptabilité des locaux d'habitation

L'accessibilité des bâtiments appartenant à l'État, aux collectivités locales ou aux établissements publics

La loi d'orientation n° 75-534 stipule dans son article 49 que « *les dispositions architecturales et aménagements des locaux d'habitation doivent être tels que ces locaux soient accessibles aux personnes handicapées* ».

Les bâtiments publics appartenant à l'État, aux collectivités locales ou aux établissements publics à caractère scientifique, culturel ou administratif doivent être accessibles aux personnes handicapées. Cela signifie, par exemple, que les HLM (habitations à loyer modéré) sont concernées.

Les bâtiments d'habitation collectifs neufs soumis à une demande de permis de construire

En complément des articles R. 111-18 et suivants du Code de la construction et de l'habitation, le décret n° 80-637 du 4 août 1980 (*JO* du 10 août 1980) et l'arrêté du 24 décembre 1980 (*JO* du 31 décembre 1980) ont fixé les conditions d'accessibilité applicables aux bâtiments d'habitation collectifs neufs et aux logements qu'ils contiennent :
– les bâtiments d'habitation collectifs, les logements qui y sont situés, les ascenseurs (ou au moins un par batterie d'ascenseurs), les locaux collectifs affectés aux ensembles résidentiels et une partie des places de stationnement automobile doivent être accessibles par un cheminement praticable aux personnes handicapées se déplaçant en fauteuil roulant ;
– l'installation d'un ascenseur desservant chaque étage est obligatoire dans les bâtiments comportant plus de trois étages au-dessus du rez-de-chaussée ;
– la circulation et les portes des logements doivent, dès la construction, permettre le passage des personnes handicapées en fauteuil roulant ;
– les logements situés au rez-de-chaussée et aux étages desservis par ascenseur doivent être adaptables par des travaux simples, de façon à permettre au moins l'utilisation de la cuisine, du séjour, d'une chambre, d'un cabinet d'aisance et d'une salle d'eau ;
– au moins 5 % des places de stationnement destinées aux résidents et aux visiteurs doivent être accessibles par un cheminement praticable en fauteuil roulant. Ces places de stationnement d'automobile rendues accessibles doivent être adaptables par des travaux simples, de façon à permettre l'accès aux véhicules de personnes en fauteuil roulant.

En ce qui concerne les aménagements intérieurs des logements, ces modalités comportent des étapes successives d'amélioration des conditions de confort.

En ce qui concerne les modalités de contrôle, il convient de préciser que le non-respect éventuel des règles d'accessibilité et d'adaptabilité applicables aux bâtiments d'habitation collectifs ne peut légalement pas entraîner le refus du permis de construire.

À NOTER
Le ministère des Transports rappelle trois prescriptions réglementaires relatives aux logements d'habitation en ce qui concerne l'accessibilité des logements des bâtiments collectifs :
– tous les logements doivent avoir des circulations dont les dimensions permettent le passage des personnes à mobilité réduite ;
– les logements situés en rez-de-chaussée et ceux situés en étage dans les bâtiments comportant un ascenseur doivent avoir des circulations de dimensions et de formes suffisantes pour permettre à des personnes en fauteuil roulant d'accéder à l'unité de vie ;
– ces logements doivent être adaptables (par travaux ne touchant ni aux structures ni aux gaines et réseaux communs) aux besoins particuliers des personnes circulant en fauteuil roulant, dans l'unité de vie équipée des éléments mobiliers.
Source : Guide accessibilité des bâtiments d'habitation – pour l'application des textes réglementaires, ministère de l'Équipement, des Transports et du Logement, Paris, janvier 1999.

La maison individuelle et le logement collectif ancien

Les textes réglementaires ne concernent pas la maison individuelle et le logement collectif ancien. Pour ces formes d'habitat, l'obligation d'accessibilité ne s'applique pas. Les maisons individuelles ne font l'objet que de recommandations.

Mais, dans la demande de permis de construire, les architectes et les constructeurs doivent introduire une notice d'accessibilité faisant état de leurs solutions pour respecter les normes d'accessibilité.

De plus, l'octroi des aides de l'État en faveur de l'habitat est subordonné au respect des règles d'accessibilité.

Pour les aides financières dont peuvent bénéficier les personnes handicapées pour adapter leur logement, voir Partie 9.

À NOTER

Actions menées par le ministère au niveau du cadre bâti

Après plusieurs années d'application, les règles d'accessibilité aux personnes handicapées des bâtiments d'habitation collectifs et des établissements recevant du public nécessitent d'être modifiées et complétées. Il s'agit :

– d'améliorer les règles d'accessibilité pour les personnes déficientes auditives et visuelles ;
– de refondre les textes pour en faciliter la compréhension ;
– d'adapter les règles applicables aux résidences étudiantes et aux résidences sociales.

Ces projets de modification réglementaire viendront alimenter le travail des groupes interministériels en cours de mise en place sur ces questions et pourront constituer des mesures transitoires en attendant l'aboutissement des réflexions sur une refonte plus importante de la réglementation.

CHAPITRE 4
L'accessibilité des locaux de travail

Le cadre législatif

L'accessibilité est définie par l'article L. 117-7 du Code de la construction et de l'habitation, les articles R. 232-1-8, R. 235-2-13, et R. 235-3-18 du Code du travail, les décrets n° 92-332 du 31 mars 1992 (*JO* du 1er avril 1992), et n° 92-333 du 31 mars 1992 ainsi que l'arrêté du 27 juin 1994 (*JO* du 16 juillet 1994).

Avant la loi de 1991 (loi n° 91-663 du 13 juillet 1991), l'obligation d'accessibilité existait, sur les lieux de travail, uniquement pour les locaux sanitaires.

Après la loi de 1991, cette obligation a été étendue à tous les lieux de travail, que ce soit pour les nouvelles constructions ou lors d'aménagements de locaux. Des textes réglementaires précisent les dispositions techniques à mettre en œuvre dans les locaux de travail pour les rendre accessibles.

Les principes

Conformément au décret n° 92-332 concernant les bâtiments prévus pour recevoir un effectif supérieur ou égal à vingt salariés, les lieux de travail doivent être aménagés en tenant compte de la présence de travailleurs handicapés selon les principes suivants :
– lorsqu'un bâtiment est prévu pour recevoir un effectif compris entre vingt et deux cents personnes, au moins un niveau doit être aménagé pour permettre de recevoir des travailleurs handicapés ;
– lorsqu'un bâtiment est prévu pour recevoir un effectif supérieur à deux cents personnes, tous les locaux d'usage général et susceptibles d'accueillir des personnes handicapées doivent être aménagés pour permettre de recevoir des travailleurs handicapés.

Les dispositions adoptées pour les accès, portes, dégagements et ascenseurs desservant les postes de travail ainsi que pour les locaux annexes, tels que locaux sanitaires, locaux de restauration, parcs de stationnement, doivent permettre l'accès et l'évacuation des personnes handicapées, notamment celles circulant en fauteuil roulant.

L'aménagement des postes de travail doit être réalisé ou rendu ultérieurement possible.

Selon le décret n° 92-333, les travailleurs handicapés doivent pouvoir accéder aisément à leur poste de travail ainsi qu'aux locaux sanitaires et aux locaux de restauration qu'ils sont susceptibles d'utiliser dans l'établissement. Leur poste de travail ainsi que les signaux de sécurité doivent être aménagés si le handicap l'exige.

En application de ces décrets, l'arrêté du 27 juin 1994 (*JO* du 16 juillet 1994) fixe les dispositions techniques. Il concerne en particulier :
– les cheminements dans les locaux de travail (pentes, portes, paliers de repos, etc.) ;
– les ascenseurs ;
– le parc de stationnement automobile ;
– les cabinets d'aisance ;
– les locaux de restauration.

Ces dispositions sont applicables à compter du 16 janvier 1995 :
– aux opérations de construction ou d'aménagement de bâtiments pour lesquelles une demande de permis de construire a été déposée après le 16 janvier 1995 ;
– aux opérations de construction ou d'aménagement de bâtiments ne nécessitant pas de permis de construire, dont le début est postérieur au 16 janvier 1995.

Pour les bâtiments existants, des mesures particulières sont prévues (voir arrêté du 27 juin 1994). Elles permettent de déroger aux règles d'accessibilité en cas de difficultés techniques justifiées.

La circulaire DRT n° 95-07 du 14 avril 1995 relative aux lieux de travail (non parue au *Journal Officiel*) apporte un commentaire technique aux nouvelles dispositions introduites par les décrets n° 92-332 et 92-333 du 31 mars 1992 relatifs aux lieux de travail et à leurs arrêtés d'application, afin d'attirer l'attention sur certains points particulièrement importants.

Elle apporte également des précisions techniques nécessaires sur les adaptations des nouvelles prescriptions.

Source : Ministère du Travail, de l'Emploi et de la Formation professionnelle – Sous-direction des conditions de travail et de la protection contre les risques du travail.

L'AGEFIPH peut financer des projets d'aménagement de locaux de travail et l'adaptation des postes de travail (voir Partie 4).

CHAPITRE 5
L'accessibilité des transports

Le cadre législatif

La loi d'orientation en faveur des personnes handicapées n° 75-534 du 30 juin 1975 (art. 52) précise : « *Afin de faciliter les déplacements des handicapés, des dispositions sont prises par voie réglementaire pour adapter les services de transport collectif ou pour aménager progressivement les normes de construction des véhicules de transport collectif, ainsi que les conditions d'accès à ces véhicules, ou encore, pour faciliter la création et le fonctionnement de services de transport spécialisés pour les handicapés ou, à défaut, l'utilisation des véhicules individuels.* »

Les infrastructures de transport (c'est-à-dire : les gares, les aéroports, les stations de métro...) sont considérées comme des installations ouvertes au public et sont donc soumises aux dispositions de l'article L.111-7 du Code de la construction et de l'habitation. Les dispositifs de contrôle *a priori* et *a posteriori*, instaurés par la loi de 1991 et définis plus haut s'appliquent à ce type de construction.

À NOTER
La situation actuelle en France en matière d'accessibilité n'est pas satisfaisante même si des progrès et des avancées ont pu être notés depuis ces dernières années, notamment en ce qui concerne les systèmes de transports.
À l'aube de l'année 2003, « Année européenne des personnes handicapées », des actions se mettent en place pour faire progresser le domaine de l'accessibilité.
Le ministère de l'Équipement, des Transports, du Logement, du Tourisme et de la Mer est particulièrement concerné par les questions liées à l'accessibilité. Il devra, à l'occasion de cette année européenne, marquer son action par des mesures concrètes et pratiques en matière d'accessibilité pour tous.
Déjà, une mission d'étude en vue de la révision de la loi d'orientation en faveur des personnes handicapées du 30 juin 1975 a été mise en place au début de l'année 2002.

Aides de l'État aux transports en commun de province

La circulaire du ministère des Transports n° 2001-51 du 10 juillet 2001, relative aux aides de l'État et à la mise en œuvre des plans de déplacements urbains et aux transports collectifs de province, précise les modalités d'intervention de l'État : pour être éligibles aux aides de l'État, les projets de transports collectifs devront « être accessibles à tous, y compris aux personnes à mobilité réduite, que les difficultés éprouvées soient d'ordre moteur, sensoriel ou mental ».

Métro, RER

Le métro parisien n'est pas accessible aux fauteuils roulants. Toutefois, certaines lignes de métro ou de RER sont entièrement ou partiellement accessibles. L'accessibilité suppose la présence d'ascenseurs, de trottoirs roulants et d'un revêtement particulier qui signale les bords des quais pour les personnes aveugles ou malvoyantes.

Les métros de Lille et de Toulouse, les plus récents, sont entièrement accessibles.

Le métro de Lyon n'est que partiellement accessible. Enfin, le métro de Marseille n'est actuellement pas accessible aux personnes en fauteuil roulant.

En ce qui concerne les places réservées, la gratuité des principaux métros de France et les réductions tarifaires, voir Partie 11.

Train

L'accessibilité concerne :

- l'accueil des personnes handicapées ;
- les jalonnements et itinéraires à niveaux ;
- les panneaux spécifiques ;
- la mise à disposition de fauteuils roulants ;
- les escaliers mobiles ;
- les places de stationnement à proximité de la gare ;
- l'installation d'élévateurs « sol-terrain » pour accéder au wagon ;
- les « trains aménagés » ;
- les passerelles et les passages souterrains.

Dans les trains Corail et les TGV, il existe, en 1re classe, un emplacement accessible aux personnes en fauteuil roulant (accès autorisé avec un billet de 2e classe). Cet avantage est accordé sans supplément de prix à n'importe quelle période de l'année.

Pour connaître les réductions tarifaires consenties, les numéros de renseignements téléphoniques et les brochures gratuites, se reporter à la Partie 11.

Autobus, tramway

L'autobus n'est pas un mode de transport facile pour les personnes handicapées, mais certains aménagements sont réalisés pour le rendre accessible :

- arrêts indiqués par une annonce sonore pour les personnes déficientes visuelles ;
- emmarchement variable ;
- escalier de trois marches ;

- hauteur de plancher diminuée ;
- largeur des portes agrandie avec plate-forme élévatrice.

En région parisienne, plus du tiers du réseau est équipé d'annonces sonores du nom des arrêts. Un nombre croissant de bus est équipé de planchers bas afin de permettre une meilleure accessibilité.

Le syndicat des transports d'Ile-de-France (STIF) et la région Ile-de-France mettent en place une « agence régionale d'information sur les transports en Ile-de-France pour les personnes à mobilité réduite ». Ce service a pour mission de diffuser des informations sur l'état d'accessibilité des réseaux de transports en commun et les solutions complémentaires de transports spécialisées, par des moyens de communication adaptés aux personnes handicapées. Un numéro de téléphone et un site Internet seront mis à disposition du public. Ce service débutera en janvier 2003 et sera peu à peu complété d'une véritable information en temps réel.

Certaines villes sont pilotes en matière d'accessibilité des transports en commun. Ainsi, le tramway de Grenoble est-il un exemple significatif d'une volonté d'accessibilité. Le dispositif adopté est le suivant : le plancher du tramway est à la même hauteur que les quais ; quand la personne en fauteuil roulant veut pénétrer dans le tram, il lui suffit d'appuyer sur un bouton placé sur le quai. Le chauffeur enclenche un mécanisme constitué par une sorte de palette qui sort du tramway et vient combler l'écart entre le quai et le véhicule. Les personnes aveugles bénéficient d'annonces sonores dans les stations.

Pour les places réservées et les réductions tarifaires, voir Partie 11.

Autocars

Certains autocars sont aménagés de la même manière que les autobus ou les tramways : élévateurs, rampes d'accès, portes élargies, aménagements de fixation, etc.

À NOTER
L'Afnor a fait paraître en janvier 2002 la norme expérimentale XP R 18-804 « Véhicules routiers – Conditions minimales de sécurité des véhicules destinés au transport d'au moins une personne handicapée » :
- la première partie de cette norme, qui concerne les véhicules de moins de neuf places, spécifie les conditions minimales à respecter pour l'aménagement d'un véhicule permettant le transport de personnes handicapées dans leur fauteuil roulant ;
- la deuxième partie de cette norme donnera des recommandations relatives à l'accessibilité des voitures particulières pour les passagers à mobilité réduite.

Avion

Des aménagements sont prévus pour les personnes handicapées :
– accès à l'appareil : transports en ambulance, véhicules à plate-forme élévatrice, passerelles téléscopiques, transports en minibus aménagé ;
– installation des aéroports : emplacements de parking réservés, rampes accessibles aux personnes en fauteuil roulant, trottoirs roulants, ascenseurs accessibles, services accessibles tels que les guichets ou le téléphone ;
– équipement des avions : un fauteuil roulant de dimension réduite peut être utilisé dans l'avion pour permettre l'accès aux toilettes ; aménagement des bras de fauteuils pour que les personnes handicapées puissent se déplacer.

Dans la région Île-de-France, des places de parking sont réservées aux abords des aéroports. Les services accessibles signalés (guichets, téléphone, boutiques, etc.) et les trottoirs roulants et ascenseurs sont nombreux. Il est possible d'obtenir une assistance de l'arrivée à l'aéroport jusqu'à l'embarquement. En province, l'accessibilité est plus irrégulière.

La personne handicapée bénéficie d'une priorité d'embarquement et fera l'objet d'une attention particulière de la part du personnel naviguant pendant le vol.

Il est important, dès la réservation, de signaler la nature de son handicap pour que toutes les mesures appropriées soient prises.

Pour les conditions d'aptitude physique au vol, pour les réductions tarifaires et les brochures d'information gratuites, voir Partie 11.

À NOTER
En mai 2000, sept compagnies aériennes ont signé le « Code de bonne pratique relatif à l'accessibilité de services aériens commerciaux aux personnes handicapées ».
En 2001, Aéroport de Paris (ADP) a entrepris une démarche d'amélioration de la qualité de tous ses services aéroportuaires en y intégrant la prise en compte des personnes à mobilité réduite.

Voiture individuelle

Les personnes handicapées conduisant une voiture ou candidates au permis de conduire doivent subir un examen médical périodique dans le cas où le véhicule est aménagé.

Le permis est délivré pour une durée limitée (maximum de cinq ans).

Pour plus de précisions sur l'obtention du permis de conduire, sur les contrôles médicaux et sur l'exemption du port de la ceinture de sécurité, voir Partie 11.

Le travailleur handicapé peut avoir droit à l'allocation compensatrice pour frais professionnels lui permettant d'amortir tout ou partie des frais qu'il engage pour se déplacer en voiture (voir Partie 5).

À NOTER
Actions internationales et européennes. La conférence européenne des ministres de Transport (CEMT) poursuit ses réflexions en matière d'accessibilité des transports des personnes handicapées. En 2001, ses travaux ont porté :
- sur les aspects économiques de l'accessibilité des taxis ;
- les cartes de stationnement existantes afin de parvenir à une certaine harmonisation ;
- une recommandation commune en ce qui concerne le transport et le vieillissement de la population ;
- l'accessibilité des autocars. La France participe à une action de recherche concertée sur l'accessibilité des autocars (COST autocar) lancée en 2001 par les Pays-Bas ;
- les fixations des fauteuils roulants dans les transports.

POUR EN SAVOIR PLUS SUR L'ACCESSIBILITÉ

Comité national français de liaison pour la réadaptation des handicapés (CNRH), *Handicap et logement : normes et conseil pratiques*, Paris, CNRH, 1997, 96 p.

FALEK (Farida), DUBOIS (Pascal), « Accessibilité des bâtiments et de l'environnement : dispositions législatives et réglementaires » *in* : *Déficiences motrices et handicaps*, Paris, APF, 1997, p. 445-459.

GROSBOIS (L.-P.), *Handicap et construction, conception et réalisation : espaces urbains, bâtiments publics, habitations, équipements et matériels adaptés*, 4e édition, Paris, Le Moniteur, 1999, 343 p. Ouvrage de référence en ce qui concerne les aspects réglementaires et les aspects techniques de l'accessibilité.

Le Particulier, numéro spécial sur les personnes handicapées, n° 118-119 de juillet-août 1996, chapitre 7 : « Vos voyages et vos déplacements ».

Conseil national des transports, Comité de liaison pour le transport des personnes handicapées (COLITRAH), *Transport des personnes. Législation. Réglementation et normes,* Paris, Conseil national des transports, 6e édition, septembre 1998, 29 p.

Arrêté du 5 mai 2000, modifiant l'arrêté du 16 décembre 1999 portant création du Comité de liaison pour l'accessibilité des transports et du cadre bâti (COLIAC), *JO* lois et décrets, 11 mai 2000, n° 109, p. 7073.

Ministère de l'Équipement, des Transports et du Logement, « Accessibilité de la voirie, des transports, du cadre bâti et du tourisme, Législation, réglementation, normes et recommandations », *BO* du ministère de l'Équipement et du Logement, n° 2002-2, fascicule spécial, 92 p.

À noter que la revue *Faire face,* de l'Association des paralysés de France, et la revue *Réadaptation* consacrent régulièrement des articles à la question de l'accessibilité.

Ministère de l'Équipement, des Transports et du Logements, *Évolution de l'accessibilité au cours de l'année 2002 : Bilan et perspectives,* Paris, décembre 2002, 68 p.

« Personnes âgées, handicapées... une vie quotidienne plus facile. Des solutions pour tous ceux qui ont du mal à se déplacer » *in 60 millions de consommateurs,* n° hors-série 104, janvier-février 2002, 96 p.

10-A
FICHE PRATIQUE
Quelques repères réglementaires

La généralisation de l'accessibilité

La législation en matière d'accessibilité est jeune.

La loi de 1975 stipule que l'accessibilité est une obligation nationale.

Depuis 1975, des décrets, des arrêtés et des circulaires ont défini les modalités généralisant l'accessibilité du bâti et de l'espace public aux personnes à mobilité réduite. De plus, une approche sélective et discriminatoire (aménagements spéciaux, quota de logements adaptés) a été abandonnée au profit d'une généralisation de l'accessibilité.

Renforcement de la législation

La loi n° 91-663 du 13 juillet 1991, portant diverses mesures destinées à favoriser l'accessibilité aux personnes handicapées des locaux d'habitation, des lieux de travail et des installations recevant du public, ainsi que ses décrets et arrêtés d'application, ont constitué une réelle avancée vers une meilleure accessibilité et vers une meilleure application des textes préexistants (voir Partie 1). L'application et le contrôle de la réglementation ont été renforcés.

La loi de 1991 affirme, dans son article 1er repris à l'article 111-7 du Code de la construction et de l'habitation : « *Les dispositions architecturales et les aménagements des locaux d'habitation, des lieux de travail et des établissements et installations recevant du public, notamment des locaux scolaires, universitaires et de formation, doivent être tels que ces locaux et installations soient accessibles aux personnes handicapées.* »

Cette loi se retrouve dans divers codes :
- Code de la construction et de l'habitation, articles L. 117-7, L. 118-8 et suivants, L. 125-2, L. 152-4, L. 301-6, R. 111-5, R. 111-16, R. 111-18 et suivants, R. 111-19 et suivants, R. 123-3, R. 123-12, R. 123-18, R. 123-19 ;
- Code de l'urbanisme, articles L. 421-1, L. 421-3, R. 421-5 et suivants, R. 421-38-20, R. 421-53 ;
- Code de procédure pénale, article 2-8.

Des décrets et arrêtés sont venus compléter la loi de 1991 :
- dispositions de 1992 concernant les lieux de travail : décret n° 92-332 du 31 mars 1992 (*JO* du 1er avril 1992), décret n° 92-333 du 31 mars 1992 ;

– décret n° 94-86 du 26 janvier 1994 relatif à l'accessibilité aux personnes handicapées des locaux d'habitation, des établissements et installations recevant du public modifiant et complétant le Code de la construction et de l'habitation (*JO* du 28 janvier 1994) ;
– arrêté du 31 mai 1994 fixant les dispositions techniques destinées à rendre accessibles aux personnes handicapées les établissements recevant du public et les installations ouvertes au public lors de leur construction, leur création ou leur modification, pris en application de l'article R. 111-19-1 du Code de la construction et de l'habitation (*JO* du 22 juin 1994) ;
– arrêté du 27 juin 1994 relatif aux dispositions destinées à rendre accessibles les lieux de travail aux personnes handicapées (nouvelles constructions ou aménagements) en application de l'article R. 235-3-18 du Code du travail (*JO* du 16 juillet 1994).
– circulaire DRT n° 95-07 du 14 avril 1995 relative aux lieux de travail et qui apporte des précisions techniques aux dispositions introduites par les décrets n° 92-332 et n° 92-333 du 31 mars 1992 (non parue au *JO*) ;
– décret n° 99-756 du 31 août 1999 relatif aux prescriptions techniques concernant l'accessibilité aux personnes handicapées de la voirie publique ou privée ouverte à la circulation publique pris pour l'application de l'article 2 de la loi n° 91-663 du 13 juillet 1991 (*JO* n° 205 du 4 septembre 1999).

Ces dispositions se retrouvent codifiées, soit dans le Code de la construction et de l'habitation, soit dans le Code de l'urbanisme, soit dans le Code de procédure pénale.

Il est important de noter que l'accessibilité fait partie des règles générales de construction au même titre que la sécurité, l'hygiène, l'isolation thermique et phonique.

PARTIE 11
La vie quotidienne

L'intégration sociale des handicapés

L'intégration sociale est une des priorités de la politique menée actuellement en faveur des personnes handicapées : « *[...] L'intégration sociale et l'accès aux sports et aux loisirs du mineur et de l'adulte handicapés physiques, sensoriels ou mentaux constituent une obligation nationale* » (loi n° 75-534 du 30 juin 1975 d'orientation en faveur des personnes handicapées, *JO* du 1er juillet 1975).

Cette partie « vie quotidienne » aborde l'intégration sociale sous des aspects pratiques qui facilitent la vie au jour le jour des personnes handicapées, sans être forcément réglementés tels que les déplacements, les aides à la vie quotidienne, l'accès à la culture, aux sports, aux loisirs.

SOMMAIRE

CHAPITRE 1
Les transports

■ LA CARTE NATIONALE D'INVALIDITÉ ET LE MACARON GIC OU GIG

Les avantages liés à la carte nationale d'invalidité

La carte nationale d'invalidité est délivrée par la CDES (voir Partie 2) ou la COTOREP (voir Partie 3) aux personnes handicapées dont le taux d'incapacité a été reconnu supérieur ou égal à 80 %.

Elle permet aux personnes handicapées d'obtenir certains avantages dans des domaines tels que la fiscalité (voir Partie 8), les transports, le stationnement de leur véhicule et le logement.

La carte d'invalidité peut être chargée de mentions :
- « station debout pénible » ;
- « cécité », si la vision centrale est nulle ou inférieure à 1/20 de la normale ;
- « canne blanche », si la vision est, au plus, égale à 1/10 de la normale ;
- « tierce personne », si la personne handicapée est reconnue être dans l'obligation d'avoir recours à l'aide d'une tierce personne ;
- « exonération de la vignette automobile ».

La carte d'invalidité est délivrée soit pour une période déterminée, soit à titre définitif.

À NOTER
Les personnes qui ont une incapacité inférieure à 80 % peuvent obtenir auprès du préfet la carte « station debout pénible ». Cette carte ne procure aucun des avantages attachés à la carte d'invalidité, mais elle donne droit à une priorité pour les places assises dans les transports en commun et les files d'attente.

La loi n° 2002-73 de modernisation sociale, du 17 janvier 2002, traduite dans l'article L. 2213-2 du Code général des collectivités territoriales, stipule que le maire peut, par arrêté municipal, « délivrer des autorisations de stationnement donnant droit à l'usage de ces emplacements sur le territoire communal aux personnes titulaires de la carte Station débout pénible » prévue à l'article L. 241-3-1 du Code de l'action sociale et des familles.

Les avantages liés aux macarons GIC ou GIG

Le macaron GIC ou GIG permet à son titulaire ou à son accompagnateur d'utiliser les places réservées ou spécialement aménagées dans les parcs de stationnement automobile, et de bénéficier des dispositions qui peuvent être prises en faveur des personnes handicapées par les autorités compétentes en matière de circulation et de stationnement (décret n° 90-1083 du 3 décembre 1990, *JO* du 7 décembre 1990).

Pour obtenir le macaron GIC (grand invalide civil), il faut être titulaire de la carte d'invalidité et être atteint :
– soit d'une déficience physique réduisant de manière importante la capacité de déplacement ;
– soit d'une déficience sensorielle ou mentale nécessitant l'accompagnement et l'assistance d'une tierce personne.

La demande doit être adressée à la CDES ou à la COTOREP.

Le macaron GIC est attribué pour la durée de validité de la carte d'invalidité.

Pour obtenir le macaron GIG (grand invalide de guerre), il faut être invalide de guerre titulaire de la carte « double barre rouge » ou « double barre bleue » délivrée par le service départemental des anciens combattants.

ADRESSE UTILE

Les invalides de guerre peuvent se procurer leur macaron à :

Fédération des amputés de guerre
74, boulevard Haussman
75008 Paris
Tél. : 01.43.87.41.00

La carte européenne

Au 1er janvier 2000, le macaron GIC est remplacé par la carte européenne. C'est une carte de stationnement pour les personnes handicapées. Valable sur l'ensemble du territoire communautaire, elle accorde certains avantages à ses bénéficiaires. Elle est nominative et personnalisée. Elle comporte la fin de validité des avantages qu'elle confère, la mention « carte de stationnement » et le pictogramme du fauteuil roulant. Elle est délivrée par les COTOREP et les CDES. La nouvelle carte va remplacer le macaron GIC au fur et à mesure des renouvellements des droits des bénéficiaires. Le macaron GIC peut continuer à être utilisé par son détenteur jusqu'à la fin de sa validité dès lors qu'il limite ses déplacements au seul territoire français.

Source : Ministère de l'Emploi et de la Solidarité ; Direction de l'action sociale ; Note d'information n° DAS-RV1 99-647 du 25 novembre 1999.

■ La voiture

Le permis de conduire des véhicules terrestres à moteur

La conduite d'un véhicule suppose que le conducteur soit apte juridiquement et physiquement. Les conditions d'aptitude pour l'obtention ou le maintien du permis de conduire sont réglementées par les articles R. 123 à R.129 du Code de la route.

À NOTER
La lettre circulaire de la direction de la sécurité et de la circulation routière du 9 mai 1995 met en place une procédure d'épreuves du Code de la route à l'intention des candidats sourds utilisant le langage des signes.

Toute personne présentant une incapacité physique susceptible d'être incompatible avec la délivrance ou le maintien du permis de conduire, ou nécessitant, pour conduire, un aménagement particulier du véhicule, une orthèse ou une prothèse pour le conducteur, doit subir un examen médical devant la commission médicale départementale chargée d'apprécier l'aptitude physique des candidats au permis de conduire et des conducteurs. Les personnes concernées sont les candidats ou titulaires du permis de conduire C, D ou E et les candidats ou titulaires du permis F (véhicules de catégorie A ou B aménagés pour compenser leur handicap physique).

La liste des incapacités physiques, incompatibles avec l'obtention ou le maintien d'un permis de conduire, et des affections susceptibles de donner lieu à la délivrance d'un permis de conduire à durée de validité limitée ou imposant des aménagements du véhicule, est fixée par un arrêté du 7 mai 1997 (*JO* du 29 mai 1997). Ces incapacités sont réparties en six classes : cardiologie, œil et vision, oto-rhino-laryngologie et pneumologie, neurologie et psychiatrie, appareil locomoteur, divers (insuffisance rénale, diabète, transplantation d'organe ou implants artificiels).

L'examen médical peut être unique pour les personnes atteintes d'un handicap incurable, définitif ou stabilisé. Pour les autres cas, il aura lieu :
- tous les 5 ans pour les conducteurs de moins de 60 ans ;
- tous les 2 ans pour les conducteurs entre 60 et 76 ans ;
- tous les ans pour les conducteurs de plus de 76 ans.

Le permis est délivré pour une durée limitée, qui ne peut excéder cinq ans. Toutefois, si le certificat médical établit que le conducteur est atteint d'une invalidité ou d'une infirmité incurable, définitive et stabilisée, le permis est délivré sans limitation de durée. À la fin de la validité, le conducteur est soumis à une visite médicale. Si l'avis est favorable, le permis est renouvelé sans repasser un examen pratique pour une durée qui dépend à nouveau de l'âge du conducteur.

À NOTER
C'est à l'intéressé de faire la demande de renouvellement de son permis à la préfecture de son lieu de résidence afin de subir l'examen médical avant la date d'expiration de validité de son permis. Au-delà de la date de validité, le permis n'est plus considéré comme valable.
Les contrôles médicaux auxquels sont astreintes les personnes titulaires du permis de conduire F (véhicules A ou B spécialement aménagés) sont gratuits.

ADRESSES UTILES
École de conduite française (ECF) Avec véhicules équipés ECF Trinité 35, rue Notre-Dame-de-Lorette 75009 Paris Tél. : 01.48.74.85.81 Fax : 01.40.82.99.64 Site Internet : http://www.ecf.asso.fr **Centre d'éducation routière (CER)** 24, rue de Constantinople 75008 Paris Tél. : 01.42.93.72.45 Fax : 01.42.93.11.49 Site Internet : http://www.cer.asso.fr

Les règles relatives aux conditions d'établissement, de délivrance et de validité du permis de conduire sont définies par un arrêté du 8 février 1999. Deux autres arrêtés du 8 février 1999 fixent les conditions de reconnaissance et d'échange des permis de conduire délivrés par les États n'appartenant ni à l'Union Européenne ni à l'espace économique européen d'une part, et les États leur appartenant d'autre part.

L'équipement du véhicule

Le certificat médical délivré par la commission départementale chargée d'apprécier l'aptitude physique des candidats au permis de conduire peut prévoir l'exemption du port de la ceinture de sécurité.

À NOTER
Les personnes handicapées ayant fait l'acquisition d'un véhicule spécialement équipé doivent signaler à leur assureur les transformations effectuées en mentionnant leur coût. Aucune surprime ne doit majorer le montant de la prime d'assurance pour cause de handicap.

L'Association des paralysés de France (APF) vient de publier la troisième édition du guide des aménagements des véhicules individuels pour personnes à mobilité réduite. Il est disponible au 01.40.78.69.00.

Le permis moto

Il est possible de piloter une moto quand on est handicapé physique et participer aux démonstrations.

Pour obtenir son permis moto ou le régulariser, il faut passer une visite médicale au service des permis de sa préfecture. Celle-ci procède à l'envoi d'un dossier au Ministère des Transports. Le permis est sanctionné par un test pratique appelé « Plateau ». Il s'agit d'une épreuve de slalom et de circulation. La réussite du « Plateau » est également valable pour régulariser son permis. Une circulaire parue au journal officiel le 29 mai 1997 stipule que « la nécessité de jonction d'un side-car est envisagée en fonction du handicap ».

ADRESSE UTILE
Handicaps Motards Solidarité (HMS) 26, avenue de l'espérance 91440 Bures-sur-Yvette Tél. : 01.69.07.08 (de 18 h 00 à 21 h 00)

La location de voitures

Europcar, avec le concours de Volkswagen, met à la disposition des personnes à mobilité réduite un quinzaine de « golf » spécialement équipées. Ces voitures sont disponibles dans les aéroports de Roissy-Charles-de-Gaulle, Paris-Orly et Nice Côte-d'Azur et à Lyon, Toulouse, Bordeaux, Rennes, Strasbourg et Lille sur simple réservation au : 0.825.35.23.52.

Des locations subventionnées

L'AGEFIPH peut prendre en charge les frais de location d'un véhicule équipé. L'octroi de cette aide dépend cependant de certains critères : la personne handicapée doit être engagée dans un parcours d'insertion professionnelle et être dans l'impossibilité d'utiliser les moyens de transports en commun.

Le stationnement

L'apposition du macaron GIC, GIG ou de la carte européenne de stationnement (voir p. 229 et p. 230) sur le véhicule permet :
– d'utiliser, dans les parkings ou sur la voirie publique, les places de stationnement réservées ou spécialement aménagées (voir Partie 10) ;
– d'attirer l'attention des services de police chargés de la circulation sur la qualité du conducteur (ou du passager) du véhicule et d'obtenir, en tenant compte des circonstances de temps et de lieu, une large souplesse dans l'application des règles de stationnement.

À NOTER
Certaines municipalités réservent des places de stationnement aux personnes handicapées, d'autres accordent des dérogations sur les emplacements payants : par exemple, le maire de Paris a exonéré les personnes handicapées titulaires du macaron GIC ou GIG (voir p. 229 et p. 230) de paiement.

À NOTER
Certaines villes et collectivités urbaines adoptent déjà la nouvelle signalisation qui devrait faciliter le respect des emplacements réservés. Il s'agit du nouveau type de panneau qui met en avant l'interdiction de stationner puis en donne la raison « place réservée pour personne handicapée ».

Le permis de conduire des bateaux à moteur

Les conditions d'aptitude physique requises pour pouvoir se présenter à l'examen de conduite en mer des navires de plaisance à moteur sont les suivantes pour les personnes atteintes d'une déficience physique :
– pour les membres supérieurs ; les fonctions de préhension nécessaires au pilotage doivent être satisfaisantes. En cas d'infirmité ou d'amputation, l'aptitude pourra être admise si le candidat est porteur d'une prothèse fonctionnelle satisfaisante et si des modifications adéquates sont apportées au système de commande du moteur et de la barre ;
– pour les membres inférieurs ; l'intégrité fonctionnelle d'au moins un des deux membres inférieurs est requise.

Au cas où ces conditions ne seraient pas remplies, le candidat pourra néanmoins se présenter à l'examen du permis, mais, même s'il obtient son permis, il ne pourra embarquer seul et devra être accompagné d'une tierce personne d'au moins dix-sept ans et demi, présentant des conditions d'aptitudes physiques sans restriction.

Outre ces conditions d'aptitude, sont exigés l'acuité et le champ visuel, le sens chromatique, l'acuité auditive ainsi qu'un état neuropsychiatrique et cardiovasculaire satisfaisants.

Les transports en commun

• Métro et RER

Politique d'accessibilité

La RATP s'engage à améliorer l'accessibilité de son réseau pour toutes les personnes à besoin spécifique. Il s'agit tant des personnes handicapées (aveugles, utilisateurs de fauteuil roulant, sourds ou malentendants, déficients mentaux...) que de toutes les personnes qui, à un moment ou à un autre, se trouvent confrontées à des obstacles au cours de leurs trajets.

La RATP s'est dotée d'une mission en charge de l'accessibilité. Composée d'un responsable, et de quatre assistants, cette mission collabore avec les associations de personnes handicapées au travers d'un groupe de référence et par de nombreux contacts et partenariats avec celles-ci.

À la RATP, des améliorations de confort sont en cours et concernent :
- la pose de siège dans les couloirs de correspondance ;
- le marquage contrasté de la première et de la dernière marche des escaliers ;
- la continuité des rampes aux paliers entre deux volets de marches ;
- un dispositif de prise en main fixe en amont et en aval des escaliers mécaniques ;
- le marquage au sol par contraste de texture de l'emplacement des portes du train ;
- l'amélioration de la lisibilité des plans et de la signalétique ;
- la création d'une plate-forme de service à destination des personnes à besoins spécifiques en Ile-de-France.

Actuellement, sur les 65 gares des lignes A et B, 26 sont accessibles de la voirie au quai. Des travaux sont en cours dans 3 gares. L'objectif est que les lignes A et B soient accessibles à l'horizon 2008. La ligne METEOR ou ligne 14 est accessible.

En région parisienne

Comme cela est décrit à la Partie 10, l'accessibilité de ces types de transport est encore très partielle, mais, dans l'enceinte des installations de la

RATP, des agents d'accueil sont à la disposition des voyageurs handicapés pour les orienter.

La mise en place d'un dispositif sonore et visuel d'annonce est déjà financé sur les lignes 1 et 3 du métro.

En banlieue, seule la ligne 360, desservant l'hôpital de Garches, est accessible.

À NOTER
La RATP, en liaison avec la SNCF, publie un guide des transports en région parisienne à l'intention des personnes handicapées. Ce guide existe en braille pour les personnes aveugles ou malvoyantes.

La gare SNCF « Paris-Nord Ile-de-France » en partenariat avec l'association « Après la Vue la Vie Internationale » (AVVI), a mis en place depuis octobre 2002 un service d'accueil spécifique et de prise en charge destiné aux personnes déficientes visuelles. Il suffit de composer le 01 58 54 41 84, les lundis et samedis de 8 h 30 à 22 h et du mardi au vendredi de 7 h à 22 h et des agents spécialement formés se mettent à disposition.

Ce service comporte des impératifs car pour être informé et être bien orienté une fois dans la gare il faut :
- téléphoner 10 à 15 minutes avant,
- signaler sa position une fois dans la gare,
- indiquer sa position dans le train ou dans le métro,
- signaler si on est porteur d'un signe distinctif (canne blanche, chien guide...).

Ce service est susceptible d'être pérennisé et étendu à d'autres grandes gares en 2003 à l'occasion de l'année européenne des personnes handicapées.

ADRESSE UTILE
AVVI 91, rue de Crimée 75019 Paris Tél. : 01.39.90.90.80

La RATP s'est également engagée aux côtés de la SNCF et d'OPTILE pour mettre en œuvre, dès 2003, une centrale d'information destinée aux personnes à mobilité réduite. Cette centrale a pour vocation de renseigner les utilisateurs sur les installations offertes.

POUR OBTENIR DES INFORMATIONS

Le 36 15 RATP rubrique « Service pour personnes handicapées » indique les transports spécialisés existant à Paris et en Île-de-France, les services d'accompagnement, les gares RER accessibles aux utilisateurs de fauteuils roulants, les facilités offertes aux aveugles et malvoyants et les priorités existantes.

Site Internet RATP : http://www.ratp.fr
Des plans offrent une lecture de confort et indiquent les gares de RER accessibles pour les personnes en fauteuil roulant dans tous les points de vente.
Un centre d'informations téléphoniques (CIT) est mis en place pour fournir des informations sur l'accessibilité des réseaux. CIT : 08.92.68.77.14.
Pour informer les IME et les CAT des perturbations du trafic, un service, « Trafic Fax » est mis en place pour les aider à gérer au mieux le retour des personnes en fin de journée.
Le service de la mission accessibilité répond aux questions concernant l'accessibilité par mail, mission.accessibilité@ratp.fr ou par courrier au 19, place Lachambaudie, 75570 Paris Cedex 12 ou encore au Bat C, 7, square Félix-Nadar, 94684 Vincennes Cedex.

SNCF – aide aux voyageurs à mobilité réduite, site Internet : http://www.sncf.com
13, rue d'Amsterdam, 75008 Paris
Tél. : 01.53.42.01.08

Plan de métro en braille :
Association Valentin-Haüy
5, rue Duroc
75007 Paris
Tél. : 01.44.49.27.27
Fax : 01.44.49.27.10

La RATP et la SNCF ont mis en place un service d'accompagnement payant : « Les Compagnons du voyage », pour le métro, le RER, les autobus de Paris et la SNCF banlieue, destiné aux enfants et adultes handicapés. Ce service fonctionne du lundi au vendredi, de 8 heures à 18 heures. La réservation se fait par téléphone au 01.45.83.67.77. 17, quai d'Austerlitz, 75013 Paris. Site Internet : http://www.compagnons.com

À NOTER
Ce service ne prend pas en charge les personnes en fauteuil roulant, celles-ci bénéficiant déjà d'un service spécifique dans le cadre de l'accessibilité du RER : accompagnement par le personnel de la gare jusqu'au train, appel au chef de la gare de destination pour que celui-ci attende la personne à la descente du train et l'accompagne jusqu'à la sortie.

Les personnes handicapées et les personnes âgées de soixante-cinq ans et plus, aux revenus modestes (bénéficiaires de l'allocation de la ville de Paris), bénéficient d'une Carte Émeraude, donnant la gratuité complète sur le métro et le RER en section urbaine. Dans les autres départements d'Île-de-France, les personnes handicapées bénéficient, sous certaines conditions, d'une Carte Améthyste accordant selon les cas la gratuité ou le demi-tarif sur le métro et le RER. Par ailleurs, des dispositions ont été prises en faveur de certaines catégories de personnes handicapées :
- surclassement gratuit (possibilité de voyager en 1re classe avec un billet de 2e classe) pour les personnes aveugles, titulaires de la carte d'invalidité « cécité » ;
- transport gratuit pour le guide accompagnateur d'une personne aveugle ;
- 50 % de réduction pour les personnes aveugles domiciliées en Île-de-France ;
- gratuité toutes classes étendue à l'accompagnateur des invalides de guerre domiciliés en Île-de-France ayant un taux d'incapacité supérieur à 50 %, et titulaires de la carte d'invalidité à double barre délivrée par l'Office national des anciens combattants (ONAC) ;
- 50 % de réduction et surclassement gratuit pour les invalides de guerre ayant un taux d'incapacité compris entre 25 et 45 %, titulaires de la carte d'invalidité simple délivrée par l'ONAC barrée de bleu, et titulaires de la carte de priorité délivrée par la préfecture de police ;
- 50 % de réduction ou gratuité, selon les cas, pour les accompagnateurs des grands invalides de guerre ;
- gratuité pour les personnes amputées des deux mains et non accompagnées.

La RATP admet gratuitement les chiens guides d'aveugles.

À Lille

Son métro, le Val, est aménagé de manière à être entièrement accessible à toutes les personnes à mobilité réduite.

La tarification appliquée au métro est la même que celle en vigueur sur le réseau de surface. Les personnes qui peuvent bénéficier de la gratuité des transports sont :
- les aveugles de guerre et civils titulaires de la carte d'invalidité ainsi que leur guide accompagnateur ;
- les invalides de guerre et civils ayant un taux d'incapacité de 100 %, titulaires de la carte d'invalidité.

ADRESSE UTILE
Transpole 908, avenue de la République 59700 Marcq-en-Barœul Tél. : 03.20.81.43.43

À Lyon

L'accessibilité du métro n'est réalisée que partiellement.

Une réduction de 20 % sur le plein tarif des abonnements et des carnets de tickets est accordée aux mutilés de guerre ou du travail ayant un taux d'incapacité égal ou supérieur à 50 %, et domiciliés dans le département du Rhône. Ils doivent obtenir une carte justificative, délivrée par le réseau sur présentation de leur carte d'invalidité. Cette carte est délivrée pour deux ans.

La gratuité du transport est accordée aux personnes mentionnées ci-dessus, dès lors qu'elles sont âgées de plus de soixante-cinq ans.

Les aveugles de guerre ou civils, titulaires de la carte d'invalidité « cécité », bénéficient également de la gratuité des transports.

À NOTER
Le GIHP Rhône-Alpes a mis en place un service d'accompagnement à mobilité réduite. Ce service fonctionne 7 jours sur 7 et se réserve 24 heures à l'avance. À partir du 1er janvier 2002, les bénéficiaires de l'AAH du Rhône pourront se voir délivrer le « Pass-Partout ». C'est un Pass à tarif réduit qui donne accès à un abonnement mensuel à 15,40 euros dans les transports lyonnais.
MOBIGIHP
138, rue Duguesclin
69006 Lyon
Tél : 04.78.24.27.32

ADRESSE UTILE

Lyonnaise Transports Communs (SLTC)
Immeuble « Le Lyonnais »
19, boulevard Vivier-Merle
BP 3167
F-69212 Lyon Cedex 3
Tél. : 04.78.71.80.80/13

À Marseille

L'accessibilité du métro n'est que partielle.

La gratuité du transport est accordée, sur présentation de la carte d'invalidité, aux personnes suivantes :

– aveugles de guerre et leur guide accompagnateur ;
– aveugles civils recevant une assistance du CCAS de Marseille ;
– anciens combattants âgés de plus de soixante-quinze ans ;
– invalides de guerre ou du travail titulaires d'un titre de pension et ayant un taux d'incapacité égal ou supérieur à 50 %.

À NOTER
Certains invalides civils, assistés par le CCAS de Marseille, peuvent bénéficier d'une réduction de 20 %.

Les réductions ne s'appliquent qu'aux personnes domiciliées à Marseille ou dans certaines communes limitrophes.

ADRESSE UTILE
Espace Infos RTM 6, rue des Fabres 13001 Marseille Tél. : 04.91.91.92.10 – Site Internet : http://www.lepilote.com

À Toulouse

Le métro, type Val, mis en service en 1993, est accessible à tous.

Le GIHP de Toulouse a créé un service d'accompagnateurs dans les transports, à la disposition des personnes handicapées motrices ou sensorielles. L'accompagnateur escorte la personne de porte à porte. Ce service fonctionne par abonnement annuel, sept jours sur sept, de 7 heures à 1 heure du matin, dans la zone du réseau de transports en commun de Toulouse et de sa périphérie.

• Les autres moyens de transports urbains

Les bus, cars, tramways

Que ce soit à Paris, Chambéry, Grenoble, Nantes ou Montpellier, des efforts sont effectués pour que ces moyens de transports soient accessibles aux personnes handicapées (voir Partie 10).

Dans les autobus, les places réservées aux personnes handicapées ou aux personnes âgées sont signalées par un cœur vert.

À NOTER
Tous les bus neufs sont à plancher bas.
Depuis octobre 1999, un nouveau PC dessert les portes de Paris. Les autobus mis en exploitation sont des Agora à trois accès. Pour monter ou descendre, une palette située à la porte centrale permet l'accès des personnes en fauteuil roulant. Le plancher bas et les marches douces sont appréciées des personnes à mobilité réduite. Les annonces automatiques visuelles et sonores renseignent sur la destination du bus et sur le nom du prochain arrêt. Au total, 17 lignes de bus sont accessibles et les 59 lignes de Paris seront accessibles fin 2006. Les deux seules lignes de tramway parisiennes sont également accessibles aux personnes en fauteuil et sont équipées de dispositifs d'annonces sonores et visuelles.
À Caen, depuis octobre 2002, un tramway sur pneus est mis en service.
À Rouen, depuis 1994, un tramway accessible aux personnes handicapées a été installé.
À Lille, la société de location de minibus DLM a mis en place un véhicule spécialement aménagé **Handybus** permettant d'accueillir 9 personnes dont 1, 2 ou 3 en fauteuil roulant.
Siège social DLM
32, place de la gare
59800 Lille
Tél. : 03.20.06.18.80 – Site Internet : http://www.dlm-location.fr

Les réductions tarifaires ne peuvent être accordées que par les collectivités locales. Ces réductions diffèrent selon les départements et les villes.

Dans certains cas, elles peuvent aller jusqu'à la gratuité :
– les réductions tarifaires accordées sur les autobus de la RATP sont les mêmes que celles pratiquées sur le métro ;
– certaines municipalités de la région parisienne accordent des réductions ou la gratuité sur le réseau RATP ou SNCF banlieue ;
– la ville de Colmar délivre gratuitement des tickets de bus aux personnes titulaires d'une carte d'invalidité au taux d'incapacité de 80 %, non imposables sur le revenu ;
– à Toulon, les personnes handicapées ayant un taux d'incapacité égal ou supérieur à 80 % et bénéficiant de l'AAH ont droit à la gratuité du transport.

Les taxis

La réglementation des taxis est du ressort de la municipalité, mais il faut remarquer que celle des taxis parisiens sert souvent de référence pour la province.

Les personnes à mobilité réduite bénéficient d'une priorité d'accès aux taxis en cas de file d'attente à la sortie des gares et des aéroports.

À Paris, l'ordonnance n° 80-16248 du 8 avril 1980 du préfet de police (relative au statut des taxis parisiens) et un arrêté interpréfectoral (n° 01-16385 du 31 juillet 2001) relatif aux exploitants et aux conducteurs de taxis « *interdit aux conducteurs de taxis de refuser de prendre en charge les personnes handicapées, même lorsqu'il est nécessaire de les aider pour prendre place à l'intérieur du taxi* ». Cependant, « *les conducteurs de taxis peuvent [...] ne pas accepter de voyageur à côté de leur place ; [...] refuser les personnes accompagnées d'animaux, sauf s'il s'agit des aveugles avec leur chien* ».

Certains chauffeurs de taxi ont aménagé des véhicules pour le transport des personnes handicapées ; le prix de la course est identique à celui appliqué par un transport en taxi classique.

ADRESSES UTILES

La Ville de Paris a passé des contrats avec des sociétés de taxis :

Association pour la mobilité des handicapés à Paris (AMHAP)
Paris et banlieue
65, rue de la Victoire
75009 Paris
Tél. : 01.42.80.40.20

Déplacements en Île-de-France uniquement (AIHROP)
4, passage Saint-Antoine
BP 164
92504 Rueil-Malmaison
Tél. : 01.41.29.01.29

Fédération nationale des artisans du taxi
46, rue Armand-Carrel
75019 Paris
Tél. : 01.44.52.23.50 – E-mail : fnat-direction@artisan-taxi.com
Pour obtenir des taxis spécialement aménagés ou voyager sans quitter son fauteuil.

Les services de transports spécialisés

De nombreuses agglomérations disposent aujourd'hui d'un service de transport spécialisé destiné aux personnes handicapées. Ces services relèvent soit d'une association, soit d'une collectivité locale, soit du réseau de transport urbain. Les personnes handicapées sont souvent à l'origine de la création de tels services.

Pour accéder à ces services spécialisés, il faut :
- être titulaire de la carte d'invalidité ;
- ne pouvoir se déplacer qu'en fauteuil roulant ;
- être dans l'impossibilité d'utiliser les transports publics.

Le type de service proposé est le plus souvent le transport à la demande, avec une réservation effectuée 48 heures ou 24 heures à l'avance. C'est le chauffeur qui joue le rôle de l'accompagnateur.

La gratuité totale est peu fréquente. Il existe le plus fréquemment un tarif spécial : tarif unique ou par zone, avec des différences selon que l'on effectue un trajet à la demande ou programmé, que l'on voyage seul ou à plusieurs.

L'accompagnateur bénéficie souvent de la gratuité ou acquitte le même prix que la personne handicapée.

EXEMPLE
Le Groupement pour l'insertion des personnes handicapées physiques a passé une convention avec les caisses primaires d'assurance maladie, qui prévoient le remboursement des frais de déplacement et la dispense d'avance des frais pour les personnes handicapées.

• Les moyens de transports longue distance

Le train

La SNCF a engagé un programme d'action visant à faciliter l'usage des gares et des trains aux personnes handicapées (voir Partie 10). Des places sont réservées, dans les parkings les plus proches de la gare, aux titulaires du macaron GIC ou GIG (voir p. 229 et p. 230), les services accessibles aux personnes handicapées sont signalés par des pictogrammes, et les gares disposent de matériel (fauteuils roulants, élévateurs) facilitant le déplacement des personnes à mobilité réduite.

À NOTER
En cas d'assistance nécessaire pour l'accès, la montée ou la descente du train, il convient d'aviser la gare de départ 48 heures à l'avance.

Il n'existe pas de tarification spécifique aux personnes handicapées civiles, mais leur accompagnateur peut bénéficier d'avantages tarifaires allant jusqu'à la gratuité.

Dans les trains Corail et les TGV qui comportent au moins une voiture de première classe, il existe un emplacement accessible aux personnes en fauteuil roulant. La personne handicapée en fauteuil peut y avoir accès avec un billet de 2e classe (surclassement gratuit). Seuls les nouveaux TGV Duplex sont totalement accessibles.

À partir de 2003, les trains « corail » rénovés proposeront quatre emplacements pour fauteuil roulant et également des toilettes totalement accessibles.

Un site Internet « Voyageurs handicapés » sera bientôt disponible pour l'aide et l'information des voyageurs handicapés.

Les invalides de guerre bénéficient, selon leur taux d'invalidité, d'une réduction allant de 50 à 75 % du montant de leur billet. L'accompagnateur voyage gratuitement si la personne handicapée est invalide à 100 %. La gratuité ne dispense pas du paiement de la réservation dans les TGV.

RENSEIGNEMENTS UTILES

Un guide gratuit est diffusé dans les gares et dans les agences de voyage, *Le Guide du voyageur. Supplément à l'intention des personnes à mobilité réduite.*

SNCF, Île-de-France
209-211, rue de Bercy
75012 Paris
Tél. : 01.53.25.83.19

SNCF – Grandes lignes – Accueil des handicapés
Tél. : 0.800.15.47.53

L'avion

Les grands aéroports sont accessibles aux personnes handicapées (voir Partie 10).

Cependant, l'accessibilité des avions reste très limitée. Si les dispositions techniques prévues par le Code de bonne pratique (texte signé par certaines compagnies aériennes pour clarifier leurs procédures de transports) sont respectées, les avions à deux allées et comptant plus de 100 sièges seront les seuls à devoir comporter un cabinet de toilette totalement accessible aux passagers en fauteuil. La présence d'une chaise transfert de bord sera assurée sur tous les vols.

Les avions à une allée comportant plus de 100 sièges pourront se contenter d'un cabinet de toilette équipé d'aménagements intérieurs, mais non accessible en fauteuil.

Tous les avions neufs livrés à compter du 1er avril 2002 (et 1er avril 2003 pour les avions d'occasion) devront respecter ces dispositions.

Les avions en service actuellement et les appareils neufs ou d'occasion livrés avant ces dates devront être équipés dès le premier réaménagement complet de la cabine et au plus tard le 1er avril 2005.

Certaines dispositions internationales permettent aux personnes handicapées, voyageant en groupe, de réserver des vols charter.

Si la personne handicapée voyage régulièrement par avion, elle peut demander la carte FREMEC, délivrée par le service médical du transporteur. Cette carte constitue une déclaration permanente d'aptitude au transport aérien. Elle est valable pendant cinq ans.

À NOTER
Air France, compagnie nationale appliquant les règlements internationaux, ne peut admettre qu'un certain nombre de passagers handicapés moteurs ne disposant d'aucune autonomie de mobilité (WCHC), selon le type d'appareil.

Les grands invalides de guerre, de même que leur guide accompagnateur, bénéficient de réductions sur le tarif de base :
– dans le cas d'un taux d'incapacité égal ou supérieur à 80 % : réduction de 50 % sur toutes les compagnies membres de l'Association internationale de transport aérien (ATAF) à l'intérieur de la zone France, à l'exception de l'Afrique du Nord ;
– dans le cas d'un taux d'incapacité compris entre 75 et 85 % : réduction de 40 % sur les relations exploitées par Air France entre la métropole et les départements d'outre-mer ;
– les aveugles civils ainsi que leur guide accompagnateur bénéficient d'une réduction de 25 % pour tous les voyages effectués à l'intérieur d'une zone comprenant la France continentale et la Corse sur les compagnies de l'ATAF (essentiellement les compagnies françaises).

À NOTER
Le chien guide d'aveugle (en cabine) et le fauteuil roulant (en soute) sont transportés gratuitement. Cependant, le chien guide doit être muni d'une muselière et son propriétaire doit présenter les documents sanitaires en cours de validité.

Par ailleurs, Air France applique d'autres réductions :
– la réduction famille ; à partir de deux personnes sur les vols bleus ou blancs à l'intérieur de la France, sans condition d'âge, pour les membres de la famille, dès lors que l'un d'entre eux est titulaire de la carte d'invalidité au taux d'incapacité de 80 % ;

– sur les vols intérieurs, l'avantage « tierce personne » pour la personne handicapée et son accompagnateur, voyageant ensemble :

- tarif A : 25 à 40 % de réduction sur les vols blancs et bleus,
- tarif B : prix avantageux sur Marseille/Corse et Nice/Corse.

La carte SAPHIR

Un Service d'Assistance aux Personnes Handicapées, Informations et Réservation (SAPHIR) accompagné d'un numéro spécifique, le 0 820 01 24 24 a été mis en place en juin 2001 par la société Air France. Ce service délivre gratuitement une carte personnelle valable cinq ans et un numéro d'identification. Cette carte contient des renseignements relatifs au handicap, au besoin d'assistance, à la taille du fauteuil roulant... mais aussi l'accord médical si nécessaire. La carte évite ainsi à son bénéficiaire d'avoir à redonner toutes ces informations et à solliciter un nouvel accord à chaque réservation. La carte fait également office de billet électronique et propose un service payant de prise en charge depuis le domicile jusqu'au comptoir d'enregistrement. Elle ne peut être utilisée que sur les vols Air France.

En octobre 2002, un guide des aéroports français a été édité par Aéroguide Éditions. Ce guide s'adresse à tous les passagers : personnes à mobilité réduite, femmes enceintes, bébés, enfants voyageant seuls, passagers novices...

C'est un guide pratique qui permet d'organiser son voyage depuis la réservation jusqu'à l'aéroport d'arrivée reprenant pour chacun des 130 aéroports commerciaux français (y compris les Dom-Tom) l'ensemble de ses caractéristiques concernant les parkings, l'aérogare, les compagnies aériennes, les destinations et les numéros utiles.

ADRESSES UTILES

Aéroguide Éditions
47, avenue Léon-Gambetta
92120 Montrouge
Tél. : 01.46.55.93.43

Aéroport de Paris
291, boulevard Raspail
75675 Paris Cedex 14
Tél. : 01.43.35.70.00

Aéroport Charles-de-Gaulle
BP 20101
95711 Roissy-Charles-de-Gaulle Cedex
Tél. : 01.48.62.12.12
Site Internet : http://www.adp.fr

Aéroport d'Orly
Orly Sud 103
94396 Orly aérogare Cedex
Tél. : 01.49.75.52.52

Air France/renseignements et réservations
Tél. : 0 820 320 820
Site Internet : http://www.airfrance.com

Service médical d'Air France
Aérogare des Invalides
2, rue Robert-Esnault-Pelterie
75007 Paris
Tél. : 01.43.17.22.00

Les transports maritimes ou fluviaux

La société nationale maritime Corse-Méditerranée (SNCM) dispose de bâtiments accessibles. La réservation d'une cabine de 1re classe, spécialement aménagée, se fait aux conditions tarifaires de la 2e classe pour les personnes en fauteuil roulant, sur simple appel téléphonique.

Les liaisons France/Angleterre et France/Angleterre/Irlande dépendant de la SNCF et de la compagnie Bretagne-Angleterre-Irlande (BAI) sont entièrement accessibles aux personnes en fauteuil roulant. Elles doivent cependant prévenir, à l'avance, de leur arrivée.

ADRESSES UTILES

SNCM
Informations – Réservations
Tél. : 08.91.67.95.00

Eurostar – Transport maritime
Tél. : 08.92.35.35.39

Sealink
23, rue Louis-Le-Grand – 75002 Paris
Tél. : 01.44.94.40.40 ou pour avoir le port de Calais : 03.21.46.80.00

Thalys
Tél. : 08.92.35.35.36

À NOTER
Le tourisme fluvial est depuis quelques années en vogue : il propose des bateaux aménagés et des bateaux pouvant être pilotés par des personnes tétraplégiques.

POUR EN SAVOIR PLUS

À consulter

ADP (Aéroport de Paris), Guide du passager à mobilité réduite, *Orly* n° 4, 1998.

AIR FRANCE. SAPHIR, Assistance au voyage des personnes handicapées, 2001.

L'accessibilité à la RATP, « La politique d'accessibilité : améliorer le confort de tous », 2002, 5 p. + dépliants.

Conseil national des transports, comité de liaison pour le transport des personnes handicapées (COLITRAH), *Transport des personnes handicapées. Législation, réglementation et normes*, 6e édition, Paris, Conseil national des transports, septembre 1998, 29 p.

Conseil national des transports, *Mesures en faveur des personnes handicapées dans les différents moyens de transport et les différents pays*, 25e édition, Paris, Conseil national des transports, septembre 1998, 144 p.

GRAFF (Pierre), SPINETTA (Jean-Cyril), « Aéroguide France, aéroport : mode d'emploi » *in Le Guide des aéroports français*, 2002-2003, 352 p.

GUILBOT (M.), « Handicaps et accès au droit de conduire », *Journal de réadaptation médicale*, vol. 15, 1995, n° 2, p. 64-73.

60 millions de consommateurs, « Des solutions pour tous ceux qui ont du mal à se déplacer », n° 104/Hors-série, janvier-février 2002, 96 p.

ADRESSES UTILES

Conseil national des transports (CNT)/COLIAC
34, avenue Marceau
75008 Paris
Tél. : 01.53.23.85.85
Site Internet : http://www.cnt.fr

Association des paralysés de France (APF)
17, boulevard Auguste-Blanqui
75013 Paris
Tél. : 01.40.78.69.00

À NOTER

La création du **COLIAC** – Comité de liaison pour l'accessibilité des transports et du cadre bâti (arrêté du 16 décembre 1999 – *JO* du 21 décembre 1999).

Le COLIAC réunit des associations, des professionnels et les pouvoirs publics. Il constitue une extension du COLITRAH (comité de liaison pour le transport des personnes handicapées) aux domaines du logement, des bâtiments et espaces publics et du tourisme.

Il assiste le ministre chargé de l'Équipement, des Transports, du Logement et du Tourisme dans l'élaboration et la mise en œuvre de la politique d'accessibilité, des transports, du cadre bâti et du tourisme. Il associe à ses réflexions et à ses travaux des experts et des organismes qualifiés dans le domaine de l'accessibilité. Il remet chaque année au ministre le bilan annuel de son activité ainsi qu'un rapport sur la situation et l'évolution de l'accessibilité en France.

CHAPITRE 2
Les améliorations de la vie quotidienne

Les aides techniques

Des systèmes ou des appareils peuvent rendre la vie plus facile aux personnes handicapées. Ce sont des produits destinés à compenser un handicap moteur ou sensoriel en permettant les déplacements (fauteuils roulants...), la vie à domicile (domatique), la communication (synthèse vocale, prothèses auditives...).

Ces autres matériels sont communément dénommés « aides techniques ».

ADRESSE UTILE
ESCAVIE Espace conseil pour l'autonomie en milieu ordinaire CRAMIF 17/19, rue de Flandres 75954 Paris Cedex 19 Tél. : 01.40.05.67.51 Site Internet : http://www.cramif.fr

Le téléphone

France Télécom n'accorde pas d'avantages tarifaires spécifiques aux personnes handicapées qui doivent donc acquitter les frais de branchement, d'abonnement et leurs communications. Cependant, elle propose :
– *aux personnes malentendantes :* un appareil avec sonnerie amplifiée, un combiné amplifié, un flash couplé à la sonnerie, un poste d'appel émetteur et récepteur de message écrit. Elle propose également un boîtier dialogue sur PC, qui permet de communiquer avec un correspondant équipé d'un Minitel ou le 3618, qui donne la possibilité à deux abonnés équipés de Minitel de communiquer par écrit ; les personnes sourdes peuvent, sur présentation de leur carte d'invalidité, louer un ensemble Minitel 2 + signal lumineux + boîtier Dialogue pour le montant du seul Minitel ; son produit totem 1999 : publiphone à affichage par écran qui propose des services en ligne ;
– *aux personnes déficientes visuelles ou aveugles,* titulaires de la carte d'invalidité portant la mention « cécité » ou « canne blanche » : un poste de téléphone comportant un clavier à gros chiffres, en braille ou encore tactile ; la carte France Télécom leur donne l'accès gratuit aux renseignements par télé-

phone (les parents d'un enfant non voyant peuvent également obtenir cette carte. Se renseigner auprès de son agence France Télécom). La carte permet en outre de préenregistrer dix numéros de téléphone, avec un code confidentiel et de téléphoner d'un publiphone ou d'un poste privé. Les appels sont comptabilisés sur la facture de téléphone de l'abonné ;
– *aux personnes déficientes motrices :* des supports de combinés, des composeurs automatiques de numéros et le téléphone « mains libres » qui offrent la possibilité de numéroter sans décrocher son combiné.

La téléalarme permet à l'abonné, par l'intermédiaire d'une poire ou d'un médaillon porté autour du cou, d'avertir en cas d'urgence une centrale d'écoute, celle-ci faisant appel à son tour aux services adaptés.

À NOTER

Depuis juillet 2000, les personnes titulaires d'un minimum social (RMI, AAH) peuvent bénéficier d'une réduction de 5,03 euros TTC sur leur abonnement mensuel (10,06 euros par facture).

D'autre part, France Télécom vient de mettre en place un service gratuit qui fonctionne 24 h sur 24 : un seul numéro de téléphone : le 3000.

Désormais, il suffit de composer le 3000 pour bénéficier d'une messagerie sur le téléphone de la maison, pour consulter et suivre sa consommation téléphonique, pour connaître les conditions des forfaits et toutes autres informations.

France Télécom propose également Top Message, un service de messagerie pour avoir tous les services d'une messagerie sur votre téléphone. Pour l'utiliser, un téléphone à fréquences vocales (touches musicales) est nécessaire.

Des exemplaires de ces documents en braille intégral et écriture agrandie sont disponibles auprès de :

France Télécom
Branche Grand Public/DMGP
6, place d'Alleray
75505 Paris Cedex 15

Association Ebrec
Espace des Associations
allée du docteur Bourgeois
91150 Etampes
Tél. : 01.69.92.77.55/66

Orange, la filiale téléphonie mobile de France Télécom a mis en place à l'attention de ses clients aveugles et malvoyants un tarif privilégié pour l'utilisation du 712, le numéro des renseignements directs d'Orange. En le composant, le client obtient un conseiller qui lui communique le numéro de son correspondant et s'il le souhaite le met en relation directe avec son interlocuteur.

Par ailleurs, depuis le 29 avril 2002, Orange offre un service aux personnes handicapées sensorielles. Il s'agit de l'offre « Motamo » (abréviation de mot à mot). Il se compose d'un coffret mensuel de 200 SMS pour 15 euros.

Motamo propose également un accès gratuit à l'option Orange sans frontière. Cette offre est associée à un nouveau coffret Orange composé d'un terminal Nokia 3330 à un prix référentiel de 30 euros pour un engagement de deux ans. Ce coffret comprend un guide d'utilisation. L'offre est réservée aux personnes pouvant justifier de leur déficience sensorielle soit par présentation de leur carte d'invalidité, soit d'un certificat médical. Elle est accessible auprès des services de vente par télécopie au 0 810 21 9001 ou par téléphone au 0 810 21 9000.

L'offre « Motamo » est proposée dans les agences suivantes : l'agence Jeanne-d'Arc de Paris, l'agence Mazargue de Marseille et l'espace spécialisé pour sourds et malentendants de Lyon.

Source : *Être*, n° 60, juillet-août 2002.

RENSEIGNEMENTS UTILES

Le catalogue Arc-en-Ciel, distribué gratuitement dans les agences France Télécom, présente une sélection de produits et services qui facilitent l'accès aux télécommunications aux personnes handicapées ou âgées.

France Télécom – Paris
Espace Arc-en-Ciel
Boutique Jeanne-d'Arc
26, place Jeanne-d'Arc
75013 Paris
Tél. : 01.45.70.14.72 ou 01.45.70.14.70

La télévision

Les sous-titrages Antiope permettent aux personnes déficientes auditives de suivre les émissions de télévision. Le système est gratuit mais un décodeur est nécessaire.

La chaîne de télévision La Cinquième diffuse des émissions en direction des personnes handicapées, notamment « L'œil et la main » en langue des signes, ainsi qu'un magazine d'information pour les déficients auditifs.

« À vous de voir », émission sur la déficience visuelle.

Tous les premiers du mois, « A vous de voir » prend le relais de « L'œil et la main ». Tout en prônant l'une et l'autre la tolérance et la solidarité, ces deux programmes visent deux types de publics : « L'œil et la main » s'adresse aux sourds et aux malentendants, tandis que le magazine « À vous de voir » répond aux attentes spécifiques des malvoyants et des aveugles, et tente de sensibiliser le public des voyants à leur vie quotidienne.

L'Association des handicapés physiques et insuffisants sensoriels édite en braille, chaque semaine, la grille des émissions des six chaînes de télévision ainsi que les programmes de France-Culture et de France-Musique.

POUR EN SAVOIR PLUS
Association Valentin Haüy 5, rue Duroc – 75343 Paris Cedex 05 Tél. : 01.44.49.27.27

À NOTER

Le centre ERASME, créé au sein de l'Institut des jeunes sourds de Paris, travaille en collaboration avec les chaînes de télévision pour améliorer et développer le sous-titrage.

Source : GILLOT (D.), *Le Droit des sourds, 115 propositions : rapport au Premier ministre,* Paris, 30 juin 1998.

ADRESSES UTILES	
TDF – ANTIOPE 21-27, rue Barbès 92120 Montrouge Cedex Tél. : 08.10.01.11.21	**La Cinquième/Arte** 10, rue Horace-Vernet et 8, rue Marceau 92136 Issy-Les-Moulineaux Tél. : 01.56.22.93.93 et 01.55.00.77.77 Site Internet : http://www.france5.fr

À NOTER

L'EBREC (Association Braille, recherche, emploi, communication) publie des documents en braille et en gros caractères, notamment un guide pratique de l'euro, et des fiches pratiques sur le droit du travail.

Pharmabraille est un service mis en place par l'association Handicapzéro. Il permet aux personnes qui en font la demande d'obtenir gratuitement les étiquettes et les notices en braille des médicaments qui leur sont prescrits.

Factures en gros caractères

Depuis le 1er octobre 2001, Orange France et HandiCapZéro mettent gratuitement à la disposition des clients de l'opérateur leurs factures en caractères agrandis. Éditées en caractères Arial de taille 20, elles seront adressées par courrier, accompagnées de la facture originale, à tous les clients d'Orange qui en feront la demande en appelant le numéro vert de d'HandiCapZéro.

ADRESSES UTILES

EBREC
Espace des associations
allée du docteur Bourgeois
91150 Étampes
Tél. : 01.69.92.77.55
E-mail : ebrec@wanadoo.fr

Handicapzéro
160, rue Montmartre – 75002 Paris
Tél. : 08.00.39.39.51
Site Internet : http://www.handicap-zero.org

CHAPITRE 3
Les loisirs

À NOTER
Le 23 mai 2001 la **Commission nationale culture-handicap**, créée par l'arrêté du 1er février 2001, a été installée. Il a été décidé la création de quatre groupes de travail. Les thèmes retenus sont les suivants :
– l'accueil dans les institutions culturelles ;
– l'accessibilité des équipements ;
– l'accès à la pratique artistique amateur et aux professions culturelles ;
– l'information et la communication sur les handicaps vis-à-vis des milieux artistiques et culturels.
Les conclusions des travaux devraient être connues pour la fin de l'année.
Par ailleurs, chaque direction régionale des affaires culturelles devrait désigner un « correspondant culture-handicap » (circulaire n° 2001-464 du 27 septembre 2001 relative à l'installation de la commission nationale culture-handicap, *BOMES*, n° 2001-43 du 10 novembre 2001, p. 257-258).

Les musées

Les personnes handicapées titulaires de la carte d'invalidité (taux d'incapacité au moins égal à 80 %) ainsi que, dans la plupart des cas, leur accompagnateur, bénéficient de la gratuité d'entrée dans les musées nationaux.

La direction des musées de France a pris en outre une série d'initiatives afin de permettre l'accessibilité des musées aux personnes handicapées :
– certains musées organisent des visites-conférences pour des groupes de personnes atteintes de handicaps moteurs, visuels, auditifs ou mentaux, à des tarifs préférentiels ;
– des conférenciers sourds proposent des visites en langue des signes française ou internationale dans les musées nationaux et de la ville de Paris ;
– des visites peuvent être adaptées aux personnes non voyantes. Elles s'adressent à des groupes de huit personnes au maximum et n'ont jamais lieu le week-end. Il faut réserver auprès du musée.

L'interdiction ou la tentative d'interdire l'accès des lieux publics aux chiens accompagnant les personnes titulaires de la carte d'invalidité portant la mention « cécité », « canne blanche » ou « tierce personne » est punie d'une amende de 304,90 euros.

Le Musée du Louvre

L'entrée du musée est gratuite pour les personnes handicapées munies de leur carte d'invalidité ainsi que pour leur accompagnateur. Les personnes handicapées bénéficient d'un accès prioritaire sans file d'attente et de 50 % de réduction du parc de stationnement souterrain. Cependant, leur ticket de stationnement doit être tamponné après la visite au comptoir d'information ou à « l'accueil des groupes ». Les chiens guides sont autorisés.

Dispositifs pour les personnes malvoyantes :

Pour visiter individuellement, des aides optiques sont nécessaires. Des visites-conférences descriptives autour d'une œuvre proposent un commentaire et un dialogue. Le droit de conférence est réduit pour les personnes handicapées et gratuit pour leur accompagnateur.

Pour visiter en groupe, la réservation gratuite est obligatoire. Deux types de visites sont possibles : *la visite-conférence descriptive* (15 personnes maximum) et *la visite-conférence tactile* qui permet de toucher au moulage ou à certaines œuvres du musée.

Des ateliers (8 personnes maximum) permettent de découvrir une architecture à l'aide de maquettes et de dessins en relief.

À l'espace tactile, un audioguide mains libres en location (5 euros) et un catalogue en gros caractères ou en braille (gratuit) offrent des commentaires des œuvres étrangères.

Pour vous aider, des fauteuils roulants en échange d'une pièce d'identité sont disponibles gratuitement. Un plan et des informations spécifiques aux personnes à mobilité réduite décrivent l'emplacement des collections et des itinéraires avec ascenseurs.

Source : La visite au musée, « Malvoyants », Musée du Louvre, 7 p., décembre 2001.

À NOTER
Les groupes préconstitués de personnes handicapées ou « invalides », bénéficient de la gratuité d'accès à certains musées sur présentation d'une attestation du directeur de l'organisme ayant réservé la visite.

À Paris, un « réseau des cellules accessibilité des établissements culturels » fondé en 2001 regroupe une douzaine d'établissements désirant partager leur savoir-faire dans le domaine de l'accueil des publics handicapés. Parmi ces établissements, nous pouvons citer :
– *Palais de la découverte* : l'entrée est gratuite pour le visiteur handicapé et son accompagnateur, sauf pour le planétarium. Renseignements au 01.56.43.20.21.
– *Muséum d'histoire naturelle* : la Grande Galerie de l'Évolution est entièrement accessible aux personnes en fauteuil, mais certains autres sites demandent l'aide d'un accompagnateur. Renseignements au 01.40.79.54.18.

– *Musée d'Orsay* : récemment aménagé, ce musée a édité un plan contenant toutes les informations utiles aux personnes handicapées. Renseignements au 01.40.49.47.14.
– *Centre Pompidou* : toutes les animations programmées dans les espaces du centre sont accessibles et détaillées dans ses brochures. Le centre met à la disposition des personnes qui le désirent des fauteuils roulants. Renseignements au 01.44.78.49.54.

POUR EN SAVOIR PLUS

DESSERTINE (A.), GILBERT (C.), SANCHEZ (J.), « Recevoir les handicapés », *in Musées et collections publiques de France* (Revue de l'association générale des conservateurs des collections publiques de France), 1997, n° 1, 114 p.

Fondation de France. ICOM, *Des musées ouverts à tous les sens. Mieux accueillir les personnes handicapées*, Paris, Fondation de France, 1991, 182 p.

SANCHEZ (J.), BOURDON (L.), SPINGA (J.), *Les Pratiques de lecture des handicapés sensoriels : usages et dispositifs d'accès en Saône-et-Loire : rapport final*, Vanves, CTNERHI, 1992, 82 p.

Handicap international, Programme France, *Créer, recréer le musée : mémoire, patrimoine et création : la place et le rôle des personnes handicapées dans les musées*, Lyon, Handicap International, 1997, 216 p.

Théâtres, cinémas

Les exploitants de salles de spectacles, de conférences, etc. *« ne peuvent pas s'opposer à l'admission des handicapés »* dans la limite de *« 5 % de personnes handicapées accompagnées ou non, avec un minimum de deux en rez-de-chaussée, et 1 % de personnes handicapées accompagnées, avec un minimum de deux à tout autre niveau »* (ministère de l'Intérieur, art. GN 8, sécurité incendie).

Par ailleurs, l'International Visual Theatre (IVT) organise des spectacles (théâtre, danse, mime) pour les personnes déficientes auditives.

À NOTER
Au théâtre, les personnes malentendantes peuvent lire simultanément le texte dit par les acteurs grâce à un livret électronique. Pour l'heure, il est installé au théâtre national de Chaillot et à la Comédie-Française. Il est distribué par IDREL (Informatique Développement Recherche en Électronique)
5, rue Ampère, 91430 Igny.
Tél. : 01.69.41.98.61
Fax : 01.69.85.54.10

ADRESSE UTILE
IVT – International Visual Theater (Centre socio-culturel des sourds) Château de Vincennes Tour du Village 94300 Vincennes Tél. : 01.43.65.63.63 Site Internet : http://www.ivtcscs.org

Bibliothèques

La direction du livre et de la lecture du ministère de la Culture a publié un ouvrage, *Bibliothèques publiques et personnes handicapées*, qui montre que l'accès des personnes handicapées aux bibliothèques publiques progresse, et qui insiste sur le rôle intégrateur et culturel de celles-ci. Il conseille sur la façon d'accueillir une personne handicapée, soulignant ses capacités et ses difficultés face à la lecture. Il propose une sélection d'aides techniques à la lecture, des adresses de fabricants, de bibliothèques équipées et d'éditeurs spécialisés.

La bibliothèque municipale de Bordeaux offre aux lecteurs handicapés un accueil spécifique, des services et des collections adaptés.

Pour les personnes à mobilité réduite, un fauteuil roulant est disponible au poste de sécurité en cas de besoin. Un tourne-page électrique pouvant être actionné par le souffle est mis à la disposition des usagers tétraplégiques.

Pour les déficients visuels, un plan en relief de la bibliothèque leur donne la possibilité de se repérer dans le bâtiment. Des logiciels de grossissement de caractères, des synthèses vocales et des plages tactiles brailles permettent la consultation sur place des documents en gros caractères. Pour la basse vision, des vidéos agrandisseurs sont disponibles. Environ 6 000 documents peuvent être empruntés à domicile.

Pour les personnes sourdes, une bibliothécaire pratiquant la langue des signes (LSF) assure à la demande un accueil personnalisée des usagers sourds.

RENSEIGNEMENTS UTILES
Ministère de la culture, direction du livre et de la lecture, Fédération française de coopération entre les bibliothèques, *Bibliothèques publiques et personnes handicapées*, Paris, FFCB, 1996, 103 p. **FFCB** 54, boulevard Richard-Lenoir – 75011 Paris Tél. : 01.43.57.85.02 – Site Internet : http://www.ffcb.org

Une bibliothèque du livre en gros caractères, à Paris, propose des textes et des éclairages adaptés aux lecteurs amblyopes, enfants et adultes :
62, rue Petit – 75019 Paris
Tél. : 01.42.41.48.92

L'Association Valentin-Haüy possède une bibliothèque littéraire en braille et sur cassettes :
5, rue Duroc – 75007 Paris
Tél. : 01.44.49.27.27 – Site Internet : http://www.avh.asso.fr

La musique

L'association CEMAFORRE milite pour l'accès à la culture des personnes handicapées et âgées. Elle dispose d'un service de recherche et de conseil pour l'accessibilité des pratiques musicales et de formation pour les professionnels. Elle a publié un ouvrage, *Musique, handicap et dépendance,* qui fait le point sur la législation, les aides à l'accès au spectacle, la pratique musicale par type de handicap et les métiers autour de la musique accessibles aux personnes handicapées.

À NOTER
Théâtre et handicap. Écriture, lecture et handicap, sont les deux ouvrages qui complètent l'encyclopédie Culture et Handicap éditée par CEMAFORRE.

ADRESSE UTILE

CEMAFORRE
3, villa Saint-Fargeau
75020 Paris
Tél. : 01.47.97.87.26

L'association Valentin-Haüy possède une bibliothèque musicale en braille.

L'Association musicale des handicapés de France (AMHF) enseigne la musique et fait participer enfants et adultes à des chorales et des orchestres.

ADRESSE UTILE

AMHF
41, avenue de la Grande-Armée
75116 Paris
Tél. : 01.45.00.84.57 (seulement le matin)

La peinture

La Société des artistes peignant de la bouche et du pied (APBP) organise des expositions afin de vendre les œuvres et protège les intérêts de ses adhérents. Elle accorde également des bourses.

ADRESSE UTILE
APBP Route Écospace 67120 Molsheim Tél. : 03.88.47.96.98

Le sport

De plus en plus de personnes handicapées pratiquent soit un sport en milieu ordinaire, soit un sport adapté.

LES DEUX FÉDÉRATIONS DE SPORT
Il existe deux grandes fédérations regroupant les sportifs handicapés. La Fédération française handisport a pour mission principale l'organisation, le développement, la coordination et le contrôle de la pratique des activités physiques et sportives des handicapés physiques et visuels de toute origine. **Fédération française handisport** 42, rue Louis-Lumière 75020 Paris Tél. : 01.40.31.45.00 Site Internet : http://www.handisport.org La Fédération française du sport adapté propose des activités sportives aux personnes ayant un handicap mental. **Fédération française du sport adapté** 9, rue Jean Daudin 75015 Paris Tél. : 01.42.73.90.00 Site Internet : http://www.ffsportadapte.org Depuis 1992, un accord passé entre le Comité international olympique et le Comité international para-olympique, prévoit que les jeux réservés aux personnes handicapées se déroulent sur les mêmes lieux et avec les mêmes installations que les jeux olympiques.

Les voyages

Les centres de vacances pour personnes handicapées sont soumis à autorisation préfectorale. Les préfets, par l'intermédiaire des DDASS, ont pour mission de visiter les sites d'accueil, afin de s'assurer que les conditions de sécurité, de confort et d'hygiène sont adaptées. Ils vérifient que l'encadrement est suffisant et que toutes les précautions ont été prises pour assurer d'éventuels traitements médicaux et l'accès aux soins (lettre DAS, RVI du 30 juin 1996).

De nombreux centres de vacances et de loisirs acceptent les personnes handicapées. Chaque année, la revue *Actualités sociales hebdomadaires* (ASH) en publie une liste.

Tourisme et handicap

Mis en place officiellement le 4 mai 2001 par le ministre du Tourisme, le label « tourisme et handicap » a pour objectif :
– d'apporter à la clientèle handicapée une information fiable et objective sur l'accessibilité des sites et équipements touristiques, de culture et de loisirs ;
– de développer l'offre touristique adaptée et l'intégrer à l'offre généraliste et favoriser l'émergence de produits et services touristiques réellement ouverts à tous.

Ce label marque une étape importante dans le développement et l'accès aux vacances à tous et représente un savoir-faire en matière d'accueil de la clientèle des personnes handicapées.

Sous l'égide des délégués régionaux au tourisme, la plupart des régions ont constitué des commissions régionales de labellisation, composées à parité de membres représentant le monde du tourisme et le monde du handicap.

Les demandes de labellisation recouvrent les domaines suivants :
– les types d'hébergement (hôtels, villages-vacances, maisons familiales, chambres d'hôtes meublées, campings...) ;
– les établissements de restauration de toute nature ;
– les sites touristiques (monuments, musées, châteaux, jardins...) ;
– les sites de loisirs (parcs à thèmes, salles de spectacles, équipements sportifs, bases de loisirs...) ;

En 2002, plus de cent labels « Tourisme et Handicap » sont officiellement attribués dont :
– La cité des Sciences et de l'Industrie de la Villette (moteur, sensoriel, mental).
– NAUSICAA, centre national de la mer à Boulogne-sur-Mer (moteur, visuel, mental).

– La cité de l'Espace en Midi-Pyrennées.
– Une vingtaine de sites en Languedoc-Roussillon dont le musée du bonbon Haribo (moteur, mental, auditif).
– Une vingtaine de sites en Alsace, dont le Château du Haut-Koenigsbourg à Orschwiller (mental, visuel) ; l'Office du Tourisme du Jura alsacien à Ferrette (moteur) ; l'Église abbatiale d'Ebersmunster (moteur) ; l'Hôtel restaurant Le Moschenross à Thann (moteur).

Pour préparer l'année européenne des personnes handicapées en 2003, le Conseil national du tourisme (CNT) a créé un groupe de travail chargé d'évaluer les suites du rapport Gagneux en matière d'offre touristique. Une réflexion sur l'information, l'évolution et la sensibilisation à l'accessibilité et à l'accueil en matière de tourisme a été engagée. Le rapport de ce groupe de travail sera remis au ministre du Tourisme en fin d'année.

À NOTER
L'exonération de la taxe de séjour concerne les vacanciers dans le cadre des séjours avec hébergement payant (hôtels, villages de vacances...).
Les articles L. 233-34 à L. 233-37 et R. 233-46 à R. 233-48 du Code des communes prévoient des exonérations à la taxe de séjour. Les personnes handicapées, autres que les « mutilés, les blessés et malades par suite de fait de guerre », ne font pas partie des cas d'exonérations prévus. Toutefois, lorsqu'elles bénéficient de l'Aide sociale, elles sont exonérées, à ce titre, de la taxe de séjour.
Une première lecture de ce texte laisse supposer que les personnes titulaires de l'allocation compensatrice seraient exonérées de plein droit de la taxe de séjour, cette allocation étant du domaine de l'Aide sociale.
Source : CNLTA (conseil national des loisirs et du tourisme adaptés), Connaissances juridiques.
http://www.district-parthenay.fr/cnlta/taxe%20s%c3%a9jour.htm

À NOTER
L'Office de tourisme de Bourges propose des journées de visites guidées de la ville aux personnes handicapées. Ces visites, totalement accessibles concernent la découverte de la cathédrale Saint-Etienne, du Musée des Meilleurs Ouvriers de France, de la Vieille Ville... en compagnie d'un guide-conférencier.
Office du Tourisme de Bourges – Service Réservation Groupes
21, rue Victor-Hugo – BP 126
18000 Bourges
Tél : 33 (0) 2.48.23.02.60
Fax : 33 (0) 2.48.23.02.68

ADRESSES UTILES

Les associations de personnes handicapées organisent elles-mêmes des séjours.

Association des paralysés de France (APF)
17, boulevard Blanqui – 75013 Paris
Tél. : 01.40.78.69.00
Site Internet : http://www.apf.asso.com

APAJH-Vacances
26, rue du Chemin-Vert – 75541 Paris Cedex 11
Tél. : 01.48.07.25.88
Site Internet : http://www.apajh.org

MGEN-Handicaps
3, square Max-Hymans – 75748 Paris Cedex 15
Tél. : 01.40.47.20.20
L'Agence française du tourisme (AFIT) a publié un guide : « Tourisme et handicaps, construire ou aménager des équipements touristiques pour les clientèles handicapées ». Cet ouvrage est destiné aux professionnels du secteur qui souhaitent construire ou aménager leurs installations pour favoriser l'accueil des publics handicapés.
L'Association des parents et amis d'enfants inadaptés (UNAPEI) publie un document *L'Annuaire sport, vacances, culture,* qui rassemble l'information sur les activités organisées par les associations départementales et locales.

Passage à l'euro

Le ministère de l'Économie, des Finances et de l'Industrie a mis en place un Programme d'accompagnement à l'Euro des « publics fragiles » afin de préserver tout risque d'exclusion supplémentaire. Ce programme comprend des formations de proximité en direction de ces publics, des actions adaptées et ciblées sont menées en direction des personnes handicapées :

– *Pour les déficients visuels*, le programme « Euro-vision France » a été réalisé avec le Comité national de promotion des aveugles et des amblyopes (CNPSAA). Il s'agit de constituer un réseau de médiateurs de l'euro chargé d'animer des réunions de sensibilisation afin de leur permettre de s'approprier les nouveaux moyens de paiement par la manipulation des pièces et des billets. Puis, de mettre à leur disposition une aide de proximité ainsi qu'une aide à distance pour résoudre les difficultés pratiques. En outre, tous les dépliants destinés aux particuliers relatifs à l'euro seront édités en braille et en gros caractères.

CNPSAA – Projet Euro Vision France
49, rue Blanche, 75009 Paris
Tél. : 01.53.98.74.97 (entre 14 h 30 et 17 h 30)

– *Pour les sourds et les malentendants*, le programme prend en compte la spécificité du handicap et la langue des signes. Un dépliant et une affiche ont été conçus et une cassette vidéo réalisée.

– *Les déficients physiques et mentaux* : financement d'un jeu d'apprentissage de l'euro conçu par Mobility international et l'association des paralysés de France (APF) ; il s'agit du jeu « Euro' go for all ».

PARTIE 12
L'action de l'Union européenne

Introduction

L'essentiel des mesures prises en faveur des personnes handicapées sont élaborées à l'échelon national français. Il ne faudrait cependant pas négliger l'action de l'Union européenne qui, par le biais d'instances spécifiques, par la prise en compte du handicap dans les textes officiels communautaires et par la mise en place de programmes européens contribue, en particulier :
- à faire évoluer les mentalités dans les États membres ;
- à renforcer les droits des personnes handicapées ;
- à une meilleure intégration sociale des personnes handicapées.

Nous mettrons l'accent, dans cette partie, sur trois points :
- la clause de non-discrimination dans le traité d'Amsterdam et la déclaration relative aux personnes handicapées ;
- l'action du Forum européen des personnes handicapées ;
- les programmes européens en faveur de la formation et de l'emploi.

Une synthèse des actions menées en Europe et en France à l'occasion de l'Année européenne des personnes handicapées complète cette partie.

SOMMAIRE

CHAPITRE 1
La clause de non-discrimination dans le Traité d'Amsterdam et la déclaration relative aux personnes handicapées

La clause de non-discrimination dans le Traité d'Amsterdam

Réclamé par les membres du Forum européen des personnes handicapées (voir Chapitre 2) depuis le début de la conférence intergouvernementale pour la révision du Traité de Maastricht, un principe de non-discrimination en raison du handicap a été inscrit dans le Traité d'Amsterdam signé le 2 octobre 1997. Ce principe est mentionné dans l'article 13 du traité. Nous en reproduisons le texte exact :

« Article 13

Sans préjudice des autres dispositions du présent traité et dans les limites des compétences que celui-ci confère à la Communauté, le Conseil, statuant à l'unanimité sur proposition de la Commission et après consultation du Parlement européen, peut prendre les mesures nécessaires en vue de combattre toute discrimination fondée sur le sexe, la race ou l'origine ethnique, la religion ou les convictions, un ***handicap****, l'âge ou l'orientation sexuelle. »*

À NOTER

Le Traité d'Amsterdam, signé par les chefs d'États et de gouvernement des États membres, le 2 octobre 1997, est entré en vigueur le 1er mai 1999, après ratification dans les quinze États membres. Il marque une étape importante, permettant d'une part une consolidation des mécanismes mis en place par le Traité de Maastricht et, d'autre part, en mettant en avant une série d'orientations sociales prioritaires sur le plan communautaire, notamment en matière d'emploi.

Le nouvel article 13 (ex-article 6), introduit par le Traité d'Amsterdam, se réfère à l'adoption d'une disposition relative à la non-discrimination, autorisant le conseil à prendre les mesures nécessaires à l'unanimité, afin de lutter contre toute discrimination fondée sur le sexe, la race, l'origine ethnique, la religion ou les convictions, un handicap, l'âge ou l'orientation sexuelle.

Le nouvel article 137 (ex-article 118), introduit par le Traité d'Amsterdam et relatif aux mesures incitatives pour lutter contre l'exclusion sociale, prévoit que le conseil pourra intervenir ou renforcer son action par l'adoption de directives arrêtées à la majorité qualifiée, en codécision avec le Parlement européen et après consultation du Comité économique et social et du Comité des régions dans les domaines suivants :

– santé et sécurité des travailleurs ;
– conditions de travail ;
– intégration des personnes exclues du marché du travail ;
– information et consultation des travailleurs ;
– égalité entre hommes et femmes en ce qui concerne leurs chances sur le marché du travail et le traitement dans le travail.

Source : europa.eu.int/scadplus/leg/fr/cha/c10101.htm

Déclaration relative aux personnes handicapées

L'autre point important du traité d'Amsterdam est la mention expresse, dans une déclaration annexée au traité, que la prise en compte des besoins des personnes handicapées pourrait se faire au moyen de dispositions votées selon la procédure de l'article 100A. Cette procédure concerne la majorité qualifiée, et non plus l'unanimité comme cela était traditionnelment le cas. Sans entrer dans le détail, cela signifie, en réalité, que les mesures européennes concernant les personnes handicapées pourront être adoptées plus facilement qu'auparavant.

Texte de cette déclaration :

Acte final (du traité d'Amsterdam)

La conférence des représentants des gouvernements des États membres, *convoquée à Turin le 29 mars 1996 pour arrêter d'un commun accord les modifications à apporter au traité de l'Union européenne, aux traités instituant respectivement la Communauté européenne, la Communauté européenne du charbon et de l'acier et la Communauté européenne de l'énergie atomique et à certains actes connexes, a arrêté les textes suivants :*

Déclarations adoptées par la Conférence :

/.../

22. Déclaration relative aux personnes handicapées

La Conférence estime que, lors de l'élaboration de mesures en vertu de l'article 100A du traité instituant la Communauté européenne, les institutions de la Communauté doivent tenir compte des besoins des personnes handicapées.

/.../

À NOTER

Une déclaration annexée à un traité n'a pas l'effet contraignant que peut avoir un article inséré dans le traité lui-même.

Vers une dynamique d'inclusion

La Conférence européenne organisée par le gouvernement français les 16 et 17 octobre 2000 avait pour ambition d'inclure les questions relatives aux personnes handicapées dans le cadre de thématiques plus larges comme la citoyenneté, l'emploi, la protection sociale ou la société de l'information.

Trois points essentiels ont été examinés :

1) Pour des droits effectifs en Europe :

Le nouvel article 13 a ouvert aux personnes handicapées un droit formel leur permettant d'agir pour leur propre compte contre toutes les formes de discriminations.

L'article 26 « intégration des personnes handicapées » de la charte des droits fondamentaux formule également que l'« l'Union reconnaît et respecte le droit des personnes handicapées à bénéficier de mesures visant à assurer leur autonomie, leur intégration sociale et professionnelle et leur participation à la vie de la communauté. »

Le 26 juin 2000, la Commission européenne a adopté un nouvel agenda social concentrant ainsi un certain nombre d'actions sur :
- la modernisation et l'amélioration de la protection sociale ;
- la promotion de l'inclusion sociale ;
- le renforcement de l'égalité entre hommes et femmes ;
- la consolidation des droits fondamentaux ;
- la lutte contre la discrimination.

En ce qui concerne les personnes handicapées, il s'agira de :
- suivre la mise en œuvre de la communication « vers une Europe sans entrave pour les personnes handicapées » et préparer un rapport de mise en œuvre pour 2003 ;
- proposer une année européenne consacrée au handicap pour 2003.

2) La personne handicapée au cœur d'un réseau d'acteurs :
- les personnes handicapées doivent être reconnues, à titre individuel, dans leur capacité d'expertise ;
- elles doivent être reconnues également dans leur rôle d'acteurs dans la société au travers d'une participation optimale de l'élaboration de l'exécution et du suivi des politiques d'inclusion ;
- pour atteindre ces objectifs, des moyens devront être mobilisés par l'ensemble des partenaires.

3) Plan d'action à court et à moyen terme :

Pour soutenir ces évolutions :
- création d'un observatoire européen permettant un recueil d'informations en articulation avec les dispositions nationales ;

– mise en place d'un dispositif d'information et de formation pour le développement de la participation des personnes handicapées ;
– échange et suivi de bonnes pratiques, notamment par une rencontre d'évaluation de ce plan d'action au cours de l'année européenne des personnes handicapées 2003.

À NOTER
La non-discrimination est le thème principal des événements prévus pendant la période 2001-2002.
L'ONU a déclaré le 3 décembre 2001 « journée internationale des personnes handicapées » avec pour objectif « l'exercice de leurs droits fondamentaux et leur participation pleine et entière aux activités de la société dans l'égalité ».
Ce principe de non-discrimination a été réaffirmé lors de la « journée européenne des personnes handicapées » du 3 décembre 2001 organisée par la Commission européenne en collaboration avec le forum européen des personnes handicapées qui a mis l'accent sur le concept de « Design pour Tous ».
Celui-ci implique la création, la mise au point et la commercialisation de produits, de services, de systèmes d'environnements courants accessibles au plus grand éventail d'utilisateurs possible, et son application dans tous les domaines de la vie : le logement, l'enseignement, le travail, les loisirs, les transports, etc.

La Commission européenne soutient les efforts déployés par les institutions européennes et par les États membres pour adopter et mettre en œuvre des instructions qui rendent les Sites Web publics d'Internet accessibles et plus faciles à utiliser pour les personnes handicapées.
Les non-voyants peuvent « lire » les pages Web par l'intermédiaire d'un lecteur d'écran qui produit une combinaison de contenu auditif ou Braille (Communication de la Commission européenne, octobre 2001).

Le Traité de Nice

Le Traité de Nice a été adopté par les chefs d'États et de gouvernement de l'Union Européenne, le 11 décembre 2000. Les plus importantes stipulations de ce traité concernent l'ajustement des institutions de l'UE à une Union élargie à 25 et ultérieurement à 27 ou 28 membres. Le Traité de Nice définit le fonctionnement des institutions de l'UE dès lors que le processus de l'élargissement sera achevé.

Le Traité de Nice instaure une nouvelle procédure visant à déceler un risque de violation grave des droits fondamentaux par un État membre. Si ce nouveau mécanisme de prévention se révèle insuffisant, le Conseil européen pourra constater l'existence de cette violation et suspendre les droits du pays concerné, par exemple, le droit de vote au Conseil.

Le Traité de Nice est entré en vigueur le 1er février 2003.

Source : http://www.gouvernement.lu/salle_presse/actualite/2003/02/01nice

L'Union européenne contre les discriminations

Le cadre législatif de la Communauté comprend désormais deux directives et un programme d'action communautaire : directive 2000/43/CE du conseil ; directive 2000/78/CE du conseil et décision 2000/750/CE du conseil.

Les deux directives établissent des normes qui garantiront à travers toute l'Union un niveau commun de protection contre la discrimination et qui exigeront des modifications aux législations en vigueur dans les États membres. Cependant, consciente que cette législation à elle seule ne sera jamais suffisante pour assurer l'égalité dans la pratique, la Commission a également proposé un programme d'action communautaire qui lui permettra d'examiner des modalités pratiques pour surmonter les barrières dressées par la discrimination dans de nombreux domaines de la vie quotidienne.

La directive 2000/78/CE portant création d'un cadre général en faveur de l'égalité de traitement en matière d'emploi et de travail doit être transposée par les États membres d'ici à 2000 (des extensions du délai pouvant atteindre trois ans sont possibles pour les dispositions concernant la discrimination fondée sur un handicap ou l'âge). La directive :
- interdit la discrimination fondée sur la religion ou les convictions, un handicap, l'âge ou l'orientation sexuelle dans le domaine de l'emploi ;
- accorde les mêmes droits fondamentaux de protection que la directive 2000/43/CE ;
- exige des employeurs qu'ils procèdent à des aménagements raisonnables afin de répondre aux besoins d'une personne handicapée compétente pour exercer l'emploi en question. Ces aménagements peuvent porter sur le lieu de travail, les schémas de travail ou la répartition des tâches entre les travailleurs.

Programme d'action communautaire de lutte contre la discrimination (2001-2006)

Ce programme est entré en vigueur le 1er janvier 2001 et durera six ans. Il bénéficie de la collaboration des autorités nationales, régionales et locales, des instances de promotion de l'égalité de traitement, des partenaires sociaux, des organismes non gouvernementaux, des universités et des instituts de recherche, des offices statistiques nationaux et des médias. Il se concentre sur les domaines suivants :

– l'égalité dans les administrations publiques ;
– l'égalité dans les médias ;
– une participation égale à la prise de décision dans les domaines économique, politique et social ;
– une égalité d'accès aux biens et services, y compris le logement, les transports, la culture, les loisirs et le sport ;
– la surveillance de la discrimination, y compris de la discrimination multiple ;
– la diffusion d'information sur le droit à l'égalité de traitement et à la non-discrimination ;
– la mise en œuvre de politiques et de pratiques antidiscriminatoires.

Le programme comporte trois volets qui :
– permettront à la Communauté d'étudier les répercussions de la discrimination dans les États membres et d'évaluer l'efficacité des mesures adoptées pour la combattre ;
– permettront de promouvoir les échanges d'expériences et de bonnes pratiques entre différents acteurs dans les États membres ;
– permettront à la Communauté de mener au niveau européen des actions de sensibilisation au combat pour l'égalité.

Source :
europa.eu.int/comm/employment_social/fundamental_rights/index_fr.htm

CHAPITRE 2
L'action du Forum européen des personnes handicapées

Le Forum dans le cadre d'Hélios II

Le Forum européen des personnes handicapées est né avec le programme d'action communautaire Hélios II (1994-1996), programme concernant la promotion de l'égalité des chances et de l'intégration des personnes handicapées.

Il constituait une des instances de concertation auprès de la Commission et avait pour objectif d'émettre un point de vue recueilli par la Commission sur des aspects appropriés du programme Hélios.

Ce forum comportait la participation de 12 ONG (organisations non gouvernementales) européennes spécialisées par handicap, et 12 (aujourd'hui 15) conseils nationaux regroupant toutes les associations d'un même pays, tous handicaps réunis. Le CFHE (Conseil français des personnes handicapées pour les questions européennes), créé en mai 1993, constituait l'un de ces conseils nationaux et représentait la France au sein du Forum.

À NOTER
Les membres fondateurs du CFHE sont : l'APJH, l'APF, le CNPSA, la FNATH, le GIHP, l'UNAFAM, l'UNAPEI et l'UNISDA. En sont adhérentes la plupart des autres associations représentatives des personnes handicapées et de leurs familles.

En réalité, le Forum, bien que seulement prévu dans le cadre d'Hélios II, s'est révélé être un lieu d'expression sur les grandes orientations de la politique européenne du handicap.

Le Forum après Hélios II

Hélios II ne couvrait que la période du 1er janvier 1994 au 31 décembre 1996. Ce programme n'a pas été reconduit en 1997. À compter du 1er janvier 1997, le Forum perdait donc sa raison d'être. Mais le Forum va survivre à Hélios II.

Pour continuer l'action du Forum, une association internationale regroupant les conseils nationaux de chacun des États membres et les ONG de/pour personnes handicapées, initialement désignés dans le cadre d'Hélios II voit le jour le 1er janvier 1997 sous le nom de European Disability Forum (EDF). Le CFHE est partie prenante de cette association.

L'objectif de ce nouveau forum est de représenter les personnes handicapées dans l'Union européenne. Il a pour mission de faire progresser le droit des personnes handicapées et de promouvoir l'égalité des chances en agissant auprès de toutes les institutions européennes.

Ce nouveau Forum est indépendant et ne fait plus partie des instances de la Commission. Mais il est reconnu de fait comme partenaire officiel aussi bien de la Commission que du Parlement européen sur toutes les questions concernant les personnes handicapées.

L'action du Forum

Le Forum milite pour que les personnes handicapées puissent avoir leur place dans les traités de l'Union européenne. Le document rédigé à l'occasion de la journée européenne des personnes handicapées de 1995, intitulé « Statut des personnes handicapées dans les traités de l'Union européenne : citoyens invisibles » a clairement mis en évidence que les personnes handicapées étaient invisibles dans les traités, c'est-à-dire qu'elles n'étaient jamais mentionnées en tant que telles.

Depuis la parution de ce document et, en grande partie grâce à l'action du Forum, les choses ont changé puisqu'une clause de non-discrimination en raison du handicap a été introduite dans le traité d'Amsterdam (voir Chapitre 1).

Le Forum intervient également pour proposer des modifications, pour apporter son soutien lors de l'élaboration de textes décisionnels ou de directives prises au niveau européen :

EXEMPLES
– Directives sur la mise en accessibilité des autobus.
– Convention européenne de bioéthique.
– Résolution adoptée par le Conseil le 20 décembre 1996 concernant « l'égalité des chances des personnes handicapées » sur proposition de la Commission.

ADRESSE UTILE
Forum européen des personnes handicapées Square ambiorix 32 BP 1000 Bruxelles, Belgique Tél. : + 32.2.282.46.09 e-mail : info@edf-feph.org Site Internet : http://www.edf-feph.org

CHAPITRE 3
Les programmes européens en faveur de la formation et de l'emploi

Définitions

Il convient de distinguer les programmes européens qui sont financés sur fonds structurels dans le cadre de la politique des actions structurelles de ceux qui sont financés hors fonds structurels, et qui entrent dans le cadre des politiques internes.

Les programmes financés sur fonds structurels visent, à travers des actions envers des individus, des groupes, des régions, des pays, à renforcer la cohésion économique et sociale, capable d'assurer à terme à chacun les mêmes chances en matière de revenu, d'emploi et de traitement par les instances publiques.

Le Fonds social européen (FSE), créé en 1957, est un des quatre fonds structurels existants. Il finance des actions dans les domaines suivants : la formation professionnelle, les aides à l'embauche, l'égalité des chances entre les hommes et les femmes, la réinsertion des personnes exclues.

Nous parlerons plus loin, plus particulièrement, des Programmes d'initiative communautaire (PIC) « Partenariat de développement ». Ce sont des actions de lutte contre les inégalités, les discriminations et les exclusions mises en œuvre dans le cadre de plans décentralisés au niveau des régions, des villes et des collectivités locales et qui sont financées sur fonds structurels.

Les programmes hors fonds structurels visent d'autres objectifs que les programmes financés sur fonds structurels. Ce sont des actions programmées par les traités ou tendant à accompagner les mutations engendrées par leurs applications.

Nous parlerons plus loin, à titre d'exemple, du programme d'action communautaire Leonardo Da Vinci qui, de par ses objectifs, est susceptible de concerner les personnes handicapées.

Les programmes financés sur fonds structurels
Exemple : Le PIC « Partenariat de développement »

Dans le cadre de la réforme des fonds structurels, les initiatives communautaires sont ramenées de 13 à 3. Il s'agit de :
- **INTERREG** : Coopération transfrontière, transnationale et interrégionale ;
- **EQUAL** : coopération transnationale pour combattre les discriminations sur le marché du travail ;

– **LEADER** : développement rural.

Une quatrième initiative pourrait être poursuivie, il s'agit de **URBAN** (aide aux quartiers défavorisés).

Le programme PIC (programmes d'initiative communautaire) a été mis en place à l'initiative de la Commission européenne. Il est financé par le fonds social européen et est programmé sur les années 2000-2006. Les lignes directrices du programme PIC s'inscrivent dans la nouvelle initiative communautaire nommée EQUAL. Cette initiative prend le relais des deux initiatives ADAPT et EMPLOI (programme HORIZON pour les personnes handicapées) mises en œuvre dans le cadre de la programmation précédente du fonds structurel européen (FSE).

L'objectif global de EQUAL est la coopération transnationale pour la promotion des pratiques nouvelles de lutte contre les discriminations et les inégalités de toute nature en relation avec le marché du travail.

EQUAL se concentre sur cinq axes :

– Capacité d'insertion professionnelle :
  • faciliter l'accès au marché du travail et le maintien dans l'emploi des personnes en difficulté, en utilisant les technologies de l'information et de communication ;
  • lutter contre le racisme et la xénophobie sur le marché de l'emploi.
– Esprit d'entreprise :
  • soutenir la création d'entreprise par des publics victimes de discriminations et d'inégalités et identifier les nouvelles possibilités d'emploi et des services ;
  • renforcer l'économie sociale, les services d'intérêt collectif et améliorer la qualité des emplois.
– Capacité d'adaptation :
  • promouvoir la formation tout au long de la vie et le maintien à l'emploi des travailleurs fragilisés dans leur emploi malgré une longue expérience professionnelle ;
  • favoriser la capacité d'adaptation des entreprises et des travailleurs par le redéploiement économique de savoir-faire traditionnels.
– Égalité des chances pour les femmes et les hommes :
  • concilier la vie familiale et professionnelle, rechercher et expérimenter de nouveaux moyens pour mieux articuler vie professionnelle/vie personnelle.
– Demandeurs d'asile :
  • intégrer socialement et professionnellement les demandeurs d'asile.

Ces actions doivent également s'inscrire dans des domaines thématiques définis sous forme de groupes et figurer dans les PIC présentés par les États membres sous forme de plans à la Commission chargée de les approuver.

Les États membres doivent s'assurer que cette approche thématique bénéficiera de façon prioritaire aux personnes victimes de principales formes de discrimination (liée au sexe, à la race, à l'origine ethnique, à la religion ou aux convictions, **au handicap**, à l'âge, à l'orientation sexuelle) et d'inégalités.

Pour être retenus, les promoteurs de projets entrant dans le cadre EQUAL doivent faire partie d'un partenariat ancré sur le terrain et rassemblant des partenaires publics, privés et associatifs.

La condition de partenariat géographique ou sectoriel auquel s'ajoute le partenariat transnational sont deux conditions essentielles à la participation du fonds structurel européen dans le financement des projets.

Source : http://www.info-europe.fr

Les programmes d'action communautaire Exemple : Leonardo Da Vinci

Les programmes d'action communautaire résultent de la mise en œuvre, à l'initiative de la Commission, des compétences attribuées à la Communauté européenne par les traités fondateurs. Ces programmes ne sont pas tributaires des fonds structurels. Leur vocation est centrée sur l'innovation, l'expérimentation, les échanges transnationaux, la construction de réseaux, l'appui à la constitution du grand marché intérieur.

Le programme Leonardo Da Vinci reprend et élargit les anciens programmes Force, Petra, Comett, Eurotecnet, Lingua et Iris. Ce programme concerne la formation professionnelle et en particulier la formation professionnelle continue.

Ses objectifs ont été définis par une décision du Conseil du 6 décembre 1994 (*JOCE*, n° L. 340 du 29 décembre 1994).

Les objectifs de Leonardo Da Vinci sont les suivants :

1. le soutien à l'amélioration des systèmes et dispositifs de formation professionnelle ;
2. le soutien à l'amélioration des actions de formation professionnelle, y compris par la coopération université-entreprise, concernant les entreprises et les travailleurs ;
3. le soutien au développement des compétences linguistiques, des connaissances et de la diffusion des innovations dans le domaine de la formation professionnelle ;
4. la promotion de la dimension européenne dans la formation professionnelle.

Un des objectifs de Leonardo Da Vinci vise l'amélioration de la qualité des dispositifs de formation professionnelle en faveur des personnes défavorisées face au marché du travail, en raison de l'absence de qualifications ou en raison de qualifications inadéquates.

Leonardo Da Vinci concerne de nombreux organismes : entreprises, organisations professionnelles, partenaires sociaux, universités, organismes de formation, autorités publiques, centres de recherche, etc.

Pour être retenus, les projets doivent répondre aux conditions suivantes :
– contribution à la réalisation du cadre commun d'objectifs définis dans une décision du Conseil : efficacité et qualité de la formation professionnelle, publics spécifiques ;
– caractère transnational ;
– implication d'un partenariat multi-acteurs (entreprises, organismes de formation, universités, partenaires sociaux, etc.).

Établi en 1994, le programme d'action communautaire Léonardo Da Vinci entre dans sa deuxième phase. Celle-ci se déroulera du 1er janvier 2000 au 31 décembre 2006. Ce programme soutient activement les politiques de formation conduites par les États membres. Il appuie des initiatives innovantes à caractère transnational en faveur du développement des connaissances, des aptitudes et des compétences inhérentes à une insertion professionnelle réussie et au plein exercice de la citoyenneté. Il offre aussi la possibilité d'articulation avec d'autres initiatives communautaires, en particulier les programmes Socrates et Jeunesse, grâce au soutien d'actions conjointes.

Les grandes orientations de sa deuxième phase sont définies par le texte de la décision du 26 avril 1999 (*JO* L 146, du 11 juin 1999), qui affirme la nécessité d'accroître la qualité, l'innovation et la dimension européenne des systèmes et des pratiques de formation professionnelle au moyen d'une coopération transnationale.

Des appels communautaires à propositions pluriannuelles sont prévus successivement pour les périodes 2000-2002, 2003-2004 et 2005-2006. Ils fixent les délais annuels de soumission et de sélection des propositions et définissent notamment les priorités de ces appels.

Source : http://www.europa.eu.int/comm/education/leonardo

Les objectifs sont les suivants :
– amélioration et renforcement de l'insertion sociale des jeunes ;
– élargissement et développement de l'accès à la formation continue en veillant à un meilleur équilibre entre hommes et femmes ;
– soutien des systèmes de formation professionnelle pour les publics en difficulté.

Les actions soutenues œuvrent pour :
– la mobilité physique des personnes en formation ;
– la mobilité virtuelle (ensemble des moyens et services qui permettent d'accéder à des informations disponibles en d'autres lieux) ;

– le développement de l'innovation au moyen des projets pilotes ;
– le soutien à des réseaux communautaires d'expertise communautaire ;
– la promotion des compétences linguistiques ;
– l'amélioration permanente des références communautaires qui permettent la comparaison des systèmes de formation ;
– la décentralisation de la procédure de sélection, exceptée celle qui concerne les actions de démonstration.

REMARQUE GÉNÉRALE SUR LES PROGRAMMES EUROPÉENS
D'une façon générale, la Commission incite largement les associations de personnes handicapées à déposer des projets sur des programmes ouverts à tous, qui ne sont pas forcément spécifiquement destinés aux personnes handicapées.

Une société de l'information

La Commission européenne a lancé une initiative appelée « Europe, une société de l'information pour tous » qui propose la mise en place d'objectifs ambitieux afin de rendre les bénéfices de la société de l'information accessibles à tous les Européens. L'initiative se concentre sur dix domaines prioritaires dont celui des personnes handicapées. Elle s'intitule « Participation pour les personnes handicapées » et fixe les objectifs suivants :
– s'assurer à la fin de 2000 que les États membres de l'Union européenne révisent leur législation et les programmes relatifs à la société de l'information en vue de garantir leur conformité aux principes d'accessibilité.
– Les États membres doivent s'engager à la fin de 2001 à rendre la conception et le contenu de tous les sites Internet publics accessibles aux personnes handicapées.
– La Commission européenne soutiendra à la fin de 2002 la création d'un réseau de centres d'excellence dans chaque État membre afin de former les personnes chargées de la conception.

Source : La revue de l'*APAJ*, n° 65, mars 2000, p. 10.

Année européenne des personnes handicapées

2003 a été proclamée « Année européenne des personnes handicapées ».

Son objectif est de favoriser le progrès vers l'égalité des droits pour les personnes handicapées. Dans toute l'Europe, on attirera l'attention sur les nombreux secteurs de la société européenne dans lesquels les personnes souffrant d'un handicap continuent à rencontrer des obstacles et à être victimes de discrimination.

La Commission européenne est déterminée à faire en sorte que les personnes handicapées soient les principaux moteurs des activités s'inscrivant dans l'année.

L'organisateur de « l'Année » au niveau européen est la Commission, en partenariat avec le forum européen des personnes handicapées (FEPH), une organisation-cadre représentant les 37 millions de personnes handicapées que compte l'Union européenne.

Au niveau des États membres, des organismes nationaux de coordination ont été créés. Ils sont composés de représentants des ministères et des associations de personnes handicapées.

Des milliers d'activités et d'événements se dérouleront durant l'année 2003 dans les différents pays participants. Ils seront reliés à travers un bus spécialement conçu pour cette Année européenne. Ce bus partira d'Athènes en janvier 2003 pour sillonner les quinze États membres de l'Union au cours de l'année 2003, avec à son bord des personnes handicapées. Il arrivera en Italie lors de la cérémonie de clôture prévue en décembre 2003 sous la présidence italienne. Les associations de personnes handicapées de chaque pays organiseront des manifestations autour de la présence du bus dans différentes localités de toute l'Union.

La Commission européenne développe un site interactif qui présentera tous les événements nationaux et internationaux de l'année 2003 : http://www.eypd2003.org

En France

Le gouvernement a lancé le lundi 3 février 2003 à Rennes, pour la France, l'Année européenne pour les personnes handicapées (AEPH). Le colloque d'ouverture, intitulé « Ensemble tout naturellement », était l'occasion de promouvoir les actions visant à traiter les personnes handicapées comme des citoyens à part entière.

Après Rennes, l'AEPH se poursuivra avec des colloques régionaux qui auront lieu à Lyon le 21 mars, à Toulouse le 17 avril, à Strasbourg le 19 mai, à Marseille le 3 octobre et à Lille le 7 novembre.

Le bus européen d'informations qui parcourt les quinze pays membres de l'Union, avec à son bord des personnes handicapées, leurs familles et leurs amis, traversera la France en avril et en mai. Un colloque de clôture se tiendra à Paris à la mi-décembre et présentera les grandes orientations de la réforme de la loi de 1975 pour les personnes handicapées, qui devrait être présentée au Parlement en juin 2004.

Source : http://www.sante.gouv.fr

POUR EN SAVOIR PLUS SUR L'ACTION DE LA COMMUNAUTÉ EUROPÉNNE

Association pour la formation professionnelle des adultes, ouvrage réalisé avec la collaboration de Fére-Consultants. « Les programmes de l'Union européenne : formation-emploi », *in Les Cahiers du praticien*, n° 12, décembre 1995.

Conférence européenne, « Les politiques à l'égard des personnes handicapées : vers une dynamique d'inclusion », Paris, 245 p., CTNERHI, 16 et 17 octobre 2000.

« Les droits fondamentaux I, Droit national et international pour les personnes handicapées II – Mise en œuvre : organisation internationale du travail, Conseil de l'Europe. » CTNERHI, *Dossier professionnel réglementaire,* nos 2 et 3, décembre 2001.

LAFAY (H.). « Europe : mode d'emploi pour la politique du handicap, CFHE : sa signification, son rôle », *in Revue de l'APAJH*, mars 1997, p. 2-5.

Traité d'Amsterdam : modifiant le traité sur l'Union européenne, les traités institutant les Communautés européennes et certains actes connexes, signé le 2 octobre 1997 à Amsterdam. *Luxembourg : Office des publications officielles des Communautés européennes*, 1997, 144 p. (en vente pour la France auprès de la Direction des *Journaux officiels*, Service des publications des CE, 26, rue Desaix, F-75727 Paris Cedex 15).

Ministère de l'Emploi et de la Solidarité. « Les politiques à l'égard des personnes handicapées dans les pays de l'Union européenne : vers une dynamique d'inclusion », Paris, 16 et 17 octobre 2000, Présidence Française de l'Union européenne, 69 p.

Nous ne pouvons pas, dans ce chapitre, entrer dans le détail complexe de l'organisation des institutions européennes. Nous vous renvoyons donc vers le centre de documentation Sources d'Europe qui pourra utilement vous renseigner :

Sources d'Europe
Le Socle de la Grande-Arche
92044 Paris-La Défense Cedex – France
Tél. : 01.41.25.12.12. Fax : 01.41.25.12.12. Site Internet : http://www.info-europe.fr

Commission européenne, DG Emploi et Affaires sociales
Unité Intégration des personnes handicapées
Rue de la Loi 200, B-1049, Bruxelles, Belgique
Tél. : + 32 - (0)2 – 295 50 39 – Fax : + 32 – (0)2 – 295 10 12
E-mail : empl-pwd-info@cec.eu.int

Comité Français de Coordination de l'AEPH
Le Président
10-16, rue Brançion
75015 Paris

Index

■

Les numéros renvoient aux pages.

A

B

C

D

E

F

M

O

P

Q

R

S

T

U

V

Achevé d'imprimer en mai 2003
sur les presses de la SAGIM à Courty (77)
Dépôt légal : mai 2003
N° d'impression 6557

Imprimé en France